U0924403

体育产业发展清华丛书

冬季体育旅游

Winter Sport Tourism: Working in Winter Wonderlands

在冰雪世界里工作

[美] 西蒙 · 哈德森（Simon Hudson） 路易斯 · 哈德森（Louise Hudson）◎著

林赟◎译

清華大學出版社

北 京

Simon Hudson, Louise Hudson
Winter Sport Tourism: Working in Winter Wonderlands
ISBN: 978-1-910158-40-1

北京市版权局著作权合同登记号　图字：01-2018-8452

图书在版编目（CIP）数据

冬季体育旅游：在冰雪世界里工作 /（美）西蒙·哈德森（Simon Hudson），（美）路易斯·哈德森（Louise Hudson）著；林赟译 .—北京：清华大学出版社，2019
（体育产业发展清华丛书）
书名原文：Winter Sport Tourism: Working in Winter Wonderlands
ISBN 978-7-302-52016-0

Ⅰ. ①冬…　Ⅱ. ①西…　②路…　③林…　Ⅲ. ①冬季运动－产业发展－研究　Ⅳ. ① G80-052

中国版本图书馆 CIP 数据核字（2019）第 006109 号

责任编辑： 张　伟
封面设计： 众智诚橙
责任校对： 王凤芝
责任印制： 杨　艳

出版发行： 清华大学出版社
网　　址： http://www.tup.com.cn，http://www.wqbook.com
地　　址： 北京清华大学学研大厦A座　**邮　　编：** 100084
社 总 机： 010-62770175　**邮　　购：** 010-62786544
投稿与读者服务： 010-62776969，c-service@tup.tsinghua.edu.cn
质量反馈： 010-62772015，zhiliang@tup.tsinghua.edu.cn
印 装 者： 三河市龙大印装有限公司
经　　销： 全国新华书店
开　　本： 148mm × 210mm　**印　张：** 13.375　**字　　数：** 254 千字
版　　次： 2019 年 6 月第 1 版　**印　　次：** 2019 年 6 月第1次印刷
定　　价： 79.00 元

产品编号：079977-01

体育产业发展清华丛书编委会

丛书序

开卷开步开创，发展体育产业

半年前，得赖于一批忠诚母校、热心体育的校友的支持，以及英迈传媒的带头出力，清华大学体育产业发展研究中心成立，希望能够充分发挥清华大学学科齐全、人才密集、体育传统深厚的优势，创造性地开展研究，发挥体育产业一流思想与行动平台的作用，为落实国家体育产业发展战略、推动体育产业升级及企业发展提供智力支持。

中心筹建之初，就发现虽然国家把体育产业作为绿色产业、朝阳产业加以培育和扶持，政府官员、专家学者和实践者也已经达成共识，认为体育产业将会成为推动中国经济转型升级的重要力量，但遗憾的是，毕竟中国的体育产业尚在起步期，呈现价值洼地、人才洼地和研究洼地的现状。因此，中心决定与清华大学出版社合作，策划出版“体育产业发展清华丛书”，组织专家团队选书、荐书。在出版社的大力支持和密切配合下，令人高兴的是，中心成立半年之后，丛书首批即将与读者见面。

“体育产业发展清华丛书”计划分批、分层次地出版体育产业相关的书籍，既包括引进版权的国际经典著作，也包括国内学者原创的对于体育产业发展和体育管理方面的真知灼见；既有对于具体运动项目的精准聚焦研究，也有结合某一体育管理领域的深度剖析探查。我们相信，只要开始第一步，踏实耕耘，探索创新，日积月累，坚持下去，这套丛书无论是对促进体育产业的研究，还是对指导体育产业发展的实践，都是有价值的。

清华大学的体育传统非常悠久。马约翰先生曾经说过：“体育可以带给人勇气、坚持、自信心、进取心和决心，培养人的社会品质——公正、忠实、自由。”在庆祝马约翰先生服务清华五十年的大会上，蒋南翔校长特别号召清华学生“把身体锻炼好，以便向马约翰先生看齐，同马约翰先生竞争，争取至少为祖国健康地工作五十年”。2008 年，时任清华大学党委书记的陈希同志说过：“五十年对一个人来讲，跨越了青年、中年和老年，为祖国健康地工作五十年，就是要在人生热情最高涨、精力最充沛、经验最丰富的各个阶段为党和人民的事业做出贡献。”中心成立这半年来，国家先后发布《全民健身计划（2016—2020 年）》和《“健康中国 2030”规划纲要》，国民强身健体、共建健康中国，成为国家战略。“为祖国健康工作五十年”这种清华体育精神在当下绝非赶时髦，而是清华体育传统的强化与传承。

清华体育，在精神层面也格外强调“sportsmanship”（运动家道德）的传统，这里回顾一下老清华时期的概括：承认对手方是我的敌手，不在他面前气馁也不小视他；尽所能尽的力量去干；绝对尊重裁判人的决定，更要求学生“运动比赛时具有同曹互助之精神并能公正自持不求侥幸”。据我所知，许多企业的核心价值观中亦有 sportsmanship 的表达，甚至直接就用这一词语作为组织成员的行为规范（如韩国 SK 集团）。当我在“体育产业发展清华丛书”中看到描述体育产业中的历史追溯、颠覆创新、变革历程以及行业规范时，这个词再次浮现在眼前，这其实既是商业的基本规则和伦理，也是产业成长的核心动力和引擎。

体育产业发展，需要拼搏精神，需要脚踏实地，来不得投机，也无捷径可走，因此，中国的体育产业发展，就更需要所有利益相关者多些培育心态，方能形成健康的生态共同体。同时，体育产业发展，需要尊重规则和规律，无论是运动项目的发展规律，还是商业活动的规则、规范；无论是与资本握手的契约精神，还是商业模式中利益相关者准确定位的角色意识。我很希望“体育产业发展清华丛书”能借他山之石对中国体育产业发展的路径和模式有所启发，能用严谨、规范的研究和最佳的实践案例对中国体育产业与体育管理的具体问题有所探究。

每一步，都算数！无体育，不清华！

杨斌

清华大学副校长、教务长

2016 年 12 月

前 言

过去半个世纪，滑雪行业发展势头迅猛。据估计，全世界约有 1.2 亿滑雪者，约 2 000 家滑雪场分布在 80 个国家和地区。北美、西欧、日本、新西兰和澳大利亚的滑雪市场已经发展得相当成熟，亚洲和东欧的新建滑雪场正在互相竞争来自中国和俄罗斯的新一代滑雪爱好者。随着人口统计数据的变化，科技的发展对滑雪的产品和服务也有着深远的影响。与此同时，气候变化给全球的滑雪山都带来了不小的挑战。这些变革都要求我们以一种全新的视角来审视这一充满刺激和活力的产业。

本书适合教师、学生、研究人员和从业人员——特别是那些在滑雪行业工作的人士阅读。全书共有 12 章，每章都围绕着“在冰雪世界里工作”这一主题展开讨论，借那些推动滑雪行业变革的人士之口，讲述滑雪世界里发生的故事。

第 1 章阐述了冬季体育旅游的发展演变，19 世纪中叶，滑雪最初是作为一种休闲娱乐活动；如今，它已经发展成以商品化和多样化为特征的成熟产业。第 2 章侧重冬季体育旅游产品：活动、滑雪度假村以及包括服饰和装备在内的支撑产业。第 3 章的核心内容是消费者。第 4 章探讨了冬季体育度假村的设计和规划。第 5 章阐述了山区和非山区的管理和运营。第 6 章的重点是市场营销。第 7 章强调了公关和赢得媒体的重要性。第 8 章探讨了科技的发展对宣传、运营、服饰和装备的影响。第 9 章着重介绍了冬季体育旅游活动，详述了其发展脉络和不同的种类，以及活动的规划、营销和杠杆作用。第 10 章是比较重要的一部分内容，阐述了冬季体育旅游的经济影响、社会影响和环境影响。第 11 章探讨了客户服务和目的地如何打造服务型文化。第 12 章展望了滑雪产业的未来，总结了影响冬季体育旅游的核心消费趋势。

每一章的开头都聚焦了冰雪运动行业的一位或多位前沿职业者。在这些聚焦中，我们看到，查理 · 洛克因其对美洲滑雪旅游业的突出贡献而被授予了奖项；保罗 · 马修如何成为世界顶尖的滑雪场设计师；极限运动比赛的市场营销严重依赖社交媒体和线上广告；加拿大太阳峰滑雪度假村垄断了滑雪后的娱乐市场；安德鲁·邓恩在斯考特邓恩滑雪场内部建立了强有力的服务型文化。我们还从犹他州滑雪联络主管，加拿大落基山脉地区度假村联盟市场营销、销售和度假村体验高级副总裁以及全世界最大的空降式滑雪运营公司环保部主管等人口中得到了珍贵的一手信息。

每一章还包含了资料篇，涉及特定的度假村、机构或个人，为章节中某个具体概念或理论原则做翔实的说明。本书提及的经典案例包括韦尔比耶历史最悠久的酒店所有者帕特里克·布鲁兹、阿斯彭的 Bumps For Boomers 创始人乔伊·内文、创新型滑雪指导 APP 开发者达伦·特纳等。此外，资料篇中还提及了英国最大的滑雪旅游批发商水晶假日，红牛赞助的冰上竞速运动以及自适应滑雪的影响力在不断加深。

每一章末尾的案例分析都与主题息息相关，并且紧跟潮流、内容详尽，涉及全球范围内不同种类的组织机构和地区。为了培养批判性思维，这些案例分析通过真实的行业现状强调章节的核心概念，如女性滑雪指导训练营、范尔集团在犹他州的发展规划、日本的滑雪场基础设施、南美洲的梦想滑雪冒险、科罗拉多州的 EpicMix APP、在韩国举办的冬奥会以及中国和斯洛文尼亚的滑雪产业发展现状。所有的聚焦、资料篇和案例分析都是编者通过亲身走访或深度访谈后，以一种国际视角进行整理撰写的。

鸣　谢

我们要感谢许多个人和机构，没有他们的帮助，这本书无法完成。我们尤其要感谢古德菲洛的蒂姆·古德菲洛、萨利·诺斯和马克·布莱德，感谢他们在写作过程中提供的专业支持。我们还要感谢来自南加州大学的研究生助教王远、早云奈和王秋学。最后，本书还要由衷地感谢所有滑雪行业的从业人员，感谢他们花时间与我们进行交谈，让我们能够把所有案例生动地呈现出来。由于人数较多，我们无法将他们的名字一一列出，但他们对冰雪运动的热情和激情在每一次访谈中显露无遗，对于他们的奉献我们深表感激。

目 录

第1章
冬季体育旅游概览

聚焦：查理·洛克：滑雪产业家和多面手

2014年，于奥地利基茨比厄尔举办的世界滑雪奖揭晓，路易斯湖再度被评选为加拿大最受欢迎的滑雪度假村。与此同时，它的所有者查理·洛克被授予美洲滑雪旅游杰出贡献奖——这一奖项可以说是冬季运动界的奥斯卡。“这是我事业的巅峰，”洛克坦言，“我很开心路易斯湖再次被选为加拿大最受欢迎的滑雪度假村，但更多的是，能够得到我最挚爱的滑雪界的诸位同行的认同，我很感激，也觉得非常荣幸。”

作为世界一流的滑雪度假村，路易斯湖的滑雪季持续时间非常长，从11月初开始一直到次年的5月。每年，在路易斯湖滑雪场举办的“冬至杯”，标志着专业滑降滑雪赛事的开启。世界遗产景区的自然之美同奢华的阿尔卑斯山间木屋的完美建筑结构相得益彰。

大多数顶级滑雪度假区都是由大企业或者大财团出资修建的，而路易斯湖则完全是一份家族产业，由查理·洛克本人，他的妻子露易丝、女儿罗宾和金伯莉共同经营。尽管他们每一个人都是度假村的高管，在滑雪旺季，一家四口都要投入到客户接待的工作中，以确保来自世界各地的游客享受一次完美的滑雪体验。洛克表示："最忙的时候，我要做的事情非常多，包括代客泊车，协调游客关系，验（缆车的）票，控制排队人数，等等。"

冬季期间，洛克每周有 4 天待在路易斯湖，另外 3 天则会在位于卡尔加里的办公室处理财务和市场运营相关的工作。"我的日常工作就是督办同度假村相关的所有事务：人事、开销、价格、收入、营销、保险、财政、资金、理财、维护、成本控制、客户服务、雪道养护和造雪、法律事务，以及包括协调政府关系（如加拿大公园管理局）在内的繁杂的法人事务和制订长期规划。"曾从事过多种工作的经历对洛克的成功而言至关重要，他经营过牧场，做过登山向导，还运营着几口产油井。

对于一个滑雪度假村的成功来讲，雪的因素至关重要。因此，洛克每天要做的第一件事情就是阅读雪质报告、雪道养护报告和度假村的运营报告。"每天工作结束的时候，我会去了解当天的滑雪人数，并将它同年初至今的滑雪人数与预算做比对。"他还会抽时间将度假村的报告同班夫路易斯湖滑雪发布的报告进行对比，偶尔提出一些修正："如今早的报告中显示，过去 48 小时内雪层厚度为 20 厘米，可实际上这个厚度只持续了36小时。这一变化虽小，但它对滑雪人数造成的影响在100人左右，那会直接影响我们的收入。"

整个冬季洛克都会巡视山下的滑雪基地和近4 200英亩的滑雪区，密切关注雪道养护、雪质控制和游客体验，以期不断改进和完善。"我会定期去木屋里检查一圈，包括男洗手间；同经理、监管员、前台和顾客交谈。我会随手捡起地上的纸，把公共区域和男洗手间收拾干净。"他补充道。洛克会将他的建议先告知区域经理，后者则进一步向下传达至各级经理和监管员。"我这样做是为了让他们明确每天面对的老板或监督员到底是谁。"除此之外，他每天要回复大约60封电子邮件，签支票并浏览当天的银行报告。对此，洛克甘之如饴："我的爱好就是我的工作，而我的工作也是我的爱好。可能我永远不会'退休'，因为我并没有把这些当成'工作'来做。"

洛克同滑雪界的渊源可以追溯到20世纪70年代，那时他出资建成了路易斯湖滑雪度假村的上山缆车。20世纪90年代，他创办了加拿大落基山脉度假村联盟（RCR），旗下囊括了从亚伯达省到不列颠哥伦比亚省的8家滑雪度假村。"路易斯湖的管理工作在整个联盟只占15%，但由于它的面积较大，能够吸引和留住有能力的经理，整个联盟近半的利润都是由它贡献的。大型度假村总是有能力把事情做好。”2013年，洛克卖掉了RCR，只保留了路易斯湖滑雪度假村的所有权。

过去几十年间，洛克见证了冬季体育界发生的巨大变化。“包括信息技术、雪道养护、造雪方式、缆车设备、餐饮服务、同环保团体的矛盾、营销手段、配套餐饮设施、雪板租借和滑雪课程等。”路易斯湖紧跟这一趋势并快速作出反应，在上述的诸多方面领先于加拿大的同行们。路易斯湖滑雪度假村创新地引入了志愿引导团队，他们全年都会在滑雪区和山下的滑雪基地里向游客提供引导和介绍服务。“我们率先提出了‘滑雪之友’的概念，并且为这个名字申请了使用权，”洛克解释道，“很多度假村都想使用这个名字，包括惠斯勒，但很遗憾，他们没有权利。后来，大部分度假村都选择了用‘雪场主人’。”

另一个开创性的举措是缆车折扣票的使用。“在路易斯湖，我们最初叫它‘布鲁卡’，这是一种酒的名字，酿造厂赞助了我们一大笔钱用于推广，于是拿到了冠名权。布鲁卡后来变成了路易斯卡——北美最成功的滑雪卡之一。”洛克说道。

路易斯湖滑雪度假村的托婴服务年龄限制最小仅为18天，这在整个加拿大是绝无仅有的，放眼北美也仅有为数不多的几家度假村可以提供类似的服务。尽管在许可和运行层面面临诸多困难，但这项服务对于洛克所承诺的“家庭滑雪”理念的实现至关重要。而在其他大多数度假村，托婴服务规定的接收儿童的最低年龄为 18 个月。路易斯湖的托婴服务还设有专门的停车场，为那些带着孩子和行李的父母提供了极大的便利。

洛克认为，单板滑雪的出现，以及随后不同板型的双板滑雪板的发明，极大地促进了滑雪产业的发展。高速缆车改变了滑雪区的面貌，排队的人少了，同时雪坡上滑雪者的密度增加了。“有了定期养护的雪道，滑雪变得更快、更简单，”洛克说道，“20 世纪 50 年代初期，你很难看到有人能够做出平行转弯的动作，而随着新一代滑雪技术的出现，初学者只要在滑雪板上适应几天就可以完成。”更容易上手的雪具导致了滑雪学校开设的课程数量骤减，传统的“滑雪周”近乎绝迹。以往，非本地的滑雪者通常需要参加为期一个星期的滑雪培训课程，现在，他们只需要接受三四天的指导就够了。

另一个趋势在于游客对配套活动和优质食物的需求。路易斯湖滑雪度假村目前提供包括雪鞋健行、火炬传递以及滑雪赛后的晚宴舞会等多种活动，度假村内还建有双道的雪圈公园、初学者游乐区、雪车道、大型地形公园；设有每日雪道初滑项目、越野滑雪项目、野外滑雪项目和模拟竞赛项目。

路易斯湖滑雪度假村扩建了其餐厅和酒吧设施：用现

代感十足的山区装饰品重新打造了怀特霍恩木屋，修建了全景露台，以及在条件允许的情况下可以使用的冰吧，同时提供一流的菜肴。坐落在落叶松山脚下的坦普尔木屋提供户外烧烤服务，设有一间自助式小饭馆，一间星巴克咖啡馆，提供饼干和蛋糕的小咖啡厅以及 Sawyer's Nook——一间舒适的堂食餐馆。在山下的滑雪基地，乐斯菲斯酒馆提供种类丰富的早餐和自助午餐，而火药桶木屋供应的大份墨西哥玉米片和美味的比萨饼更是家喻户晓。

为了让客人能够住得更舒适，所有的厨房和与之相连的休息室都进行了翻新和扩建。洛克认为，滑雪技术进步的另外一个影响是提高了滑雪者对住宿的重视程度。"现在，高速缆车使排队时间减少，人们在屋子里待的时间更久。我年轻的时候，如果午饭时间排队乘缆车的人比较少，我宁可不吃饭。"洛克回忆道。他认为对小型度假村而言，经常更新设备无异于饮鸩止渴。"如果一个度假村每年接待的滑雪者人数少于 12 万，它很难有足够的资金维持住宿服务或更换老旧设备。所以它们其中的一部分倒闭了，这将会影响未来滑雪者的数量，"洛克解释道，"而我们有足够的资金预算，保证木屋的运营、员工的住宿和其他建筑及设备的维护；我们定期翻新洗手间、更新餐饮分配系统，不断寻求提升客户体验度的方法。"

近年来，路易斯湖滑雪度假村在满足客户需求方面下了很大功夫，包括升级技术、提高可进入性、加强雪道养护和造雪能力以及建立雪崩控制机制。班夫和路易斯湖之间的双向国道极大地提升了来往的交通流量和安全性，减少了通行时间。之前两个雪季，路易斯湖引进了新型造雪管线以及6辆雪地履带车专门用于雪道养护。

信息技术方面，住宿区内提供手机充电站、电脑终端、ATM机和无线网络。路易斯湖滑雪度假村有自己的博客，同时活跃在众多媒体平台，如Facebook、Twitter、Pinterest、YouTube、Google+和Instagram。2014年，路易斯湖成为在Snapchat上注册的第一家加拿大滑雪度假村（手机终端可下载其每日的图片更新），并聘请了一位资深社交媒体专家来运营，以确保其在各大网络平台上的流量领先。不得不说，互联网是滑雪运动的一个有力竞争者。青年人沉迷于网络，不愿意参加户外休闲活动。“近几年来，网络向年轻人提供了免费的娱乐方式，而这种纯数字化而非体验式的驱动，导致了滑雪人数的减少。在学校里学习滑雪的机会也越来越少，”洛克解释道，“滑雪产业面临的最关键的课题是如何让更多的人加入到这项运动中来，特别是留住‘新手’。据报告显示，只有15%的初学者会坚持下来。”

（以上内容整理自查理·洛克的专访，2015年1月）

1.1 冬季体育旅游简介

作为体育旅游的一个细分类型，冬季体育旅游发展迅猛。尽管体育旅游这个概念相对较新，它所涉及的活动内容却是古已有之。古代奥林匹克运动会的召开便是人们意图通过旅行参与和观看体育运动的一个体现，而通过体育运动来刺激旅游业发展的手段早已存在了一个世纪之久。过去几十年间，旅游目的地逐渐开始发现体育旅游的巨大潜力，对于这一新兴市场，无人不趋之若鹜。

学术界对体育旅游也产生了极大的兴趣，一系列相关题材的书籍相继出版（Hinch & Higham，2011；Standeven & De Knopp，1999；Hudson，2003；Weed & Bull，2004；Higham，2005；Gibson，2006），《体育旅游期刊》以及其他介绍体育旅游的特刊也陆续问世。它们重点描述和定义了体育旅游的概念，从广义上来讲，体育旅游涵盖人们为参加某项体育活动而离开惯常居住地的旅行，这一旅行的目的可以是休闲的或竞技性的；或是观看某场体育赛事，该体育赛事可以是大众级别的，或者是专业级别的；旅行的目的还可以是参观体育名人堂或是去水上乐园玩一圈。

罗宾逊和甘蒙（2004）区分了“体育旅游（sport tourism）”和“旅游运动项目（tourism sport）”两个概念，而每个概念又有广义和狭义之分。体育旅行爱好者离开他们惯常的生活环境，主动寻求参加体育比赛或体育休闲活动。广义和狭义的体育旅行爱好者的区别在于后者主动或被动地参加竞技类体育赛事。旅游运动项目尽管也意味着人们离开他们惯常的生活环境，主动或被动地参加某种体育赛事或体育休闲活动，但这种参与是次要目的。他们的主要目的是旅行。狭义的旅游运动项目指的是为丰富假期内容而设计的辅助型体育运动项目，而广义上它则包含了那些在旅行途中偶然参加的各种体育活动（表 1.1）。

表 1.1　冬季体育旅游和冬季旅游运动项目

冬季体育旅游		冬季旅游运动项目	
狭义概念	广义概念	狭义概念	广义概念
主动或被动参与竞技性体育赛事	（大体上）主动参与体育休闲活动	偶然参与的小型体育或休闲类活动	作为旅行的次要目的，主动或被动参与的运动项目
冬奥会 残奥会 世锦赛 极限运动 冰上竞速	滑雪假期 滑雪度假村 滑雪学校 滑雪营	这一类别可以有不同的解释，包括游客在旅行期间遇到的所有同滑雪有关的设施（尽管他们并不一定会去使用那些设施）	冬季体育度假村 滑雪度假村附近的酒店 在滑雪度假村附近进行的户外探险游 有滑雪山的度假别墅群 旅游景区

（来源：整理自 Robinson & Gammon，p. 229）

冬季体育旅游本身有诸多定义的方式，理论上它涵盖所有在冬天开展的体育旅游形式。但本书所探讨的冬季体育旅游指的是那些离开居住地去参加或观看在雪上开展的冬季体育运动，或是去参观同雪上运动相关的景点。另外，本书将主要探讨双板滑雪产业和单板滑雪产业，其囊括了全球 1.15

亿滑雪爱好者，足迹遍布 80 多个国家近 2 000 多个滑雪度假村。本书的第 2 章和第 3 章将会提及冬季体育旅游其他方面的内容。2012 年，英敏特将冬季体育划分为四个部分：高山滑雪、单板滑雪、越野滑雪（包括滑冰）和野雪滑雪。高山滑雪和单板滑雪爱好者人数众多，相比之下，越野滑雪和野雪滑雪仍算是新兴活动。

图 1.1 显示，冬季体育旅游游客位于中心位置，他们又被分为三个基本类型。

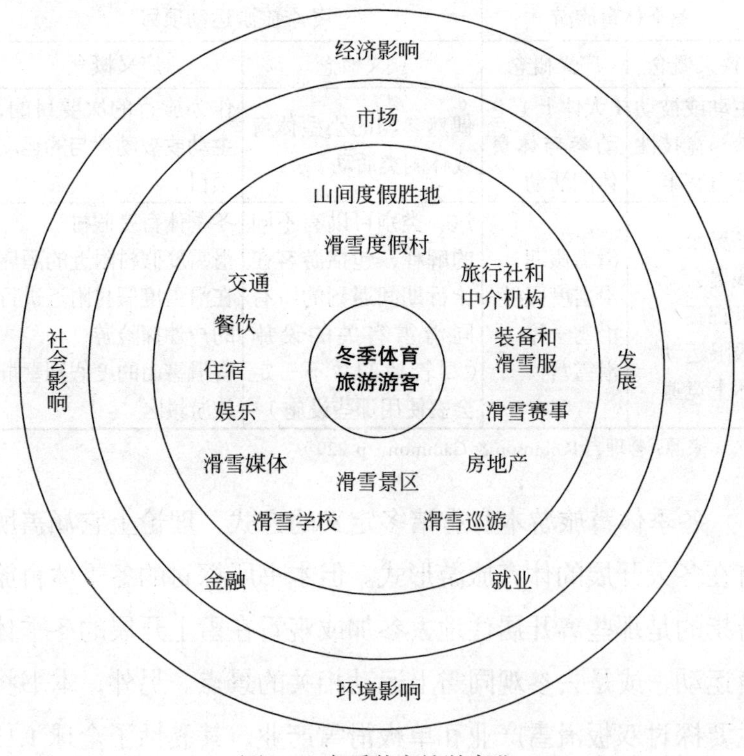

图 1.1　冬季体育旅游产业

（1）度假目的主要是参加冬季体育运动的游客。

（2）度假或出差的过程中顺带参加冬季体育活动的游客。

（3）冬季体育赛事的观众，或参观冬季体育运动景区的游客。

本书的第 3 章进一步对冬季体育旅游游客进行了细分。每一分类下又包含了不同的子集，包括滑雪度假村（第 2 章、第 5 章和第 9 章）、中间机构（第 6 章）、市场专家（第 6 章和第 8 章）以及媒体（第 7 章）；而所有这些利益相关方必须在规划和发展、市场营销、技术、财政和人力资源发展等方面做出重要决策（第 5 章、第 8 章和第 11 章）。第 10 章则着重阐述了冬季体育旅游的一系列经济影响、社会影响和环境影响。

许多年前，海纳曼（1986）就已经发现体育产业的高度结构化、商业组织化和利益驱动化特征，并伴随有极强的技术产出背景。滑雪不再意味着向着陡峭的地形区和人迹罕至之地的奋力攀登，而是在高度商业化的冰雪舞台上开展的大众旅游项目（Hudson，2000）。1.2 节将会为大家详细阐述雪上运动是如何发展成为旅游业的重要组成部分之一的。

1.2 冬季体育旅游的演变

有关滑雪运动的起源一直众说纷纭。在中国的阿尔泰山脉中发现了一些岩石画，上面描绘了古代的滑雪场景，如一个站在滑雪板上的人正在追逐一头野山羊。然而，由于岩石画的年代特征极难考证，是否能够将其作为确定滑雪运动起源地的证据仍有待商榷（Jenkins，2013）。中国考古学家认为这些岩石画完成于5 000年前，而其他考古学家则认为它们最多只有3 000年的历史。中国最早提及滑雪的文字记录始于西汉时期，同样指向阿尔泰山脉。挪威考古学家在其境内也发现了描绘滑雪场景的岩石画，而在俄罗斯一处泥沼中发掘出的一只滑雪板，经放射性碳定年法分析，足足有8 000年的历史。每个国家都坚持世界上第一位滑雪者就出现在它们那里，一个普遍的共识是：无论谁第一个穿上了滑雪板，他这么做的原因都是为了狩猎（Jenkins，2013）。

滑雪作为一种休闲性质的旅行方式，其最早的文字记录要追溯到19世纪中期的欧洲。有记载称，1868年挪威人从泰勒马克郡到克里斯蒂安娜（现在的奥斯陆）使用的工具就是滑雪板，不过这一旅程主要是出于社交目的。20多年之后（1890），休闲滑雪开始在北美出现（Scharff，1974），很快，为社交目的而建立的滑雪俱乐部在欧洲和北美相继发展起来，并推动了滑雪设施的开发和完善（Batchelor et al.，1937）。

山区冰雪旅游度假开始于1866年，一位瑞士圣莫里兹的旅馆老板邀请了一批夏天住在他旅店的英国客人，在冬天来度假（Cockerell，1988）。回程之际，这些英国人对此次冬季之行赞不绝口，此后冬季到瑞士度假在英国上流社会中很快成为时尚。早期的滑雪场没有缆车，走路和爬山要花不少时间。

1910 年年底，亨利 · 伦恩爵士说服了米伦镇政府修建了从卢达本纳到米伦镇的铁路，卢达本纳的牵引索道在第二年开通。1911 年，伦恩爵士在瑞士蒙坦纳组织召开了第一届高山滑雪比赛。1905 年滑雪被列为冬奥会表演项目。随着越来越多的人参与到滑雪这项运动中来，一些景区经理和开发商也期望能够将滑雪度假村持续开放一整个冬季。为了实现这一经营战略，大型滑雪设施的概念开始出现，而稳定的市场基础也已经就绪（Williams，1993）。

第一次世界大战初期（1914），瑞士的德国滑雪者和英国滑雪者数量相当，这两个国家直到今天仍是大量的冬季游客输出国。1924 年，法国夏蒙尼冬奥会正式将滑雪列为比赛项目；1932 年，滑雪运动在美国普莱西德湖村冬奥会上大放异彩。滑雪运动至此活跃在了欧洲和北美冬季休闲活动的最前沿，滑雪旅游也成为冬季旅游的重要组成部分（Liebers，1963）。

1929 年，专为滑雪者设计建造的机械推进式上山索道在加拿大首次亮相，随后的几年里，大多数北美和欧洲的滑雪坡上都安装了一套或多套这样的索道。20 世纪 30 年代，将成千上万的滑雪者送往雪坡的“雪道专列”在北美随处可见；1936 年，美国联合太平洋铁路公司在爱达荷州的太阳谷建造了第一个面向游客的滑雪度假村，它成为后来北美顶级滑雪度假区的原型。在欧洲，第一个真正意义上的高山滑雪度假村是法国上萨瓦省的梅格芙，它的发展伴随着 1933 年法国首条滑雪索道的问世。1936年，在德国巴伐利亚州加尔米施-帕滕基兴冬奥会上，举办了高山滑雪和障碍滑雪赛，进一步提高了滑雪运动的知名度。

受第二次世界大战影响，滑雪运动的发展步伐放缓。战后，滑雪作为一种大众旅游项目开始崭露头角。一些士兵为了适应北方作战的需要学会了滑雪（我的父亲就是在军队里学会滑雪的），战后，滑雪成了这些退伍军人的主要业余运动。此外，随着私家车的发展和人们生活水平的提高，滑雪目的地的可进入性也进一步加强。这一趋势促进了更安全、更舒适的滑雪配套设备的产生。20世纪40年代末到50年代初，随着舍维尔、梅里贝尔和迪涅的建立，滑雪度假村的发展在法国迎来了第二春。为滑雪者提供的雪道外配套设施陆续涌现，住宿、餐饮和娱乐成为滑雪旅游体验的重要组成部分（Tanler，1966）。20世纪50年代，造雪技术的出现进一步加速了滑雪设施的发展，它不仅延长了滑雪季的时间，也令滑雪——在那些降雪量不那么充沛的地区——成为了可能。

20世纪60年代是滑雪运动的爆炸式发展时期。欧洲开始出现新一轮完整的、一体化的滑雪度假区；而在北美，为了应对不断增长的冬季度假需求，在新英格兰、科罗拉多州、加州、加拿大落基山脉地区和魁北克省东部相继建造了大规模的滑雪度假区。在滑雪器材方面，木制的滑雪板和皮革的滑雪靴很快被淘汰，取而代之的是金属和玻璃纤维材料的滑雪板和塑料材质的滑雪靴。20 世纪 70 年代，滑雪旅游度假区开始重视市场营销和产品组合，呈现出大规模的市场营销活动与产品扩张的图景。到了 20 世纪 80 年代，滑雪旅游行业内则出现了大规模的并购和产品服务管理精细化的趋势（Williams，1993）。受人口结构变化的影响，滑雪市场也在不断成熟。到了 80 年代中期，很多地区滑雪设备供过于求，一些知名度不大、规模较小而又经营不善的滑雪目的地遭遇到了财务危机（Kottke，1990）。为了应对这一形势，滑雪目的地开始转向商业化运营模式，主打旅游产业。规模较大且客源大部分是游客的滑雪度假区的市场份额一直在扩大，而许多规模小且客源主要为本地居民的滑雪度假村的经营变得举步维艰。在 1980—1990 年，北美滑雪旅游度假村的数量下降了 18%，但与此同时，度假村的接待人数却比同期增长了 50%。

20 世纪 90 年代对滑雪产业影响最大的要数单板滑雪的风靡。滑雪运动对个人技术有较高的要求，除非从小开始学习，你不能指望那些每周只滑一次雪的休闲人群能够快速掌握技巧应对陡坡、高速雪道、大雪包和深粉雪面。然而，单板滑雪者仅仅用一个早上就可以学会垂直站立和转弯，一周内便可以滑粉雪。单板滑雪的高效学习曲线吸引了众多滑雪者改滑单板。90 年代，北美有超过 60% 的单板滑雪者在滑单板前是滑双板的（Spring，1997）。滑雪场的数据显示，它们接待的滑雪者中有 30% 是滑单板的。

另一个重要的影响是不同板型的双板滑雪板的问世。要知道，侧刃的切深越深，卡宾弯越短；近一个世纪以来，完美的弯道处理总是仿佛触手可及，但就是没有人能够做到。但在 1991 年，依兰开发出了“极限侧刃板”（SCX），切深 22.25 毫米，相当于当时障碍回转比赛选手使用的雪板的切深 3 倍之多。这种滑雪板使选手们对环形赛道的处理变得得心应手。1993 年，依兰给美国度假村的滑雪教练配备了 SCX，反响热烈。教练们纷纷表示，这简直令人难以置信，无论是初级滑雪者还是中级滑雪者都在使用了 SCX 之后，几乎立刻学会了卡宾。随后的几年间，阿托米克，菲舍尔和海德跟随依兰的脚步开始设计他们自己的侧刃滑雪板。到了 1997 年，滑雪板的板型五花八门：窄板腰雪板、中等板腰雪板、比赛专用雪板、卡宾雪板、粉雪雪板、专业级雪板、初级卡宾雪板和初级滑雪雪板。20 世纪末雪板板型的发展态势过于激进，国际雪联不得不限制比赛中雪板的侧刃尺寸。

21 世纪初，滑雪产业全面走向成熟，图 1.2 反映了这一趋势，各地区接待滑雪人数都有所增长。最初的十几年里，各地区接待滑雪者人数的总和基本在 4 亿左右浮动，2006—2007 年度由于阿尔卑斯地区气候异常（温暖），其滑雪人数有所萎缩。主要的几大雪场游客数量趋于稳定（如美国、加拿大和阿尔卑斯地区国家），去日本滑雪的人数增长停滞甚至有所下降，同时中国和韩国等新兴市场陆续出现。

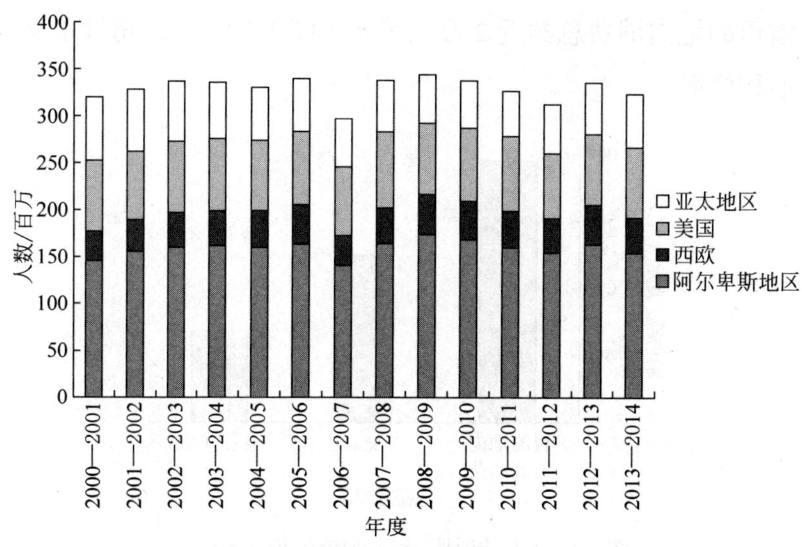

图 1.2　各地区接待滑雪者数量的变化

（来源：Vanat，2015，p. 14）

多样化是滑雪产业在 21 世纪初的另一个特征。越来越多的人习惯于在冬季享受一场休闲运动之旅，但他们并不会去滑雪。就像查理 · 洛克在开篇中提到，主力人群滑雪的时间也在减少。整个滑雪人口的平均年龄日益增长，而高速缆车的出现大大减少了滑雪者的体力消耗，度假村的经营者开始意识到，除了滑雪，他们需要提供更多的活动内容，无论是雪上还是雪下。滑冰、雪地滑板车、雪橇、狗拉雪橇、冰车、滑翔伞、雪地摩托车和雪圈等活动相继涌现。同时，瑞士的韦尔比耶和加拿大的路易斯湖也在寻求如何提高旗下餐馆和商店的效益、品质和利润。滑雪目的地内的消费市场潜力巨大，欧睿信息咨询公司 2014 年的数据显示，2013 年全球滑雪目的地内消费总额近 2 万亿美元（图 1.3），远远超过了交通和住宿。

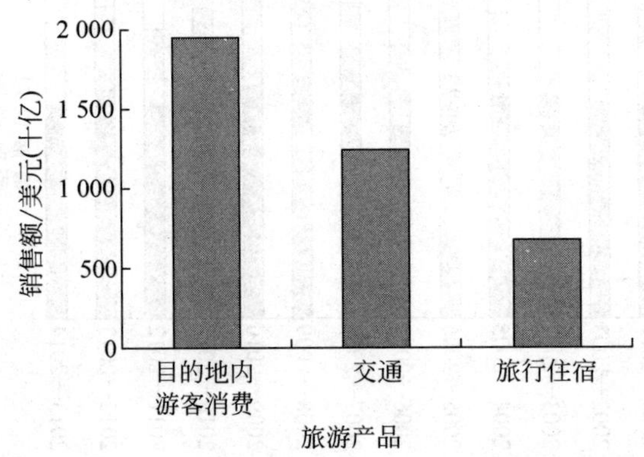

图 1.3　2013 年国际旅行及旅游产品销售额

（来源：欧睿信息咨询公司，2014）

除了提供多样化的产品，滑雪目的地逐渐将自身的定位从单纯的旅游区转向通过吸引新兴产业和定居者促进地区经济发展的轨道上来。例如美国佛蒙特州的斯托镇，被谷歌誉为美国的“科技镇”之一。作为谷歌第二个年度奖励计划项目，2014 年，斯托镇被选为佛蒙特州的“电子城市”。这一殊荣意味着斯托镇的互联网经济发展在全美 55 个州中遥遥领先，它通过互联网开发新客户、维护已有的客户关系，为当地经济发展提供持续动力。各类企业纷纷在斯托镇落户，它们为佛蒙特州的经济增长，特别是数字经济的发展贡献了力量。斯托镇的成功还要得益于众多从事电子商务的小型企业以及遍布整个镇的技术产业。

1.3 资料篇：帕特里克·布鲁兹，在韦尔比耶酒店感受真正的阿尔卑斯风情

在瑞士所有时髦的滑雪度假村中，韦尔比耶酒店最能体现阿尔卑斯地区的风情。酒店坐落在距离滑雪坡仅有400米的广场上，内有各类商铺和零售店，是人们滑雪之后的好去处。每年12月31日举办的庆典是阿尔卑斯地区最大的跨年活动之一。

韦尔比耶最出名的要数“木屋的皇室女孩”（萨拉·弗格森年轻时曾在这里工作过）、家喻户晓的酒店老板（理查德·布莱森奢华的韦尔比耶木屋拥有18张床位）以及那些彻夜狂欢的派对（如在拥有40年历史的老农场俱乐部里玩个通宵）。韦尔比耶一直引领着滑雪度假村的潮流，它吸引了众多年轻时髦的滑雪发烧友、表演者、度假人士和企业家，而比邻的策马特则更加受到成熟的有钱人们的欢迎。每年3月举办的斯沃琪－韦尔比耶极限运动挑战赛上，你可以看到全球顶尖的自由滑高手从蒙特山冰川令人眼花缭乱的雪坡上轰然下坠，整个世界都为之屏住了呼吸。

帕特里克·布鲁兹从父亲那里继承了韦尔比耶历史最悠久的酒店，它建造于1948年。自1981年起，他开始打理和经营这间酒店的31个房间和配套的精品店。“酒店的规模使我不得不参与到各项事务中来，”他说道，“人力资

源管理、市场营销、财务、维护、接待、后勤；我可以是总经理，也可以是客房服务经理。”

布鲁兹的酒店是英国滑雪俱乐部的度假区总部，该俱乐部为会员提供免费的滑雪指导，俱乐部成员遍布整个阿尔卑斯地区。布鲁兹全年都会接待他们，他总是能把工作时间和酒吧里的欢乐时光有机地结合起来。

冬季期间，酒店的客源主要是来自英国的滑雪者。这时候，你总能在前台看到面带笑容的布鲁兹，他要保证滑完雪的客人们在酒吧和餐厅得到满意的服务。“这份工作的好处是你可以自己当老板，”他说道，“但同时它也是一份沉重的责任。所有客人的反馈都是直接的，无论好坏。”

布鲁兹认为,好的服务意味着一个可以依靠的肩膀。“有一天，我接待了一位女性客人，她一直在哭，一天之内她已经第三次和丈夫走失了，她无比确信那个男人根本就是想摆脱她。”4个相邻的滑雪度假区（韦尔比耶、维松钠、将琼和南达）之间的交通网络错综复杂，有超过90条互相连接的缆车线路，整个可供滑雪的地区长达412公里，游客走失的情况并不稀奇。“我听很多滑雪者讲述过他们在四山谷走失后的‘冒险’经历，因为找不到正确的返程缆车，他们必须搭汽车、火车或出租车回来。”最令人哭笑不得的一次经历是听到客人对他说“上一次我来瑞士的时候可没有这么多山”。“我猜他一定是在一个大雾天来瑞士旅行的。”

布鲁兹打趣道。

为了能够紧跟时代，布鲁兹经常会走访其他地区的滑雪度假村和酒店，研究当地的潮流，并大量阅读相关的报纸和杂志。他发现，瑞士和其他阿尔卑斯地区的滑雪场在价格方面存在不平等的现象，这亟须解决。“韦尔比耶的酒店越来越少，而新建的酒店往往价格比较高，对我构不成直接威胁。真正的竞争来自像策马特、圣莫里兹和奥地利的滑雪度假村，在这些地方，同类型的酒店条件要好不少。所以来韦尔比耶的游客往往会比较费解，为什么都是同样的东西（或许条件还差一点），他们反而要付更多钱。”

近几年，布鲁兹发现整个行业的运营速度都在加快。“如一键预定，住宿时间变短，出现更多的竞争者，以及为紧跟不断变化的行业标准而面临的诸多问题。”日常工作包括同各种群体的沟通：酒店工作人员、地方政府、韦尔比耶旅游办公室和滑雪旅游批发商，有时还会同一些资深驴友、音乐人和艺术家打交道。

客流量也有所变化，回头客越来越少。布鲁兹不得不寻求英国旅行机构英厄姆公司的帮助，以保证酒店的客源。拥有80年历史的瑞士旅游组织酒店计划公司在滑雪季（11月至次年4月）负责韦尔比耶酒店的运营。“你必须要更积极主动地去向市场推广你的产品。同英厄姆合作之后，酒店的客房从雪季的第一天到最后一天全部被预订出去了。”

由于英厄姆也会提供专门的滑雪指导，所以韦尔比耶酒店不再是英国滑雪俱乐部的总部，后者转战到韦尔比耶中央广场酒店里的T酒吧，不过提供的服务是一样的。

此外，布鲁兹见证了技术的进步是如何推动滑雪运动的发展的。“卡宾滑雪板，自由式滑雪，休闲滑雪，廉价的机票，养护得更好的雪道：这些都大大提高了滑雪运动的普及率。”他认为单板滑雪促进了整个行业的发展，它的趣味性和自由度点燃了全世界高山滑雪者的热情。

多年来，韦尔比耶酒店吸引了众多滑雪名人，包括英国记者阿利斯泰尔·斯科特，他将韦尔比耶誉为“阿尔卑斯的阿斯彭”，并极力赞赏了酒店自制的“欢乐时光薯条”。顶尖滑雪者楚尔布理根、知名歌星尤索·恩多以及英国赛车手戴蒙·希尔都曾下榻韦尔比耶酒店。不过，就像众多秉持着以服务为本的酒店老板那样，布鲁兹并不想从这些名人身上得到什么好处，要知道，他们最在乎的就是个人隐私。

（以上内容整理自帕特里克·布鲁兹的专访，2014 年 9 月）

1.4 今天的冬季体育旅游

据统计，目前全球滑雪人数大约为 1.2 亿人次（Vanat，2015），其中欧洲的滑雪人数占比 30%，美国和加拿大占比

20%，亚太地区占比 20%。尽管滑雪是一个世界级运动项目，但大部分的滑雪者都倾向于去自己国家的雪场滑雪。全世界 80 多个国家设有室内和室外的滑雪设施，2 000 余家滑雪度假村登记在案，拥有滑雪度假村数量最多的国家是美国、日本和法国，每个国家都有超过 200 家滑雪度假村。奥地利和法国拥有最多的大型滑雪度假村，每年接待量超过 100 万人次。除了欧洲和北美那些耳熟能详的雪场，东欧、中国、新西兰和澳大利亚的一些小型滑雪场也一直在接待游客，还有一些新兴雪场正在发展（Vanat，2015）。

如今，主要滑雪市场接待游客的数量增长已经出现停滞的态势（Vanat，2015）。图 1.4 显示了 2004—2014 年欧洲和北美地区滑雪场平均接待人次。

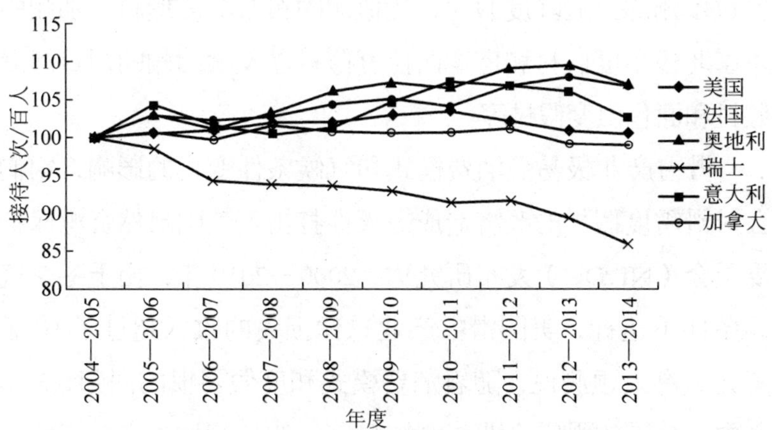

图 1.4　2004—2014 年欧洲和北美地区滑雪场平均接待人次
（来源：Vanat，2015，p. 10）

整个滑雪度假村行业，特别是在北美，一直在经历各种形式的聚合，大型度假村收购个体经营的度假村，或者直接踢它们出局。行业竞争剧烈，而经济不景气给小型度假村经营者们带来的负面影响是显而易见的，他们不像范尔和斯特这种实力雄厚的运营商拥有充足的资金来源。根据澳大利亚商业信用调查公司的评估，技术的进步和基础设施成本的增加是产业趋向聚合的主要原因。大型滑雪度假村的经营者往往具备先进的管理经验，通过并购小型的地区度假村，他们将进一步推动这种趋势（IBISWorld，2013）。2015 年雪季结束的时候，CNL Lifestyle 置业公司决定廉价出售旗下 16 个滑雪度假村，总价值近亿美元。如果销售给个人买家，它将成为历史上最大的一宗滑雪度假村交易。这 16 个度假村包括科罗拉多州的王冠峰度假村、犹他州的布莱顿度假村、加州的塔霍北极星度假村和塔霍西拉度假村以及缅因州的周日河度假村和面包山度假村等。

滑雪产业极易受消费模式和气候条件变化的影响，它们会对滑雪度假村的经济造成毁灭性打击。美国自然资源保护委员会（NRDC）发布研究称，2000—2010 年，由于冬季气候条件不达标，美国滑雪产业总体损失的收入超过了 10 亿美元。有人预测说，随着消费模式和度假习惯的回归，5 年之内，美国的滑雪产业将会恢复以往的持续增长态势。而作为新兴市场的东欧和亚太地区，发展潜力巨大。瓦纳特认为东欧和亚太地区接待的滑雪人数将在 2020 年追平其他老牌滑雪地区。如果该增长态势不会影响西方滑雪度假村的客流量，那么全球滑雪者人数届时将超过 4.2 亿。最后的案例分析将聚焦其中一个会在未来对冬季体育旅游产生深远影响的国家——中国。

1.5 案例分析：冬季体育运动，“中国梦”的一部分

过去 20 年间，越来越多的中国人接触并迷恋上了滑雪，它很快就超过了高尔夫球，成为高收入人群最喜爱的运动。通过申办 2022 年冬奥会，北京期望将中国打造成世界一流的冬季体育运动强国。作为申请程序之一，奥组委对北京进行了为期 5 天的考察，这期间北京正在铺设用于冰上运动项目和滑雪项目的设施。他们考察了崇礼——坐落在长城脚下、群山之中的小镇——作为北欧滑雪项目的举办地点；以及中国最大的滑雪区——云顶滑雪度假村——作为举办单板滑雪比赛和自由式滑雪比赛的地点；延庆的滑雪场则计划举办雪车、俯式冰橇、雪橇和其他高山滑雪赛事。在奥组委到达之前，他们的必经之路两旁就竖起了宣传牌，上面印着双板滑雪者和单板滑雪者的形象，以及一句标语：“共筑中国梦”。

中国地大物博，人口众多，然而真正去过滑雪场的人却很少，更不用说亲自踩上滑雪板的了。加拿大旅游委员

会（CTC）2012 年发布的《中国滑雪案头研究报告》显示，1980 年中国只有 3 家滑雪度假村，而到了 2012 年，这个数字飙升到了 70。“老的雪场不断更新设施，而新的雪场每年都在出现，”该报告称，“在中国，滑雪是一项奢侈运动，因为初学者往往舍得大把地花钱。”由于那时初学者的人数相当多，90% 的滑雪者都需要租用雪具。此外，滑雪也像购物、聚餐和观光一样，逐渐成为一项家庭活动。

中国的滑雪度假村也举办过商业会议，如 2012 年在黑龙江省东北部的亚布力举办的中国企业家论坛，与会成员超过了 700 人。以“滑雪与生活”为主题的中国冬季生活展是一个行业贸易展，由中国海天盛筵承办，赞助方为北京凯悦酒店。自 2014 年起，每年 11 月在北京、1 月在长白山凯悦酒店举办。参展商包括高端滑雪服品牌博格纳、瑞士国家旅游局、冰岛国家旅游局和其他国家的旅游机构等。长白山度假区还提供了丰富多彩的活动，包括滑雪、狗拉雪橇、雪地车、雪橇、马车巡游、主题之夜和冰雕展等。

2014—2015 年中国冬季的滑雪人数创造了历史新高。记者顾伟在《华尔街日报》的一篇文章中称：“吉林省北部的长白山万达滑雪度假村接待人次达到 24 万，而去年这个数字只有 15 万。高峰期出现在春节假期，人流量猛增，以至于雪场必须将雪具的租借时间限制为半天，不然其他人可能连玩的机会都没有。”

中国人对冬季体育运动的痴迷，使全球许多国家——尤其是日本和加拿大，从中获益。无论是日本的北海道省还是加拿大的惠斯勒黑梳山滑雪度假区，都迎来了更多的中国游客，他们大多是第一次滑雪，并且愿意支付私人教练的费用，租用雪具或者在零售店里消费。“我们发现许多中国的初学者喜欢来黑梳山滑雪，为了更好地培育这个市场，我们设计了新的滑雪课程和项目，”黑梳山滑雪度假村的销售总监伊恩·詹金斯说道，“我们现在有几个说中文的滑雪教练，但我们计划增加人数。我们同加拿大旅游委员会、不列颠哥伦比亚省旅游集团和惠斯勒度假村协会合作，挑选了一批中国的旅行社，一起定制了滑雪套餐。”2013 年到 2015 年的两个冬季，黑梳山都向中国的滑雪场派驻了教练，一方面为了宣传，另一方面也旨在提高当地雪场教练的指导水平。“这一举措反响很好，我们会继续努力，”詹金斯表示，“今年我们派出了 4 名教练走访了中国东北部的 9 家滑雪度假村。”

尽管几乎所有的调查都显示，中国滑雪人数呈逐年增长的态势，却始终没能有一个确切的数字。中国滑雪协会发布的数据显示，2015 年中国滑雪人数约为 1 000 万，相当于总人口的 1%。奢侈品零售网站精日传媒则称这个数字有 2 000 万。加拿大旅游委员会在 2012 年发布的报告中也阐述了中国滑雪产业的快速发展态势，1996 年，中国滑雪者人数大约为 1 万，而这个数字在 2010 年“据说有 500 万”。不论哪个数字才是正确的，这一增长趋势都毋庸置疑（图 1.5）。政府希望能够借助申办冬奥会的契机，通过媒体的宣传鼓励更多的人走上雪道。

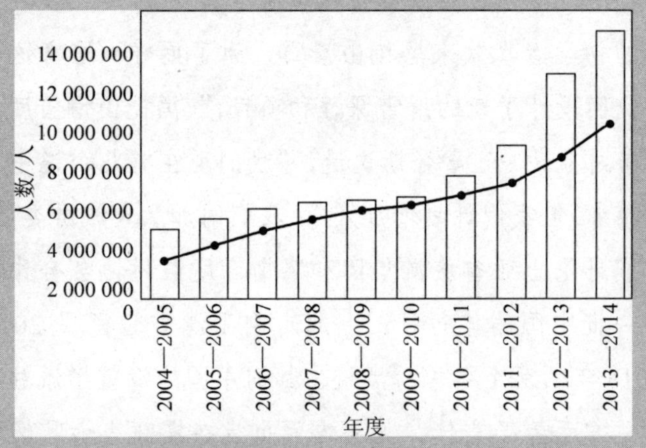

图 1.5 中国接待滑雪者人数的变化

（来源：Vanat，2015，p.124）

加拿大旅游委员会的报告还指出，中国是世界上第三大游客输出国，并且游客数量在持续增长。委员会认为，加拿大可以从中国的滑雪旅游人数增长中获利，这要归功于温哥华冬奥会的成功举办赢得了世界瞩目，以及加拿大滑雪度假村富有针对性的营销措施。它建议：“对于这一目标市场，有一点需要注意：中国的游客认为滑雪——无论是单板滑雪还是双板滑雪——只是一个辅助型的休闲运动，他们不会把整个假期都耗在这上面。因此，想要把这些游客带到加拿大的雪道上来，我们要做的，是把滑雪加入他们的旅行套餐——和其他活动一起。”

［以上内容整理自惠斯勒黑梳山滑雪度假村销售总监伊恩·詹金斯的专访，2015 年 4 月；Gu（2015）；Levin（2015）；Canadian Tourism Commission（2012）；Vanat（2015）］

参考文献

第2章
冬季体育旅游产品

聚焦：伊恩·亨特，在冰雪王国里工作

自 1979 年起，伊恩·亨特就开始从事滑雪用品的销售工作。他起初在一家滑雪用品零售店工作了 3 年，之后在加拿大诺威克公司得到了一个内部职位，该公司当时是诺迪卡、洛克和戴纳之星的经销商。8 年后，他离开诺威克创办了自己的公司，并拿到了多个品牌的代理权。

1990 年，亨特同加拿大罗西尼奥尔签署了协议，他们的合作一直持续到今天，亨特还同时代理了许多其他品牌线。“我负责向零售店和租赁市场销售产品、通过零售市场挖掘潜在的合作客户，合作范围包括联合宣传、人员培训以及请运动员或专业滑雪人士做推广。”

由于单板滑雪的出现,滑雪装备发生了极大的变化。“从 20 世纪 90 年代起，滑雪板的设计出现革命性的改变，”亨特说道，“不同板型的双板滑雪板曾经风靡一时，但当单板滑雪开始流行的时候，它们受到的冲击也相当大。”

单板滑雪受到了极大的欢迎，为了同这一快速发展的

行业竞争，双板滑雪板制造商不遗余力地想要设计出更好用的雪板，夺回属于自己的“酷元素”。亨特认为，单板滑雪运动的流行要归功于年轻一代的滑雪者，它促使双板滑雪板的制造商们重新反思对于滑雪这项运动的理解。“于是休闲雪板诞生了，它令滑雪运动变得有趣起来，让初学者更容易掌握要领，你可以用它们进行非常棒的表演。”

越来越多的滑雪者都在寻找可以令自己在滑雪过程中减少疲劳的装备，新技术成为刺激当今雪具销售的主要因素。“宽雪板把人带上粉雪道，那里曾经是单板滑雪者和专业滑雪人士主宰的区域，而现在中级滑雪者也可以尝试一番，”亨特解释道，“随着自由式滑雪、障碍技巧和半管的流行，花式滑雪板将年轻人重新带回了滑雪运动。”

零售人员对消费者的产品购买选择来说至关重要，因而亨特同罗西尼奥尔的零售网络密切合作。“人员培训、体验日活动以及同工作人员的日常交谈都是基础营销的重要组成部分。”亨特组织的顾客体验日活动一直深受欢迎，不过他自己却认为那不过是些“突击式销售法”罢了。针对特定顾客的私人产品体验日效果显著，但整个活动安排起来却极其烦琐。

就像许多同行一样，亨特的职业选择正是他热衷冬季运动这种生活方式的体现。“能和过去、现在和未来的世界顶尖滑雪者一起滑雪是我的荣幸。”亨特说道，“我曾拜访过制作滑雪板、滑雪靴、固定器和滑雪杖的工厂，我亲眼见证过它们从模型到成品的整个生产过程，而我也有幸能够参与到其中的一个小小环节。我曾在许多国家的雪场里滑过雪——都是以工作的名义。”

亨特主要负责销售高山滑雪、北欧滑雪和单板滑雪的耐用装备，此外，他还代理许多其他公司的产品，包括护目镜、头盔、太阳镜、自行车、自行车服、冲锋衣和智能穿搭。现在如果你想做这样一份工作，需要在零售和批发方面都有经验才行。“小品牌商品的销售经历可以视作一种很好的培训方式，为将来销售大牌商品积累经验。”

亨特很看好滑雪市场的前景：“像罗西尼奥尔这样的雪板制造商会继续尝试新的设计和材料，打造实用性更强的雪板和雪板套。滑雪靴的保暖性会越来越好，舒适度也会增加；固定器也会有所变化——或许会发生根本性的改变——从而为滑雪者提供更好的保护。”

（以上内容整理自伊恩·亨特的专访，2014 年 11 月）

2.1 冬季体育活动

本书探讨的核心内容是双板滑雪和单板滑雪，正如前文所述，全球滑雪人数大约有 1.2 亿，其中 1/3 来自欧洲。图 2.1 显示了滑雪者的地区分布。非本地滑雪者的数量少于 1/6，并且主要集中在欧洲地区。2012—2013 年，美国的海外滑雪者占总滑雪人数的比例只有 3.8%。像荷兰或者英国这样的国家，能滑雪的地方非常少，每年有近 100 万的滑雪者选择出国滑雪。

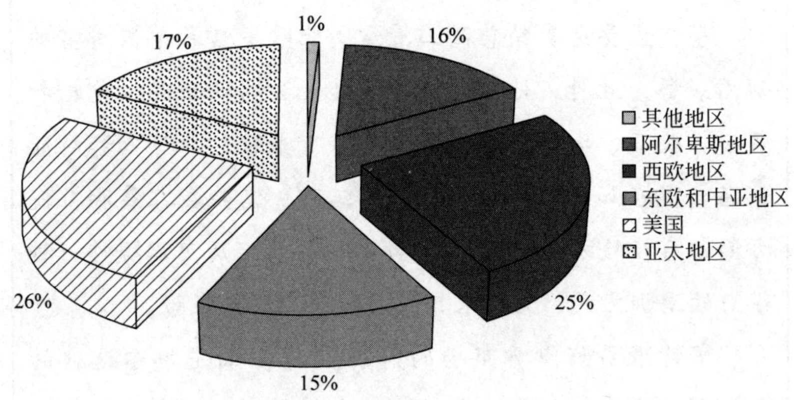

图 2.1　滑雪者的地区分布

（来源：Vanat，2015）

法国、德国、日本和美国拥有最大的国内滑雪市场，每个国家的滑雪人数都为 1 150万～1 300 万。在接待滑雪者人数上，奥地利以 3 400 万人遥遥领先，其次是法国 1 500 万人、瑞士 1 380 万人。本国滑雪人口比例最多的国家包括瑞士（37%）、奥地利（36%）、挪威（25%）和芬兰（24%）。有趣的是，美国每年只有 4.3% 的人会选择去山区滑雪。表 2.1 列出了各国接待滑雪者人数和本国滑雪者人数占总人口的比例。

滑降滑雪的其他衍生类型包括空降式滑雪，滑雪者乘坐直升机到达无人踏足的雪坡，在那里他们可以享用崭新的粉雪。空降式滑雪在过去几十年间大受追捧。大约 95% 的空降式滑雪市场被加拿大的不列颠哥伦比亚省包揽，总的来说，这一产业占据了 10 万个滑雪者天数，年收入超过 1 亿美元。奥地利登山向导汉斯 · 格穆舍是 20 世纪 60 年代空降式滑雪的先驱，他创办了加拿大山区假日公司。该行业的另一个领军人物迈克 · 威格勒，于 1970 年开始提供空降式滑雪服务。空降式滑雪的持续风靡在某种程度上要归功于沃伦 · 米勒的电影，影片中，那些极限滑雪人士将这一运动的魅力展现得淋漓尽致。

表 2.1　各国接待滑雪者人数和本国滑雪者人数占总人口的比例

国家	可供滑雪的区域数	接待滑雪者人数	本国滑雪人口比例 /%	滑雪者人数（本国）	外国滑雪者比例 /%
安道尔	3	2 184 806	20.00	17 059	92.00
阿根廷	22	1 500 000	2.50	1 065 275	25.00
澳大利亚	10	2 082 600	2.00	445 250	1.50
奥地利	254	53 155 600	36.00	2 959 793	66.00
匈牙利	32	1 200 000	5.00	349 082	25.00
加拿大	288	18 700 400	12.50	4 307 199	12.00
智利	21	1 250 000	3.00	516 508	15.00
中国	350	6 880 000	0.40	5 128 426	0.50
捷克	176	8 700 000	20.00	2 032 584	35.00
芬兰	76	2 846 000	24.00	1 263 867	17.00
法国	325	56 226 000	13.00	8 573 709	32.00
德国	498	14 922 000	18.00	14 606 508	10.00
意大利	349	28 100 000	8.00	4 918 584	15.00
日本	547	34 432 389	9.00	11 452 777	3.00

续表

国家	可供滑雪的区域数	接待滑雪者人数	本国滑雪人口比例 /%	滑雪者人数（本国）	外国滑雪者比例 /%
韩国	18	6 531 832	6.00	2 937 312	10.00
新西兰	25	1 413 552	7.00	305 558	36.00
挪威	213	6 390 000	25.00	1 180 675	8.00
波兰	182	5 000 000	13.00	4 989 895	10.00
罗马尼亚	45	1 200 000	3.00	653 714	5.00
俄罗斯	220	3 653 870	2.50	3 562 512	2.00
斯洛伐克	91	5 000 000	18.00	987 901	25.00
斯洛文尼亚	44	1 357 128	15.00	298 904	17.00
西班牙	34	5 677 571	5.00	2 368 527	10.00
瑞典	228	8 070 800	20.00	1 823 885	8.00
瑞士	240	26 538 264	37.00	2 958 530	50.00
土耳其	43	1 200 000	1.00	806 945	15.00
乌克兰	54	1 400 000	2.50	1 114 330	5.00
美国	481	57 092 127	4.30	13 616 748	5.60

（来源：Vanat，2014）

空降式滑雪从它出现的那一刻起就在不断地演变。起初，飞行员每次只能将 1 名急切的滑雪者送上山顶。随着时间的推移，这项运动受到越来越多人的追捧，为了满足不断增长的需求，现在直升机一次能够搭载 12 名滑雪者。很多公司还提供更大载客量的直升机，而新一代空降式滑雪服务运营商则推出了“空降滑雪小组”项目（Whitfield，2013）。得益于技术和装备的进步，空降式滑雪的安全性也在不断提高（Whitfield，2013）。直升机和个人安全装备不断更新换代，教练的专业性进一步提升。空降式滑雪教练更加注重安全培训，并且有着极强的风险意识，从而大大降低了遭遇雪崩的危险。

空降式滑雪的一个衍生类型是履带车滑雪。雪地履带车是一种大型的、类似卡车的交通工具，它通过履带而非轮胎前进。与直升机的作用类似，它将那些粉雪发烧友带到高山地区，那里通常没有缆车和现成的雪道。第一家提供雪地履带车服务的公司成立于加拿大不列颠哥伦比亚省，创始人是安大略本地人艾伦·特鲁里。在阿斯彭工作的时候，他发现滑雪者会搭乘雪地履带车去到那些没有架设缆车的区域。为了运营属于自己的野外雪地履带车，1975 年特鲁里和妻子布兰达搬到不列颠哥伦比亚省，创办了塞尔扣克野外滑雪。1979 年，他的朋友布伦特·麦科克代尔——同样是履带车滑雪的先驱——在不列颠哥伦比亚省历史悠久的矿镇鲑鱼湖开办了第二家履带车滑雪公司：大北方履带车滑雪。随后，灰熊镇的卡特彼勒和芬尼镇附近的岛湖履带车滑雪也相继挂牌。30 年后，整个不列颠哥伦比亚省到处都可以看到履带车滑雪的运营商。充足的降雪、寒冷的气温、天气的规律性变化以及能够直达雪山深处的大规模林间公路网——使不列颠哥伦比亚省成为履带车滑雪和单板滑雪的圣地。

另一项深受欢迎的冬季运动项目是越野滑雪，尽管它过去被视为高山滑雪的难兄难弟（Loverseed，2000）。随着滑雪装备、造雪技术、雪蜡和路线设置的不断更新，越野滑雪重获新生，并持续风靡。其最大的变化在于技术层面。20 世纪 80 年代，美国奥林匹克银牌得主比尔 · 科赫（Bill Koch）引领了一股潮流，他将滑冰和其他自由式动作技巧融入了越野滑雪中，使这项运动焕发了新的活力（Rolfe，2001）。特里马滑雪——挪威人开创的第一种滑降滑雪——也发展出不少拥趸。特里马转弯再次流行起来，由于这个动作在完成时需要抬起后脚跟，装备选择上更加倾向于较为轻便的雪靴和雪板，以保证在走路上山和在平地行进时的舒适度。登山滑雪是越野滑雪和特里马滑雪的结合体，一度曾非常流行，在 2013—2014 年，登山滑雪的人数增长了 8%。

同样，雪鞋最初也是本地人的一种交通工具，而后被冬季体育旅游“借鉴”过来。在滑雪运动出现的几个世纪前，传统的“雪鞋”更像是个巨大的网球拍，由柔韧的白蜡木制成，用鹿皮系在鞋底上。如今，铝材质外壳的轻型雪鞋已经很普遍了，在野外穿脱它们很方便，用不着什么特殊技巧。雪鞋行走每小时消耗 400～900 卡路里，并且它不会像滑雪那样对关节造成损伤（Loverseed，2000）。

多年来，除了上文提及的主要运动项目，山体度假村投入了大量的资金开发其他活动项目，包括体力消耗较大的（如滑冰和雪圈）和相对温和的（如月夜雪地摩托）内容。度假村的官网上可以找到更详细的活动信息，如雪上橡皮艇、滑冰场、平底雪橇、冰壶和热气球。表 2.2 列出了更多传统的冬季运动项目和那些在 21 世纪开始风靡起来的体育活动。

表 2.2 多样化的冬季体育运动

传统冬季运动项目	当代冬季体育活动
双板滑雪	单板滑雪
越野滑雪	雪地摩托
特里马滑雪	雪鞋健行
履带车滑雪	空降式滑雪
滑冰	狗拉雪橇
马拉雪橇	雪圈
冰壶	雪地自行车 / 胖胎自行车
平底雪橇	攀冰
	冰上驾驶
	冰雕
	雪地滑板

冬季运动的多样化有两个驱动因素。首先，冬季度假村的客人在流失。一篇关于市场趋势的分析文章指出，定期享受冬季运动假期的人尽管在增多，但他们根本不会去滑雪。其次，即便是发烧友们滑雪的次数也明显在减少。他们的平均年龄较大，加上新一代高速缆车使滑雪者们能够更快地恢复体力，因而，无论是冬季度假村还是度假村里的酒店，都意识到除了滑雪之外，他们必须向客人们提供更丰富的活动内容，无论是雪上还是雪下。在这一点上，犹他州帕克城的华盛顿校舍酒店就是一个很好的例子，它是镇上新建的高端精品酒店之一，除了双板滑雪和单板滑雪，它还提供许多其他活动项目（表 2.3）。

表 2.3 犹他州帕克城华盛顿校舍酒店的冬季运动项目

高山滑车：乘坐一人或两人平底雪橇穿越山杨林，沿着长达 4 000 英尺的高架曲线轨道、弯道和环形车道体验一场令人屏住呼吸的蜿蜒冲刺。

大雪车：乘坐犹他州奥林匹克公园的“彗星号”雪车，专业领航员将带您领略 15 个刺激的弯道，最高速度可达 80 米 / 秒，牵引力近 5 个 G 力——相当于从 40 层楼垂直下落。

越野滑雪：在帕克城无与伦比的越野雪道上享受一场绝佳的锻炼体验，无论是初学者还是专业人士都可以参与。

狗拉雪橇：同小狗一起玩耍，学习如何控制雪橇，体验一整天互动式的家庭冒险。

飞鱼船：在普洛佛河、韦伯河或其他溪流水域体验一场私人定制的水上游览，配备专业向导。

飞鹰高空滑索：帕克城山体度假村提供双人高空滑索项目，整个冬天您都可以向着新的高度发起冲击，大人和孩子都可以乘坐。

空降式滑雪：将专业滑雪人士带往新的高度，深入山区，在那里有尚未被人踏足的雪坡，滑雪者可以尽情享受深厚、蓬松的犹他州粉雪。

山区历史游：带您领略帕克城迷人的矿镇历史，同时提供帕克城山体度假村历史游。

霍姆斯特德火山口：一座 55 英尺高的蜂窝状石灰岩山，自然形成的中空区域水温为 90~96 华氏度，适宜游泳、潜水、浮潜和温泉理疗。

骑马：穿越帕克城原始的山区地形带，领略无与伦比的自然风光。

热气球：一场激动人心的旅程，带您前往距离地面 1 英里的高空，俯瞰帕克城、美丽的沃萨奇、尤因塔山脉和盐湖城。

滑冰：帕克城有两个冰场，不滑雪的时候，您可以在这里享受同亲朋好友在一起的时光。

雪橇：一场独具特色的冬季短途旅行，提供特别晚餐服务，用餐地点可以选择位于山顶的维京人圆顶帐篷。

雪地摩托：穿越松林和山杨林，领略无与伦比的景致和自然风光，性能最好的雪地摩托搭配专业的向导，既保证您的安全，又带给您绝佳的体验。

雪鞋健行：穿行在宁静的冬季山林之间，在美景中体验一次有氧健身，或者仅仅是寻求一场安静的出走。

雪圈：全家人一起体验一次极限速降，雪圈道配有升降设备，并设有儿童戏雪区。

续表

犹他州奥林匹克公园：带领您畅游 2002 年奥运之梦成真的地方，今天，它仍旧激励着无数奥运选手。
室外瑜伽：除了滑雪之外，体验独一无二的室外瑜伽项目，无论是瑜伽还是雪鞋健行，都一定会极大地满足您的冒险精神。

（来源：Washingtonschoolhouse.com）

2.2 滑雪场

第 1 章曾提及，全球 80 多个国家总共拥有大约 2 000 个滑雪场。美国、日本和法国的滑雪场数量最多，每个国家的滑雪场个数都超过 200 个。奥地利和法国拥有 10 余个大型滑雪场——每个雪季接待滑雪者人数超过 100 万。图 2.2 显示了主要滑雪目的地的受欢迎度。欧洲阿尔卑斯地区接待了全球 44% 的滑雪者，位列第一，其次是美国（21%）。

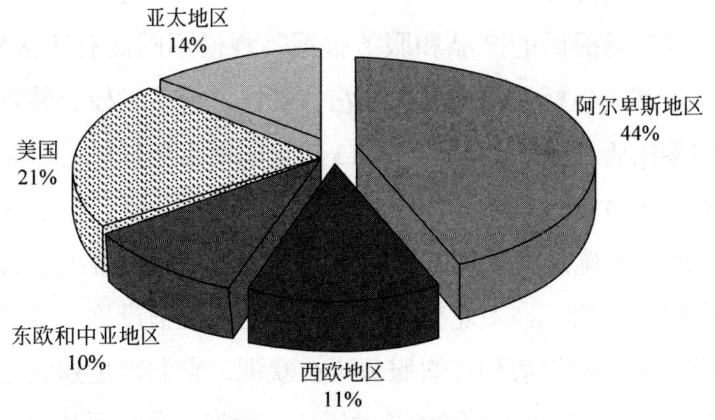

图 2.2　主要滑雪目的地的受欢迎度

（来源：Vanat，2015，p.15）

雪场通常分为三种类型：第一种是国家级雪场，接待的基本是本国滑雪者，他们可能来自不同的州、省和地区。第二种是地区滑雪场，滑雪者需要跨过数百英里的距离才能到达。在欧洲，这种雪场往往会吸引一个或多个国家的滑雪者。例如，英国的滑雪者会选择去奥地利滑雪，纽约的滑雪者会选择去加拿大落基山脉滑雪。第三种是一流的国际雪场（全世界只有 300～400 个），它们接待的滑雪者来自世界各地，如加拿大的惠斯勒、科罗拉多州的范尔和瑞士的策马特。雪场刚起步的那几十年，大部分人只会在附近的雪场滑雪。随着人们旅游次数的增多和跨国滑雪公司的出现，情况发生了明显的变化。数以千计的北美滑雪者每年都会到欧洲阿尔卑斯山区滑雪，同时更多的欧洲滑雪者涌入北美。实际上，如果没有欧洲的这些滑雪者，加拿大雪场接待的滑雪者人数恐怕就要出现负增长了。

滑雪场提供的产品和服务根据其规模不同而有所区别，但通常都会包括滑雪设施、住宿、餐饮、滑雪学校、装备出租和零售店。图 2.3 显示了 2013 年美国滑雪场提供的产品和服务。2013 年度总收入为 26 亿美元。

滑雪设施是滑雪场的核心产品，运营商向顾客出售普通缆车票和季票。许多北美雪场都有自己的住宿设施，或运营其中大部分的住宿和餐饮服务（在欧洲，它们则是独立运营的）。雪场内会设有不同种类的饭店、酒吧、咖啡厅和自助餐馆，2013 年，餐饮收入占总收入额的 10.1%。雪场还设立了

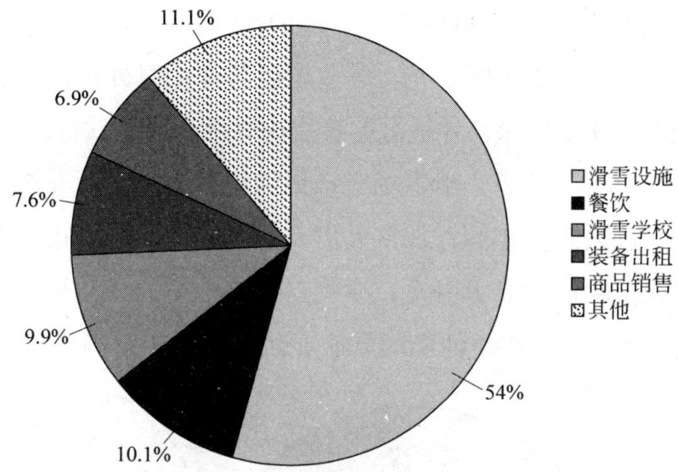

图 2.3 滑雪场提供的产品和服务

（来源：IBISWorld.com，2013）

滑雪学校，向滑雪者提供指导，为不同年龄段的滑雪者安排了种类繁多的培训项目，这一部分的收入占比为 9.9%。滑雪场还拥有自己的零售店和滑雪装备出租店，2013 年，商品销售额占比 6.9%，装备出租收入占比 7.6%。雪场还提供夏日项目和私人定制项目，如山地自行车或为婚礼仪式提供的缆车服务等，这一部分的收入占比为 11.1%。

滑雪场的人流量受季节性影响较大，并且极度依赖天气状况。其 85%～100% 的营业收入都集中在 11 月到次年 4 月之间，高点通常出现在圣诞假期和其他主要的节日期间。这些“黄金时期”如果碰上糟糕的天气状况，将会严重影响雪场的年收入，并导致未来连续几年的客流量萎缩。滑雪场往往会把客人分为本地滑雪者和外地滑雪者，后者通常来自其他州或其他国家。2013 年，外地滑雪者贡献了美国滑雪场 56% 的营业收入（图 2.4）。滑雪场运营商们对外地滑雪者的依赖正在逐步加深，外地滑雪者往往更愿意消费。有建议称，为了对抗季节效应，滑雪场应该更加注重收益，而非游客的数量。过去几十年间，加拿大班夫地区的滑雪场把市场的重心放在了欧洲滑雪者身上，尽管这些欧洲客的人数只占到了总接待人数的 50%，他们却贡献了近 80% 的旅游消费。

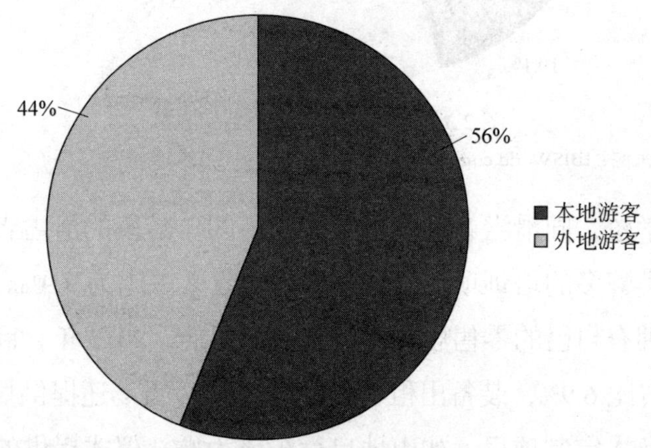

图 2.4　滑雪场的主要客源收入

（来源：IBISWorld.com，2013）

范尔度假村集团是美国最大的滑雪场运营商，拥有近 1/3 的市场份额，在加拿大也有它旗下的雪场。范尔旗下的 6 个滑雪度假村分别为：范尔、河狸溪、布雷肯里奇、楔石、塔霍北极星和海文列。2014 年，范尔将犹他州的帕克城山体度假村并入了它的版图，2015 年通过收购澳大利亚的佩里舍，又进一步将产业延伸至北美以外的地区。美国其他主要滑雪场运营商包括加拿大西域置业公司，旗下拥有雪鞋、蒸汽船、斯特拉顿和冬季公园；以及位于密歇根州的博因河滑雪度假村，在北美拥有 10 个滑雪场；总部位于犹他州帕克城的庞德公司，在美国拥有 9 个滑雪场，包括科罗拉多州的铜山和基林顿。图 2.5 显示了冬季体育旅游的主要运营商及市场份额。

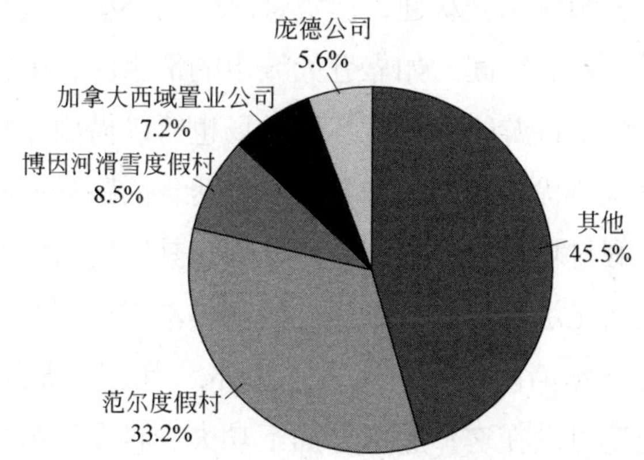

图 2.5　冬季体育旅游的主要运营商及市场份额
（来源：IBISWorld.com，2013，p.25）

为了提高服务质量，成功的滑雪场通常会采取以下的一种或多种策略：产品多元化、产品升级和产品差异化。我们已经谈到过第一种策略，但滑雪场仍需要不断完善自身以适应新的消费者需求。滑雪场的核心产品是它的雪道和配套的缆车设施，相应地，它们更新换代的频率也是最快的。由法国的蒂涅和瓦勒迪泽尔带头，滑雪场的联合成为一种普遍趋势，两家雪场合并为“埃斯佩斯凯利”；库尔舍维勒、梅里贝勒、雷美纽尔和瓦托伦斯组成了“三山谷”。除此之外，滑雪区向着更高的海拔挺进，雪场着力提供更好的雪质，增加客容量，同时延长了滑雪季的时间；通过培训滑雪教练和向导，提升了客户服务质量，向人们提供真正的亲近大自然的体验。

滑雪场提高客户体验的第三种策略是差异化。尽管大型高山滑雪度假村深受欢迎，但资金有限的小型私人雪场在未来会有新的发展空间。如靠近大城市的滑雪区，因其区位优势，更适合一日游的行程，其他雪场也可以借由差异化发展模式获得竞争优势。例如加拿大亚伯达省的路易斯湖和森夏恩滑雪度假村均设立在国家公园内部，其所能提供的各种便利设施虽然无法同那些人满为患的高山滑雪度假村相比，但它们胜在环境清幽，景色迷人。此外，为了打造自身特色，小型雪场还可以在客户服务方面下功夫。科罗拉多州的王冠峰在这方面就是个很好的例子，其相对较小的雪场面积恰恰是一个卖点。“不是只有超级度假村才能让游客享受一个完美的滑雪假期。”王冠峰的老板蒂姆 · 米勒说道。科罗拉多州的塔玛拉克则将自己定位成“精品滑雪场”，并且严格限制每天接待的滑雪者人数不得超过 3 500 人，而滑雪场实际的客容量可以达到 7 000 人。这一做法的目的是打造一个私人滑雪场，它更注重收益而非滑雪者的数量，旨在培养高品位的客户群。

2.3 资料篇：冬季高空滑索的魅力

这无疑是一场冲刺之旅，仿佛秃鹫一般从树冠上空飞速掠过，俯瞰脚下辽阔的纯白冰雪世界。2007—2008 年，冬季高空滑索开始在北美的滑雪场普及，为人们在滑雪之余提供了另一种活动选择。

高空滑索是滑雪产业多样化趋势的一个表现，吸引了更多的游客，延长了他们在雪山上停留的时间。高空滑索无疑是一项时髦的运动，并且一年四季都可以体验，它大大增加了雪场在非滑雪季期间的吸引力。

加拿大的高空滑索先驱之一是乔瑞·柯克，毕业于卡尔加里大学哈斯科纳商学院，他在 2010 年创办了柏树山生态探险有限公司。“如果我没有记错的话，2005 年，美国阿拉斯加州的凯奇坎建造了第一座商业化运营的高空滑索。”而加拿大第一座商业化运营的高空滑索则建在松鸡山的惠斯勒。

早些时候，人们不太能在概念上区分树冠滑行和高空滑索。“树冠滑行是指由向导带领，借助一系列滑索设施和吊桥在树冠上方穿行的活动。”柯克解释道。高空滑索则会穿过更多的人造建筑。不过，即便是该行业本身也经常会将两个概念混用。

柯克表示，高空滑索的魅力在于它的“故事性”和社交性：任何年龄群体、无论男女都可以参与这项活动，它对参与者的人数也没有太多的限制，既可以是一家人，也可以是一群人。"高空滑索的门槛很低，你不需要掌握什么特别的技术。"柯克补充道。尽管大部分冬季的高空滑索项目最开始都是在夏天运营的，实际上全年运营的难度并不大，成本也并不高。"游客就在那儿，滑索和工作人员都是现成的。是把它关掉还是让它创收？至少我会选择后者，"柯克说道，"我不认为冬季的高空滑索设施能够满负荷工作，但至少它向游客们提供了另外一种选择。"

不同滑雪场的高空滑索项目区别很大：有的提供座位，有的是悬挂式；有的是单向滑索，有的是双向的；甚至有一些滑索提供"障碍线路"——架设攀爬区和平台。铜山的"阿尔卑斯滑索"在韦斯特湖上方30英尺处设有双滑索道，双座自行车骑手可以通过滑索道穿行在滑冰场、公寓、商店和餐厅的上空。王冠峰的高空滑索项目设有5条滑索道，长度为120～400英尺，通过3座吊桥彼此相连，途中还有许多专为冬季使用而搭建的带扶手的平台和雪栅。"全程大约为2小时，配备两名向导，同时确保了娱乐性和互动性，"研发部主任艾瑞卡·米勒说道，"对于那些不滑雪或滑完雪的人来说，高空滑索是种不一样的体验，它吸引了不同年龄段的游客。"唯一有所限制的是乘客的体重，必须为70～250磅。高空滑索在夏季、秋季和冬季都会开放，但在气温较低的时候，乘坐要求会根据天气状况有所调整。

范尔的高空滑索项目全年开放，共有4条滑索道，长度为1 200英尺，它旁边就是冒险山的雪圈道。新罕布什尔的枪托山有5条高空滑索道，最长的一条近1.5英里，设有速度控制器，乘客可以随时停下来欣赏山区的美景和野生动植物。犹他州最长的高空滑索道位于峡谷度假村，穿行在山间的松树林上空，有两条线路可供选择。犹他州帕克城的飞鹰高空滑索是一座闭合的环形滑索道，高度为110英尺，可供两人同行。加拿大的惠斯勒黑梳山有两家高空滑索运营商：高空滑索生态游运营的高空滑索网络架设在两个滑雪场之间的菲茨西蒙斯溪谷上，在冬季提供落日游览项目；冒险集团则提供并排式的"超级飞天滑索"，它们经由美洲狮山的山间步道和木板道连接在一起。

高山滑索项目是否能够存续下去？"我真的不知道，至少暂时我看不到它出局的可能，"柯克说道，"开发新的游览路线可能没那么容易，那些经营不善的公司恐怕会面临倒闭的风险，但盈利的公司则会脱颖而出。只要运营商们肯在提高游客体验度方面下功夫，他们就不太可能会出局。"2014年，柯克的公司被提名为加拿大年度最佳中小型旅游企业。

（以上内容整理自乔瑞·柯克的专访，2014年11月）

2.4 室内雪场

在室内塑胶雪坡——也被称为干雪坡——上滑雪在全球范围内已经成为一种时尚。过去二三十年间，30 多个国家共计建立了 80 多个室内滑雪场，截至 2014 年还在运营的大概有 50 家（Vanat，2014），它们中的一部分主营越野滑雪项目。这些室内滑雪场每年接待滑雪人次约为 2 000 万。20 世纪 20 年代，柏林和维也纳出现了最早的室内滑雪场，而英国的塔姆沃思雪球从 1993 年起营业至今，是运营时间最久的室内真雪滑雪场。塔姆沃思起初仅提供直线的上下雪道，随着教学、培训和休闲活动内容的增多，雪场不断进行扩建。

最好的人造室内雪场应当模拟山区条件，提供不同坡度和梯度，设有平缓的初学者区，在雪坡底端应有较长的缓冲带。在美国，新濠天地集团同阿尔卑斯度假区 DFW 集团合作，计划在 30 号州际公路北部的达拉斯－沃斯堡地区建立一家占地面积为 350 000 平方英尺的室内滑雪场，以及一间四星级新濠天地酒店，总投资 2.15 亿美元。酒店的初步设计包括 300 个房间、48 000 平方英尺的会客区、两间餐厅、健身房、SPA 体验馆和屋顶泳池。全年开放的室内滑雪场计划修建一座长 1 200 英尺、高 300 英尺的滑雪坡，一座室内冰墙，一条雪橇道和一个“冬季冰雪世界”游乐区。

相比之下，发展中国家似乎更注重室内雪场的开发。例如 2005 年开业的迪拜室内滑雪场，有 25 层楼高，是世界上第三大室内滑雪场。门票价格为 20 美元，包含雪具和服装（手套、长裤、夹克以及一次性袜子）的租借，由于穿长袍滑雪是被禁止的，喜欢穿传统服饰的阿拉伯人可以租借及膝的大衣保暖。巴西在南部高山地区的格拉马杜开设了一家室内滑雪场，名为“冰雪之地”，提供一座室内滑雪坡和 30 多种活动项目，包括双板滑雪、单板滑雪、气垫滑雪、雪圈和雪橇等；其他建筑设施包括一个室内滑冰场和一条布满商店和餐厅的阿尔卑斯风格街道。巴西并没有真正意义上的传统滑雪区，不过，越来越多的巴西人——特别是中产阶级，已经成为阿根廷和智利滑雪市场的主要客户。

据报道，中国东北部的哈尔滨市已建成世界上最大的室内滑雪场，雪场已于 2017 年对外开放。这一耗资 33 亿美元的“文化旅游城市”项目成为第一家提供 100 米垂直雪道的室内滑雪场，并建有 6 座独立的滑雪坡。该项目的出资人万达集团是全球最大的公司之一，也是中国现有的传统滑雪场的运营商之一。其他已披露的细节包括：可容纳 1 500 人同时使用的滑雪坡、奥运规格的滑冰场、剧院、商场、四星级酒店和五星级酒店、餐厅和电影院。

2.5 滑雪服和雪具

第 1 章曾提及，冬季体育运动的发展同双板滑雪装备和单板滑雪装备的演变息息相关。滑降滑雪板的板型和设计在任何可以想象得到的方面都发生了变化，出现了女性滑雪板、儿童滑雪板、粉雪滑雪板、硬雪滑雪板、野雪滑雪板、高山滑雪板、管道和公园滑雪板、登山滑雪板、自由式滑雪板和比赛专用滑雪板。由于借鉴和改良了一些单板动作，很多双板滑雪者偏爱可以双方向滑行的大头板（Knight，2013）。随着双板滑雪板、单板滑雪板和滑雪靴的不断演变，滑雪配件的重要性也得到了大大的提升。1997 年桑尼·博诺和迈克尔·肯尼迪在滑雪时发生严重事故，从那以后，滑雪头盔成为必需品。现在，那些滑雪不戴头盔的人会显得格格不入，而极限滑雪运动的发展使头盔的作用变得越来越重要。

近些年来，滑雪服的时尚感和功能性变得同等重要，每个人都需要备上这么几件东西：为适应零度以下环境而设计的保暖手套和冲锋大衣，兼顾了保暖性和设计感的弹力外套。现在的滑雪服面料通常是一种叫作高泰斯的材质，它透气性好，并且防水；垫层通常是聚丙烯面料，能够吸收皮肤上的汗液，即便在寒冷的天气里也能够保暖。另外，还有一种新型纤维材料“新雪丽”，也具有保暖的效果。

根据美国滑雪运动产业协会（SIA，2014）发布的数据，2013—2014 年，美国滑雪服和雪具的销售额共计 36 亿美元，同比增长 7%；销量同比增长 4%，只有加州的市场表现差强人意。值得注意的是，选购单板雪具的女孩子人数上升。小女孩用的单板滑雪装备销售额同比增长了 37%。防静电的高山滑雪服销售额达到 5.29 亿美元，同比增长 13%；女性越野滑雪装备销量同比增长 32%，销售额总计超过 600 万美元，同比增长 28%。运动相机的销量达到 121 000 台，同比增长 10%；销售额共计 4 100 万美元，同比增长 20%。然而，近几年双板滑雪板的销量却有所下降。

服装配件（包括手套、打底衣、帽子和护颈）的销量同比增长 7%，销售额共计 6.64 亿美元，同比增长 11%。随着地形公园和野雪滑雪的风靡，滑雪头盔的安全性也得到了进一步提升。各大滑雪头盔品牌纷纷将 MIPS 大脑防护系统和各自的专利技术系统应用到头盔的设计中来。图 2.6 显示了 2013—2014 年美国滑雪服饰配件的销量占比，图 2.7 显示了 2013—2014 年美国滑雪服饰配件的销售额占比。

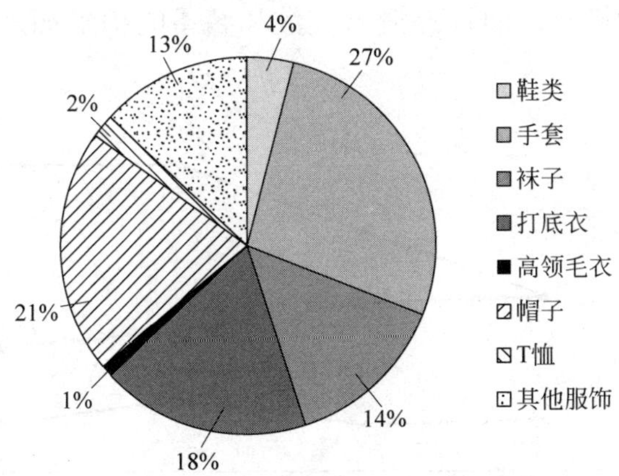

图 2.6 2013—2014 年美国滑雪服饰配件的销量占比

（来源：SIA，2014）

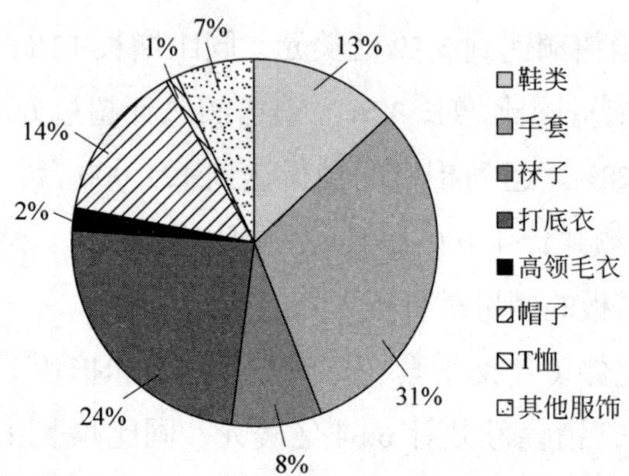

图 2.7　2013—2014 年美国滑雪服饰配件的销售额占比

（来源：SIA，2014）

近年来，野外滑雪装备的销量激增（Hjorleifson，2012）。图 2.8 显示了美国野外滑雪装备的销售情况。整个滑雪产业，特别是接待滑雪者人数和滑雪装备的销量，受降雪量的影响出现下滑趋势，而野外滑雪人数和装备的销量却是个例外，

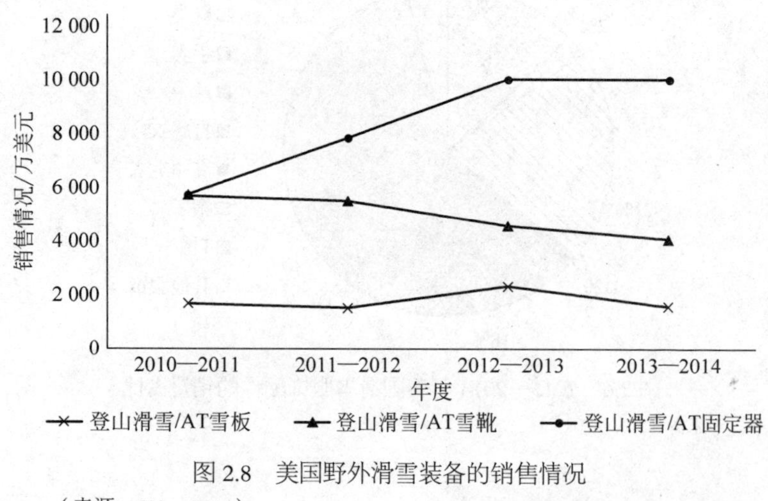

图 2.8　美国野外滑雪装备的销售情况

（来源：SIA，2014）

表现出了增长的态势。整个野外滑雪产业估值超过 330 万美元，只占冰雪运动产业的 1%。随着 K2、朗格和波顿等主流滑雪品牌进军野外滑雪市场，野外滑雪将成为滑雪产业的一个重要支柱（Hjorleifson，2012），越来越多的野外滑雪装备出现在雪坡上。2013—2014 年，登山滑雪靴的销量增长了 27%，它的圆鞋底防滑设计增强了行走的便利性，兼顾了轻便性和舒适度，受到广大滑雪爱好者的欢迎。

2.6 案例分析：俄罗斯索契，全年旅游目的地的艰难诞生

上文曾提及，许多山体度假村投入了大量资金向游客提供冬季运动以外的活动项目，为适应季节性变化开发出多样化的产品以期在夏季里吸引更多的游客。而俄罗斯索契——2014 年冬奥会的举办地——所采用的策略则刚好相反。普京爱上索契之前，那里的夏季度假村是俄罗斯人休闲的好去处，他们喜欢在黑海海岸晒日光浴。而为了筹备冬奥会，索契经历了 7 年的疯狂改建，如今它已经成为全年性的旅游目的地。而这一过程却并不是一帆风顺的。

滑雪场设计师保罗·马修是第一个提出对俄罗斯北高加索地区进行旅游开发的人。“玫瑰庄园和罗莎项目的最初设计是为了商业运营，后来有人问我们是否可以将其用于举办冬奥会的比赛。”马修的公司“山体度假村环保设计者”

向俄罗斯奥组委提交了一份场地总体规划图，2007年2月，这份设计图又被提交给了国际奥组委。“2007年7月，索契申奥成功，”马修说道，“于是我们受雇重新设计玫瑰庄园的滑雪区，用来承办奥运赛事。”

这仅仅是公司面临的一系列问题的开始。“申奥成功后，索契地区变得一团糟，每个人都声称他们拥有对计划建造场馆的土地的所有权。”直到普京总统发布行政命令称，所有有争议的土地均归属联邦政府所有，事态才有所平息。马修解释道：“即便是我们的签约客户罗斯集团也丧失了对玫瑰庄园的开发权。整个项目停滞了14～16个月之久，考虑到所有那些待完成的新设计和建设工程，我们浪费了不少时间。”

尽管面临诸多困境，2011年全年公司仍继续跟进这一项目的建设。当核心工程开工之际，新的问题出现了。“我们对于俄罗斯那套‘吃回扣’的游戏一无所知，所以，我们被其他公司取代了，”马修说道，“结果，由于专业性不足，他们将整个项目搞得一团糟。”

2013年秋天，《华尔街日报》称，酒店问题正在威胁着索契冬奥会的正常开展。国际奥组委由于过度关注场馆的建设，而忽略了配套住宿设施的工程进度。索契冬奥会首席监事简·克劳德·基利不得不发出“紧急警告”，加大工作量，并建议在2013年的整个9月实行每周7天全天候工作制，以确保项目能够在2014年2月完工。

幸运的是，所有这些不为人知的困境所造成的损失只是一时的。“索契冬奥会非常成功，玫瑰庄园在实行商业化运营的第一年里接待了不少游客，时间会检验这一切。”马修总结道。

苏联解体之前，索契就是俄罗斯最受欢迎的旅游目的地之一，因而很多人质疑，花费了这么多钱仅仅是为了能在冬奥会期间给媒体留下一个深刻印象，意义何在？据报道，为了修建体育场馆、滑雪缆车线路、豪华度假村、精品酒店和一般性基础设施，总投入超过了500亿美元——这在长远看来又是否值得？

有批评家称，冬奥会无疑提升了索契的全球知名度，但其自身却缺乏一个有针对性的市场策略来从中获益。《医疗旅游》的一篇文章称：“一场国际体育赛事的遗产是衡量东道国成功与否的重要标准”，同时，它也可能会给东道国的经济带来长远的负担。

短期来看，在筹备冬奥会期间，索契接待游客数量有所下降。2012年，索契接待游客数量为130万人次，而一年之后，在筹备建设的关键时期，游客数量只有90万人次。此外，无论是对于俄罗斯游客还是外国游客来说，土耳其、埃及和泰国的度假成本要远远低于现在的索契——即便后者拥有不少五星级酒店和其他高级度假设施。

针对其亚热带气候特征，从长远来看，索契需要向全年旅行目的地转变：除了在冬季可以滑雪之外，还要开发多种全年户外运动和活动内容——无论是面向运动员训练还是一般游客度假。在索契，游客可以在同一天下海游泳和上山滑雪，这在全球都是不多见的。而为冬奥会建造的专业场馆可以用来承办其他知名活动，如在菲什特奥林匹克体育场举办的2018年世界杯、1级方程式赛车和G8峰会。

此外，索契冬奥会重新将俄罗斯冬奥会代表队带回了世界体育版图。经历了温哥华冬奥会的失利（金牌数仅为3块），俄罗斯在2014年的索契冬奥会上证明了自己，稳坐金牌榜和奖牌榜榜首。

无论好坏，都自有人评说。因为申奥的成功，俄罗斯一直深受媒体关注。曾经，很少有外国滑雪人士会考虑去俄罗斯度假，因为无论索契再怎么吹嘘，它那仅有的几条滑雪缆车线路也基本都是老古董了。而今，索契拥有50多条高速缆椅和空中缆车线路，凭借冬奥会的影响，俄罗斯的滑雪运动也从幕后走到了台前，越来越多的滑雪发烧友都将玫瑰庄园列入了他们一生必去的目的地清单。

［以上内容整理自保罗·马修的专访，2015年2月；《医疗旅游》（2014）；Conway（2014）；Futterman and White（2014）；Bachman（2014）］

参考文献

第3章
消 费 者

聚焦：极限运动赛事将极限体育运动推向了新高

1995年，第一届极限运动比赛在罗德岛州的纽波特举办，比赛项目包括滑板和越野摩托车，冰雪运动是1997年加入的，细类分为单板滑雪、双板滑雪和雪车。极限运动比赛可以说是最新潮、最时尚的夏季和冬季体育运动的孵化器。每年的极限运动比赛都会在美国体育广播ESPN和ABC体育网播出，观众覆盖了从“65后”到“90后”的两代人。2002年起，冬季极限运动比赛地点变为阿斯彭的Buttermilk雪山，而夏季比赛的地点自2014年起由洛杉矶移至得州的奥斯汀。

专业自由式滑雪联盟（AFP）主席和创办者克里斯·舒斯特尔为比赛提供管理团队的支持，该团队出自他的公司EPS Events。“作为EPS的一员，我们负责管理极限比赛的所有运动项目和赛事，协调ESPN Live频道、运动员、裁判员、餐饮提供方、医疗人员和线路设计人之间的关系，”

AFP市场和世界巡回赛事经理安德鲁·戈捷说道，“为了比赛能够正常开展，协调好时间、安全性和赛程非常重要。除此之外，我们还负责为每位参赛运动员协调练习时间。”

AFP的执行董事艾瑞克·赞瑞纳最初只是想从内华达希艾拉学院找一些实习生来做戈捷现在的工作。那时戈捷正在考虑几个市场协调员的职位，同时，为了完成他的MBA学位论文，戈捷对一些滑雪度假村进行了调查，包括糖罐、柯克伍德、斯阔谷和北极星。当看到AFP的实习生招聘时，他萌生了一个新的想法。“这份工作的描述非常宽泛，但我觉得两三个实习生其实已经可以设立一个岗位了。”戈捷解释道。经过一番商讨，戈捷的新岗位诞生了。

戈捷的主要工作是市场营销和销售，其他需要处理的事务包括赞助和合作、社交媒体运营、赛事推广、运动员招募和AFP独家视频内容剪辑。戈捷负责的另一个活动是AFP世界巡回赛。“我需要准备所有的赛事申请，及时更新运动员排名和新的比赛成绩，管理AFP的裁判员项目。”这一项目包括招募、培训和为所有AFP认证的裁判员安排日程。此外，戈捷与SBC滑雪杂志总编杰夫·施穆克一同管理赛事媒体和afpworldtour.com网站上的内容，并负责与运动员的沟通工作。戈捷撰写并发布所有AFP的官方文件，管理库存和后勤，包括横幅、引导标示、照相机和其他装备等。他还负责对季后调查进行分析并将其发送给运动员和赛事组织者。现在，轮到他从内华达希艾拉学院招募实习生了。抛开工作的琐碎和繁杂不谈，它的多样性、急迫性和竞争性令戈捷从中获益良多。当然，这份工作自有它的魅力所在：戈捷有机会去到北美顶级的滑雪度假村，与世界一流的自由式滑雪和单板滑雪的运动员会面。“很难形容遇见明星时的感觉，”他说道，“但当我、马克·阿特金森和克里斯·舒斯特尔（冬季极限运动比赛滑雪项目的组织者）在惠斯勒2013/14AFP世锦赛上完成最后一圈粉雪道，弹出固定器的时候，除了迈克·道格拉斯，我已经看不到任何人了。简单来说，他曾是加拿大空中部队的队长，D旋转的创始人，真正的自由式滑雪巨星。之后我们一起吃了午饭，真是令人难以置信的一天！”更重要的是，这份工作会令你爱上冰雪运动。“我从没想过要成为一名滑雪爱好者，更别说去参加比赛了。是我工作的这个环境、这个群体和这群人把我带进了冰雪运动的领域。我对于滑雪的热爱是在这之后产生的。”

AFP和极限运动比赛的市场推广大部分依赖于社交媒体和线上广告。“过去，很多市场营销活动是围绕着内容来展开的。然而今天，品牌营销的重心从内容转向娱乐层面，试图打造品牌独有的‘个性’，”戈捷解释道，“如所罗门自由式滑雪频道；你还可以在 YouTube 上找到乐斯菲斯和阿托米克品牌的系列视频。有些品牌甚至还打造了专门的线上影院来播放这些内容。有意思的地方在于，这种营销模式的投入几乎没有底线，可各家公司仍旧不停地往里砸钱。”

戈捷的老板艾瑞克·赞瑞纳坚持内容为王：“这些品牌——无论是耐用品还是消耗品，都在打造其独具特色的产品内容，品牌公司会请运动员来代言：比赛中的某个动作镜头、非赛季的运动员生活花絮、训练、旅行或者某个普通的滑雪场景都可以作为一次宣传。依托大众传媒，尤其是网络渠道传播的广泛性和时效性，品牌公司能够直接切入观众的视野，将它们的品牌或营销信息传递给任何一个相关或潜在的消费者。”

传统媒体和社交媒体的作用至关重要，赞瑞纳称：“作为竞赛性自由式滑雪的主要消息渠道，我们要尽可能地第一时间了解赛程、赛道、参赛运动员和比赛成绩。如果我们不能亲临比赛现场，或者没有办法观看每一场赛事，至少通过社交媒体，我们能够迅速掌握资讯。我们需要这些资讯来了解和紧跟整个行业的发展态势。”

（以上内容整理自安德鲁·戈捷和艾瑞克·赞瑞纳的专访，2014 年 11、12 月）

3.1 消费者分析

一份滑雪白皮书称："选择滑雪旅行的成年人是很特殊的一个群体"（PhocusWright，2013，p.8）。该报告发现，同美国普通游客相比，滑雪旅行者中绝大部分是年轻、富有的男性。滑降滑雪是最普遍的一种形式，但许多滑雪者会尝试其他的类别。图 3.1 显示了 2008—2013 年美国冰雪运动参与人数。

PhocusWright 的数据显示，在雪坡上滑雪的总人数中，滑降滑雪人数占 58%，单板滑雪人数占 25%。鉴于美国男女游客的比例正好是 1∶1，而通常情况下女性会在旅行计划中占据主导地位，因而她们更受旅游市场营销人员的关注。但滑雪旅行的情况却并非如此。2/3 的滑雪旅游者是 45 岁以下的高收入男性，近一半人年收入至少为 10 万美元，而美国的普通游客仅有 1/4 达到了这个收入水平（表 3.1）。

表 3.1 美国的普通游客和冰雪运动游客 %

	普通游客	冰雪运动游客
男性	50	66
18～44 岁	54	63
年收入 >10 万美元	24	49

（来源：PhocusWright，2013）

单板滑雪显然更受年轻人的喜爱，他们相对不那么富裕，旅行机会也比较少，在滑雪度假上的花费也比较少。图 3.2 显示了双板滑雪者和单板滑雪者的人口年龄分布。

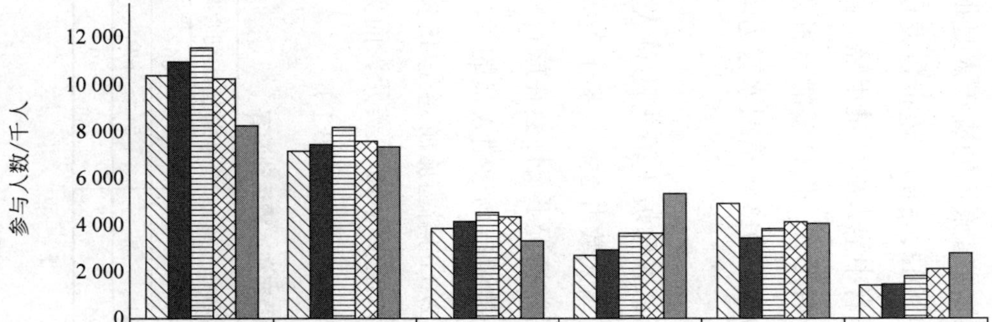

参与人数/千人

12 000
10 000
8 000
6 000
4 000
2 000
0

	高山滑雪	单板滑雪	越野滑雪	自由式滑雪	雪鞋健行	特里马滑雪
2008/2009 滑雪季	10 346	7 159	3 848	2 711	4 922	1 435
2009/2010 滑雪季	10 919	7 421	4 157	2 950	3 431	1 482
2010/2011 滑雪季	11 504	8 196	4 530	3 647	3 823	1 821
2011/2012 滑雪季	10 201	7 579	4 318	3 641	4 111	2 099
2012/2013 滑雪季	8 243	7 351	3 307	5 357	4 029	2 766

图 3.1 2008—2013 年美国冰雪运动参与人数

（来源：SIA，2014a）

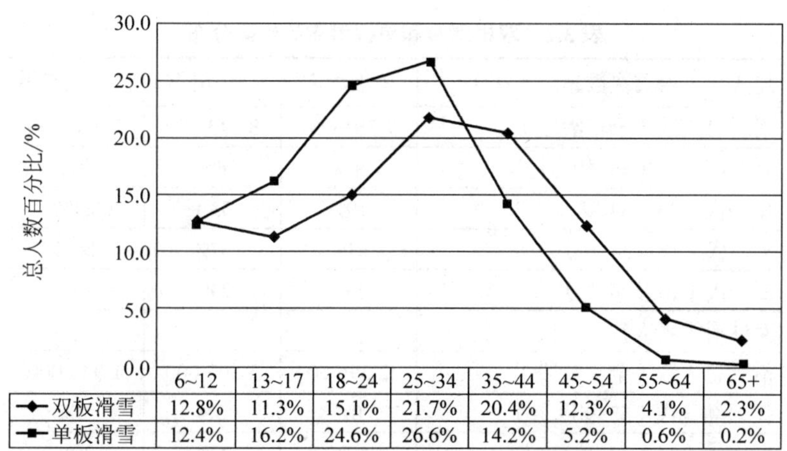

	6~12	13~17	18~24	25~34	35~44	45~54	55~64	65+
双板滑雪	12.8%	11.3%	15.1%	21.7%	20.4%	12.3%	4.1%	2.3%
单板滑雪	12.4%	16.2%	24.6%	26.6%	14.2%	5.2%	0.6%	0.2%

图 3.2　双板滑雪者和单板滑雪者的人口年龄分布

（来源：SIA，2014a）

SIA（2014b）的一项报告深入分析了冰雪运动参与者的年龄段分布（表 3.2）。实际上，在过去一二十年间，年龄分布趋势并没有太多的变化，但单板滑雪者的人数却有明显的增长。那时，X 一代（1965—1980 年出生的一代人）是滑雪的主力，特别是单板滑雪运动，在 20 世纪 90 年代吸引了大量青年人；而婴儿潮一代（1945—1964 年出生的一代人）在这一时期主宰了滑降滑雪领域，不过很快，他们就被成熟的 X 一代和婴儿潮一代的孩子——Y 一代或千禧年一代（1981—2001 年出生的一代人）所取代。现今，Z 一代（小于 18 岁的一代人）逐渐在冰雪运动领域独领风骚，他们又会给冰雪运动增添怎样的特质，就要交给未来的研究去明确了。本章开篇已经点明，每年在阿斯彭举办的冬季极限运动比赛面向的正是 X 一代和 Y 一代。

表 3.2 双板滑雪和单板滑雪的代际分布

总人数（滑雪次数超过 1 次）	单板滑雪	高山滑雪	自由式滑雪
滑雪总人数（全年龄段）	7 351 000	8 243 000	5 386 000
婴儿潮一代（55 岁以上）	1%	6%	3%
X 一代（35～54 岁）	19%	33%	24%
Y 一代（18～34 岁）	51%	37%	50%
Z 一代（18 岁以下）	29%	24%	23%
女性滑雪者人数			
滑雪总人数（全年龄段）	2 396 00	3 305 000	1 945 000
婴儿潮一代（55 岁以上）	0%	3%	2%
X 一代（35～54 岁）	17%	27%	20%
Y 一代（18～34 岁）	60%	40%	55%
Z 一代（18 岁以下）	23%	30%	24%
男性滑雪者人数			
滑雪总人数（全年龄段）	4 955 000	4 938 000	3 423 000
婴儿潮一代（55 岁以上）	1%	9%	3%
X 一代（35～54 岁）	20%	36%	26%
Y 一代（18～34 岁）	47%	35%	47%
Z 一代（18 岁以下）	32%	20%	23%

（来源：SIA，2014b）

有趣的是，有相当一部分滑雪运动参与者（16%）同时滑双板和单板，这群人对自己的定位是高端旅行者，在旅行中的购物和餐饮方面花费更多（PhocusWright，2013）。他们比其他人滑雪的次数更多，技术也更好，会花更多的时间来度假（并支付住宿费用），每个人手上都可能会有一张滑雪季卡（表 3.3）。他们对冰雪运动有极高的热情，对滑雪装备的要求也很高，注重滑雪时的自身形象，滑雪似乎已经成为他们的一种重要的生活方式。在滑雪市场营销人员眼中，这一特殊的群体会对整个滑雪旅游人口产生极大的影响（PhocusWright，2013）。

表 3.3　同时滑双板和单板的滑雪者特征

<table>
<tr><th colspan="5">一个特殊群体：双板 + 单板滑雪者</th></tr>
<tr><td rowspan="3">• 双板 + 单板组合
• 代表着 1/5 的滑雪旅行者
• 旅行次数更多
• 技术更娴熟，或是专家
• 倾向于住在高级 / 豪华度假村
• 更年轻：60% 为 35 岁以下的滑雪者</td><td></td><td>双板滑雪者</td><td>单板滑雪者</td><td>双板 + 单板滑雪者</td></tr>
<tr><td>旅行开销</td><td>874 美元</td><td>765 美元</td><td>990 美元</td></tr>
<tr><td>购物 / 餐饮开销</td><td>344 美元</td><td>355 美元</td><td>435 美元</td></tr>
</table>

（来源：PhocusWright，2013）

PhocusWright（2013）还研究了美国滑雪者对比和最终选择其旅行线路的信息来源。网络信息——包括网站和APP——充斥着整个消费过程，7/10 的滑雪旅行是通过网站预订的。第二大信息来源是家人和朋友的推荐，2/5 的滑雪旅游者在计划行程的过程中依赖自己的人脉。这同美国一般旅行的趋势相仿，来自家人和朋友的信息对旅行的设计有很大影响。除此之外，其他线下信息途径对滑雪旅行的影响——无论是行程安排还是费用支出，都大大降低。

在欧洲，冰雪运动假期由于开销较高，依旧是一个相对排外的市场。英敏特（2014）针对英国滑雪者的一份报告称，大学毕业生、高收入者和那些财务自由人士更愿意去享受一个冰雪运动假期，他们或许已经这么做了，或许在未来打算这样做。中等收入人群正在朝着这个方向努力，而那些财政紧张或困难的人群则基本不会有这种念头。表 3.4 显示了冰雪运动参与者的假期行为表现（样本来源于英敏特的报告），他们当中 27% 的人是第一次享受冰雪运动假期，1/4 预订的是假期套餐，20% 是跟随学校来旅行的。

表 3.4 冰雪运动参与者的假期行为表现

这是我的第一个冰雪运动假期	27
我预订的是假期套餐（包括旅游和住宿）	25
这次旅程是由学校组织的	20
我分别预订了交通和住宿	17
我支付了滑雪学校的费用	17
我享受了优惠	17
为了省钱，我选择在淡季旅行	16
我支付了私人滑雪教练的费用	15
我从英国带来了自己的双板滑雪板或单板滑雪板	13
除了滑雪之外，我尝试了其他活动（包括攀冰、狗拉雪橇、平地雪橇、滑翔伞和雪鞋健行）	12
在雪坡上，有免费的度假代理 / 滑雪指导员陪同我	11

（来源：Mintel，2014）

3.2 动机

冰雪运动游客通常对他们所钟爱的运动项目抱有极大的热情。4/5 的滑雪旅游者把滑雪当作一种重要的生活方式，而滑雪也是他们旅行的主要驱动因素。与其他以休闲娱乐为目的的旅行相比，这一因素的重要性尤为突出。2011 年，一项针对包括目的地内活动项目、观光游览、观看比赛和参观景区等在内逾 20 种不同类型的旅游活动内容的研究显示，冰雪运动的重要性远远高于其他旅游活动内容（图 3.3）。

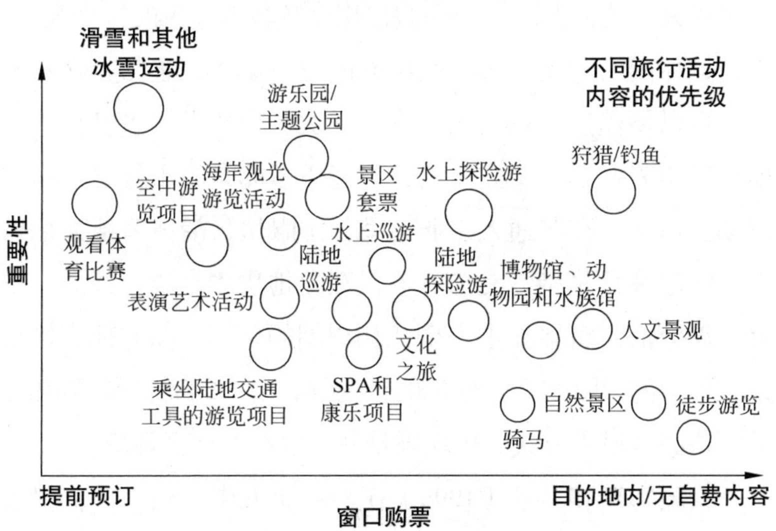

图 3.3　与其他活动内容相比，滑雪运动的重要性
（来源：PhocusWright，2011）

多年以来，研究人员试图寻找这种狂热模式背后的动机。早期，米尔斯（1985）就在研究滑雪的经验结构动机是否符合马斯洛的激励理论。他发现一次圆满的滑雪体验需要满足滑雪者以下四种需求：安全感、归属感、获得尊重和自我实现。布恩（1994）提出，存在某些动机驱使人们选择去滑雪，如“逃离惯常的办公室生活”。他还发现，不同能力的滑雪者所追求的东西也不尽相同。例如，初学者往往更倾向于靠近那些可以提供帮助的人，滑雪高手则追求“体验快感”和“遥

遥领先于其他人"，而处于两者之间的中级滑雪者更看重"和其他志同道合的人在一起"。

提卡斯柯和劳伦（1988）回顾了参与高风险体育运动的动机研究，他们提出了一些假说用以解释滑雪者的行为表现。首先，休闲活动是一种社交层面的宣泄渠道，参与者在短时间内可以不受惯常行为的约束。其次，很多滑雪者参与到这项运动中来并非为了去比赛，可能更多的是源于社交需求的驱动。再次，在普通人（非运动员）眼里，滑雪者给人们留下的印象往往是精力充沛、不畏艰险地勇攀高峰。最后，很大一部分滑雪者更注重安全性和周围的环境，而非体力挑战或过程中的惊险刺激。他们的结论称，滑雪的动机是多重的，而一些高危滑雪方式的出现则是一个复杂的社会现象。

威廉姆斯和多莎（1995）在一项研究中提出，人们滑雪是出于获得个人成就感、社交性目的、享受自然风光、逃离惯常的生活以及寻求刺激感；如今，人们仍然会根据自身经验来挑选滑雪旅行的目的地（PhocusWright，2013）。一个重要的指标就是雪质，4/5 的滑雪者表示，雪质是他们挑选旅行目的地的一个重要衡量指标（图 3.4）。另一个考虑因素是住宿地和滑雪坡的距离，缆车和高级雪道的数量同样是滑雪者要着重考虑的。

实际上，雪季刚开始时的雪质和滑雪者对于该雪质的评价很大程度上将会影响整个雪季的状况，如滑雪的高峰期何时来临，以及整个滑雪季吸引的游客是否足够多（IBISWorld，

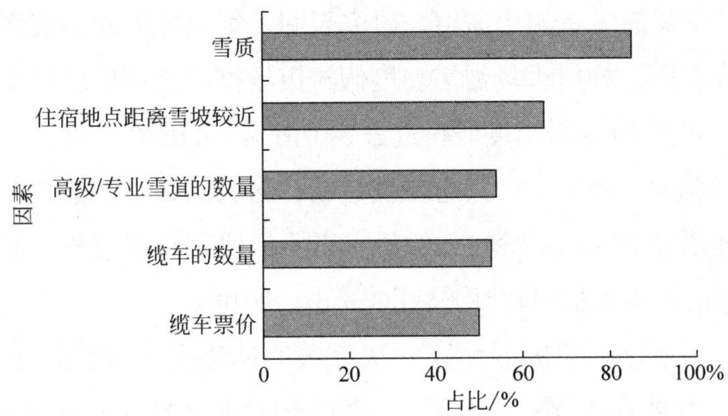

图 3.4 影响滑雪目的地选择的因素

（来源：PhocusWright，2013）

2013）。水晶滑雪假日（Crystal Ski Holidays）发布的一份报告称，2013—2014 年滑雪季，由于雪质极佳，意大利接待的英国滑雪者人数比例从 15.2% 增长到 15.7%，而在雪质相对较差的法国，英国滑雪者人数的比例则从 34.8% 下降到 33.5%（图 3.5）。

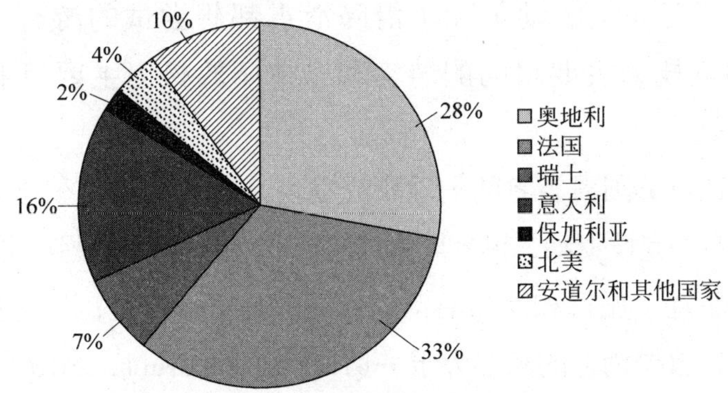

图 3.5 2013—2014 年英国滑雪者的旅行目的地

（来源：Crystal Ski Holidays，2014）

论及滑雪者的忠诚度，研究表明，年纪较大的滑雪者会选择在固定的滑雪场滑雪。度假村市场推广公司瑞恩咨询收集了北美 10 家滑雪度假村过去 3 个滑雪季的住宿数据，发现年龄越大的滑雪者，其忠诚度越高，这也侧面印证了其他的一些研究成果：年龄较大的滑雪者不但住宿时间较长，他们每天的消费也相对较高（Ski Canada，2014）。

一项德国研究显示，一次完美的冰雪运动体验的影响因子主要包括安全、舒适、享受和放松（Hallmann et al., 2012）。研究人员发现，适度的冰雪运动组合（如高山滑雪和雪橇）有助于提升度假体验，此外，不同市场群体对度假体验的需求也有所不同，克努、劳卡宁和科穆普拉的研究（2011）也得出了相同的结论，后者通过聚类因子分析法将芬兰的滑雪游客细分为六个类别：被动旅行者、热衷越野滑雪的游客、各项冰雪运动（活动）都想尝试的游客、（各类冰雪运动 / 活动）除了滑降滑雪都想尝试的游客、以运动竞技为主要目的的游客和以休闲放松为主要目的的游客。

针对英国滑雪者的一项研究发现，冰雪运动的参与动机有三种：竞技驱动，想参与体育运动项目的意愿是最强烈的；社交驱动，旅行和参与活动的目的都是进行社交；以及度假驱动，放松消遣的意愿大于一切（Phillips&Brunt，2013）。这直接导致双板滑雪者和单板滑雪者在地形选择、雪具购买、年龄分布、群体种类、目的地选择和滑雪动机等方面表现出显著的不同。在决定去哪里滑雪之前，要考虑的因素有很多，包括成本、滑雪区地形的多样性和住宿条件等——双板滑雪者和单板滑雪者对此也有不同的反馈。

社交驱动的重要性显而易见。SIA（2014）提出，对于冰雪运动的参与者来说，同家人和朋友在一起的重要性已经今非昔比。1999年，SIA对冰雪运动参与者的一项调查显示，那时候的滑雪者们更注重自由，冰雪运动假期的目的就是远离亲友。这一趋势的转变发生在2011年，他们变得更愿意和家人、朋友待在一起。SIA认为，经济因素导致许多人重新审视他们的资源分配，包括时间和金钱。当然，即便初学者和中级滑雪者更愿意在雪道上陪伴家人和朋友，需要承认的是，高级滑雪者依旧在追求冰雪运动的刺激感。

英敏特（2014）针对英国滑雪者的一项研究显示，那些对冰雪运动假期感兴趣的人中，有一半是受自然风光的吸引（表3.5），29%的受访者认为那会是一个不错的体能挑战，31%的受访者倾向于选择一家提供多种冰雪运动项目的度假村。另一个重要的影响因素就是充足的雪层厚度：28%的受访者表示，他们只会选择去那些能够保证雪层厚度的度假村。1/3的受访者表示，他们在度假之前，会去国内的人工或室内雪坡上学习或练习滑雪，这也从一个侧面证明了室内滑雪坡的重要性。

表 3.5 对待冰雪运动假期的态度

	%
可以欣赏自然风光	49
提供多种活动项目的度假村（包括攀冰、狗拉雪橇、平底雪橇、滑翔伞、雪鞋健行等）	31
度假之前，我会在国内的人工雪坡或室内雪坡学习或练习滑雪	31
冰雪运动假期意味着一次不错的体能挑战	29
我只会选择去那些可以保证雪层厚度的度假村	28
我只会选择去那些知名的滑雪目的地	26
为了省钱，我会选择去新兴的滑雪目的地（如保加利亚）	23
如果没有度假代理或滑雪指导员，我可能不会去尝试	15
我很在意冰雪运动造成的环境问题	8
其他	4

（来源：Mintel，2014）

加拿大的一项市场细分研究中，约佩、艾略特和杜兰德（2013）通过聚类分析，发现魁北克省的滑雪者大致可以分为以下七个种类。

（1）伊莎贝拉，拘谨的初学者。需求点：初级雪道，滑雪课程，优质服务。

（2）马蒂厄，派对狂人。需求点：滑雪之后的娱乐活动。

（3）菲尔，滑雪发烧友。需求点：跳台滑雪和夜间滑雪。

（4）马克，要求严格的专业滑雪者。关注点：高质量的滑雪设施，包括木屋和缆车。

（5）伊冯，资深滑雪者，雪场常客。需求点：精心养护的雪道，出色的工作人员。

（6）艾瑞克，滑雪爱好者。需求点：人少的高级滑雪坡。

（7）安妮，初学者、节俭人士。关注点：性价比高。

3.3 资料篇：格斯塔德，针对千禧年一代的市场策略

单击鼠标、滑动滚轮、按下按键——几个简单的动作充斥着千禧年一代的全部成长经历。市场的重心也由婴儿潮一代逐步开始倒向满足新生一代人的瞬时需求。

北美的千禧年一代人数约为7 900万，比婴儿潮一代的人口要多出300万，后者预计在2030年将跌至5 800万。除此之外，还有诞生于数字时代的Y一代（出生于1980—1999年的一代人）。尽管年轻人在财政上仍需依靠他们的父母，千禧年一代中相对年纪较大的人已经成为主要的消费群体，同时也是滑雪场最佳的目标市场人群。那么，什么才是吸引、满足和留住这个群体的关键性因素呢？

对于山体度假村而言，想要吸引千禧年一代，下列要素必不可少。

- 覆盖无线网络的滑雪区。
- 度假木屋和酒店大堂需提供会客区和上网区。
- 高技术含量、允许智能手机访问的网站。
- 能够代替传统滑雪地图和提供滑雪信息的APP。
- 实时报告和反馈。
- 可信度高的用户评价。
- 自助登记入住和退房，自助支付。

- 购买和使用便捷的自助、智能缆车卡。
- 度假木屋、酒店和卧室需提供智能技术服务和足够的电源插座。
- 独具特色的滑雪场，能够唤起游客情感上的共鸣，适合各年龄段的免费赠品。
- 滑雪场、非滑雪场地和酒店需要有社会责任意识。
- 胶囊旅店：减少住宿成本，以丰富度假体验。

如今，千禧年一代在做决定之前，往往会依赖社交媒体、线上评价和 APP 提供的信息。40% 的千禧年一代会分享他们的旅行经历，34% 会在返程时通过社交媒体发布更多的信息。同样地，他们在预订之前通常会查询其他用户的评价，平均浏览 10.2 条信息。这一庞大的评价信息库有助于酒店和旅行目的地制定各自的市场策略。

瑞士的格斯塔德就是一个很好的例子，特别是在 APP 应用方面。游客可以通过多款 APP 查询到最新信息，如 iGstaad（安卓用户）、iSKI Swiss、Skiresort.de、Snocountry、Skitude、myswitzerland、Skiline 以及 Schee&Mehr。格斯塔德还提供互动式的雪道地图，Pistenbericht 则提供每日更新的雪质报告、雪道报告、天气预报和网络摄像机。

格斯塔德在社交媒体上也十分活跃，它的 Facebook 主页标签为“格斯塔德：来到这里，放慢脚步”，每日都会更新信息，在 Instagram 和 Twitter 也有大量粉丝。它的官网

www.gstaad.ch 嵌入了响应式网页设计技术，包括手机和电脑在内的各类终端都可以访问，官网还能够追踪用户。“去年（2014），64.02% 的访问者为电脑用户，19.15% 为手机用户，16.83% 为笔记本用户，”格斯塔德－萨嫩旅游公关项目经理安特耶·布克思说道，“多亏了响应式网页设计，用户通过手机也可以预订酒店和公寓。”

和上一代人相比，千禧年一代除了更依赖线上交流，其线下社交的频率也要更高一些——只要技术层面允许。随着社交活动的图片获取越来越迅速，人们生怕自己会被圈子遗忘。58% 的千禧年一代更希望和朋友一起旅行，这比其他年龄段的人高出 20 个百分点。格斯塔德提供免费无线网络全覆盖服务，在埃格利、瑞勒利、萨那斯劳赫格拉特和维斯派尔山体餐厅，人们可以在休憩或社交的同时保持在线状态。

格斯塔德的“山峰步道”是世界上第一座建在两山峰顶之间的吊桥，总长度 107 米，拥有绝佳的景致，该吊桥连接着冰川 3000 雪场的最高观景台和红砖山峰顶。冰川 3000 的滑雪季在该地区是最长的。

几乎每一家阿尔卑斯风格的度假村都提供芝士火锅料理，格斯塔德直接修建了一座“芝士火锅乐园”。客人们可以坐在木质的“芝士火锅”里享用美味的料理，它最多可容纳 8 个人同时用餐。乐园全年开放，客人可以通过步行、骑车或滑雪等多种方式到达。此外，为了迎合千禧年一代对音乐的狂热，为期3天的格斯塔德音乐节提供一系列嘻哈、街头、摇滚和民俗音乐表演，白天雪道上也会举行其他的音乐活动，到了夜晚，这些活动则会在小镇上开展。

通票的出现满足了千禧年一代追求高性价比的需求。一张通票可以进入3个滑雪区，囊括188条缆车线路和长达630公里的雪道。虽然格斯塔德的票价并不便宜，雪场仍旧致力于让更多的年轻人和家庭参与到滑雪这项运动中来。例如，将青年折扣票的年龄上限调整为23岁，同时提供多种平价的住宿选择，包括桑拿森林木屋、斯皮霍尔恩超级酒店、汉密尔顿木屋和一家新建的青年旅店。该旅店位于萨嫩附近，曾被美国女演员朱莉·安德鲁斯称为“疯狂世界里最后的一片净土”。

千禧年一代非常注重环保，他们从小就被灌输了循环利用的理念，并有意识地减少环境足迹。在这一方面，格斯塔德深谙可持续发展之道，建有多项环保工程，包括传统高山农业和水力发电站，酒店设有中央洗衣房，雪道作业设备采用的均是绿色燃料。

［以上内容整理自谢斯廷·舒内卡尔伯和格斯塔德－萨嫩旅游公关项目经理安特耶·布克思的专访，2015年2月；https://blog.expedia.co.uk/wp-content/uploads/2013/10/Future-of-Travel-Report1.pdf］

3.4 限制因素

西方已经形成了成熟的滑雪市场，越来越多的人开始研究滑雪者流失的原因，同时寻找尚未被开发的潜在市场。威廉姆斯和贝斯福德（1992）针对非滑雪人群的一项研究中发现，阻碍他们去滑雪的两大因素为较高的风险性和开销。在此基础上，威廉姆斯和拉蒂（1994）针对阻碍女性参与滑雪运动的因素进行了专门研究，认为女性滑雪者人数较少的原因来自她们对于“令人满意的休闲方式”的理解和她们在滑雪过程中遭遇的各种限制。很多女性认为，滑雪对体能的消耗过大，而比起对身体机能的锻炼，她们更希望通过滑雪促进情感层面的交流和拓展社交维度。

吉尔伯特和哈德逊（2000）建立了一个当代休闲活动制约因素模型，用以研究制约滑雪者和非滑雪者滑雪的因素。另外，两人还通过定性研究的方法制作了一份调查问卷，用以衡量个体自身的、人际关系层面的和结构上的制约因素。通过对特定群体的调研和深度采访，共发现了 30 种制约因素（图 3.6）。

接下来，研究人员开发出一种工具用以评估这些因素，并邀请了一家体育俱乐部的成员作为测试对象。结果表明，无论是对滑雪者还是非滑雪者来说，经济因素都是首要的制约因素。表 3.6 列出了认知层面上制约滑雪的因素，排在第一位的是“价格高昂的滑雪服和雪具”，64% 的测试对象同意

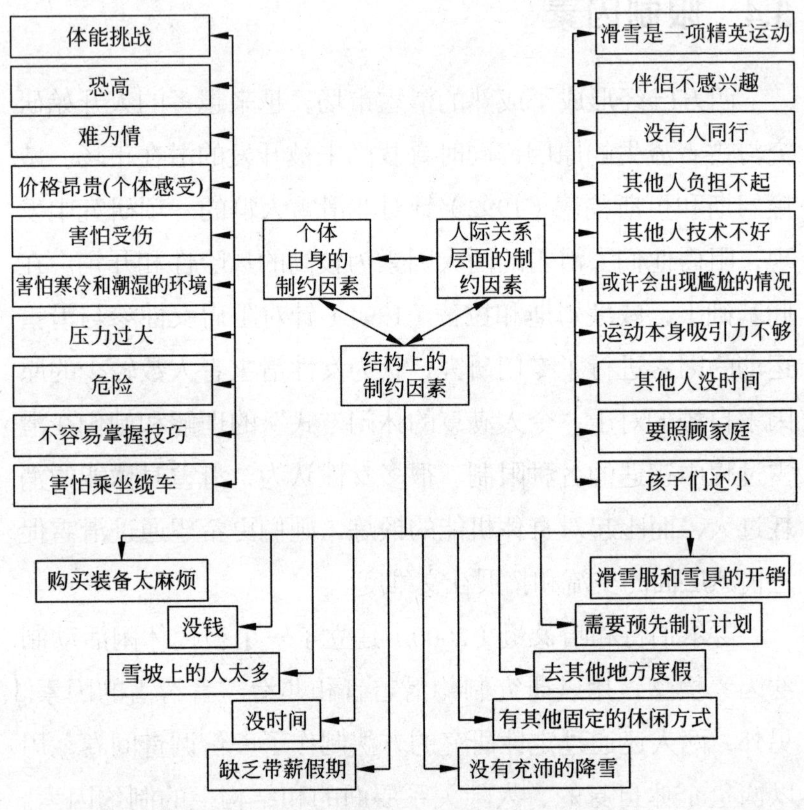

图 3.6 制约人们参与滑雪运动的因素

（来源：Gilbert & Hudson，2000）

这一点。哈德逊还发现，对于非滑雪者来说，30 种制约因素中有 24 种对他们的影响要远高于对滑雪者的影响。唯一的例外是滑雪者要比非滑雪者更加注重降雪量的多寡。这也从侧面印证了此前的研究结论：在滑雪者选择滑雪目的地时，雪质是一个重要的考虑因素。

表 3.6 认知层面上制约滑雪的因素

制约因素	平均值
滑雪服和雪具价格昂贵	3.75
对开销的预期	3.55
缺乏带薪假期	3.48
更喜欢在别处度假	3.16
钱不够	3.14
其他人负担不起费用	2.89
滑雪坡上的人太多	2.79
没有充沛的降雪	2.76
购买或租借雪具太麻烦	2.63
要制订的计划太多	2.57

（来源：Gilbert & Hudson，2000）

SIA（2011）针对美国非滑雪者的一项研究指出，2009—2010 年，阻碍人们去滑雪的前三位因素包括：照顾家庭（26%）、没有同行者（23%）和有工作要完成（18%）。有趣的是，对于那些流失的滑雪者，开销甚至没有排进前 15 位。英敏特（2014）发布了一项调查结果称，英国的非滑雪者更喜欢在温暖的地方度假，度假方式更倾向于休闲放松。另一个制约人们体验冰雪运动假期的重要因素是相关经验的缺乏。因而，英敏特认为，那些冰雪运动品牌提供的初学者套餐并不能够吸引没有滑雪经验的人群。

哈德逊等人（2013）在加拿大进行了另一项研究，试图厘清种族差异对于制约人们参与高山滑雪的因素的影响。该调查的目的在于更好地理解制约当前或潜在滑雪者滑雪的因素，特别是那些少数族裔背景的群体——他们占加拿大总人口的比例越来越高。北美千禧年一代（12～17 岁）中，少数族裔群体占 1/3，而 5 岁和 5 岁以下的人口中，45% 属于少数族裔：这将是一个潜力巨大的市场。然而，尽管华裔加拿大籍的滑雪者数量有所增长，但他们当中只有 10% 的人会尝试滑雪，而在加拿大的总人口中，这个比例占到了 15%。因而，从行业的角度来说，如果能够更好地理解制约当前或潜在滑雪者滑雪的因素，特别是那些占加拿大总人口比例越来越高的少数族裔群体，对于滑雪产业来说将大有助益。

该研究采用了一种新型休闲活动制约因素模型，确切来说，是一个框架结构，它显示了宏观（如种族差异）和微观变量（如参与度、自我建构）对于传统的个体自身、人际关系层面和结构上的制约因素的重要影响（图 3.7）。为了解决这一研究课题，研究人员参考了此前的研究文献和研究成果，制作了一份调查问卷，其结果显示：制约英裔加拿大人滑雪的因素主要是结构性的（如时间和金钱），而制约华裔加拿大人的则是缺乏同行者、缺乏滑雪运动的相关信息、语言障碍和对非休闲活动（如学习）的重视程度。这也从侧面印证了此前的研究结论：中国人更注重高等教育，同时具有极强的工作责任感，在他们看来，工作和学习要比休闲更重要。不过，华裔加拿大人的确也曾表示想“体验加拿大式的生活方式”，并且为了适应这种生活方式，他们会去尝试滑雪。

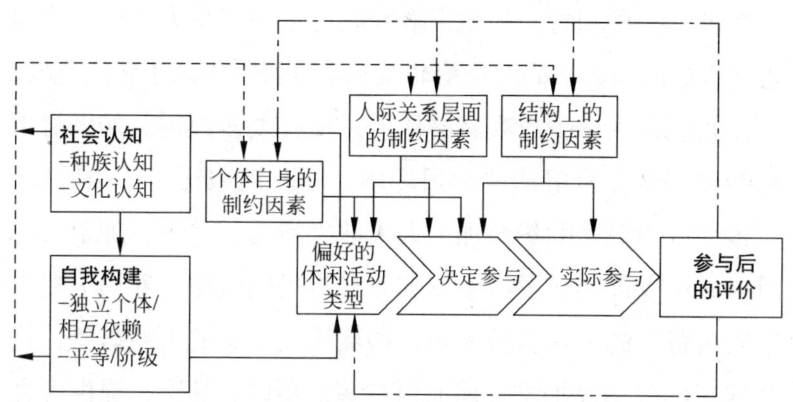

图 3.7　休闲活动制约因素模型的框架结构

（来源：Hudson et al.，2013）

问卷调查结果显示，结构性制约因素是最大的障碍，其次是个体自身的因素和人际关系层面的因素，但这三种因素对于滑雪者的限制程度远远低于对非滑雪者的制约。对任何群体来说，开销都是一个重要的制约因素，种族差异的影响也不容忽视。值得注意的是，上述三种制约因素对于华裔加拿大人的限制程度要远高于对英裔加拿大人的制约。除了开销之外，华裔加拿大籍的非滑雪者认为滑雪是一项危险运动，可能会让他们受伤。同时，语言障碍也是不得不考虑的一个因素，同行者也不那么好找。相比于英裔加拿大籍的非滑雪者而言，华裔加拿大籍的非滑雪者缺乏必要的信息，他们不知道该如何参与这项运动，他们会先入为主地认为滑雪很难学，并且在去滑雪之前要做非常多的准备工作。

该研究成果给我们提供了许多有价值的实践启示，尤其是提供了一种独特的视角来解释制约华裔加拿大人滑雪的因素。少数族裔人口的增长给北美冬季度假村带来了新的挑战，以往它们在吸引少数族裔群体上并没有太多建树。如果滑雪场能够提供安全舒适的学习环境，同时克服语言障碍问题，应该会吸引更多的华裔加拿大人前来滑雪。首先，加拿大的滑雪场可以借鉴科罗拉多州部分滑雪场的做法，雇用更多少数族裔背景的一线服务人员，如雇用说中文的滑雪教练，将会减少部分华裔加拿大籍非滑雪者的顾虑；其次，提供中文的滑雪信息和指导材料（包括小册子、地图等）有助于解决信息缺乏和行前计划困难的问题；最后，考虑到华裔加拿大人滑雪时更注重有人陪伴，滑雪场可以推出“好友优惠”（如两人同行一人免单）等活动，促使更多的人参与到滑雪这项运动中来。

SIA 发布的一份报告（2014b）称，制约人们参与冰雪运动的因素在近几年来并没有太大的变化。过去和这份报告的研究成果显示：主要的制约因素包括参与冰雪运动的开销较大、距离雪场较远、缺乏必要的信息、缺乏同行者以及机会成本（要做的事情太多，没有时间）。该报告得出的最终结论是：通过传统的手段固然可以消弭上述大部分制约因素，吸引一些新晋滑雪人士，同时召回一批曾流失掉的滑雪者，然而从整体数量上来说，还远远不够。

3.5 案例分析：女性自由式滑雪者

尽管2/3的滑雪者都是男性，但现在越来越多的滑雪学校都开始提供针对女性滑雪者的高级训练课程。女性在健身中心里习惯于分组接受指导，对冰雪运动而言，她们也更偏好全部是女性成员的小组模式。不少雪场发现女性对男女混合的分组模式接受度较差，她们会倾向于选择同性别的滑雪教练，而如果有其他女性同伴陪同的话，她们会滑得更久一些。

杰克逊·霍尔自2000年起开始运营女性滑雪技巧提升训练营，每天白天训练女性滑雪者的雪上技巧，晚间则会将受训人员聚集在奢华的四星级酒店泰顿山体度假木屋及水疗中心，促进相互之间的交流，放松身心。该酒店距离雪场缆车咫尺之遥，是受训人员滑雪后的活动中心，她们的住宿费用有7.5折的优惠。晚间活动内容丰富，举办地也有所不同，包括酒店的会议中心、马刺餐馆和K酒吧，后者位于酒店大堂，私密性较好。尽管女性受训者会分成几个不同的小组接受滑雪指导，在午餐、招待会、即兴晚餐和最后的晚宴时她们则会聚在一起。

该训练营招募的是中级滑雪者和高级滑雪者，每年1月和3月开营，经常会有老学员再次回来受训。为此，训练营在2015年为那些训练次数达到10次的老学员专门设置了奖项，一方面是为了奖励老学员，另一方面也是为了激励其他学员。“我和这个项目打交道已经有15个年头了，受训人员的每一次进步、她们之间的深厚情谊以及她们对于滑雪运动那份纯粹的热爱，至今仍让我感到惊讶，”训练营教练和协调员蕾西·沃特斯说道，“受训人员来自不同的地方，每个人的滑雪背景都不一样，经过训练之后，她们的滑雪技巧和心态都变得越来越好，她们变得更加自信。”

受训人员大多来自美国，也有来自英国和澳大利亚的滑雪者，2013—2014年1月的训练营人数在50人左右，2014—2015年增加到60人左右。训练营的滑雪教练基本都是女性，最令人称道的是，这里有3名专业自由式滑雪运动员参与教学，分别是：金姆·哈维尔、杰斯·麦克米伦和克莉斯特尔·赖特，三人都曾出演影片《漂亮脸蛋儿》，该影片开启了女性极限运动电影的先河。她们会向由四五个人组成的训练小组提供指导建议，进行技巧展示，教她们如何应对陡峭的雪坡；在滑雪训练之余，她们也会做一些励志演讲。

“杰克逊·霍尔拥有3名顶尖女性自由式滑雪运动员，也从一个侧面证明了这里是女性滑雪者的理想滑雪胜地，无论你是初学者还是有一定经验的滑雪人士，你都会爱上滑雪，并且在我们的帮助下，你会滑得越来越好，”杰克逊·霍尔山体度假村媒体经理安娜·科尔说道，“训练营越来越受欢迎，这意味着我们要更加重视女性滑雪者这个群体，帮助她们不断提升自己。”

训练期间，克莉斯特尔·赖特会向受训人员提供一系列健身建议，她是一名专业的高山滑雪运动员和健身教练，同时也是杰克逊·霍尔健身中心的所有者。“滑雪前的准备、身体机能的维护以及力量的锻炼十分重要，越是强壮的滑雪者越不容易受伤。”赖特说道，“她们会更加享受滑雪，因为她们确信就算一整天滑下来她们也不会受伤，并且，第二天体力恢复得也会比较快。”

克莉斯特尔·赖特除了设计健身方案、在晚间上运动课，还经常走访各个滑雪小组，向受训人员传授她个人应对复杂地形区的技巧。赖特坚持认为，树立信心很有必要，无论是对于女性滑雪者自身还是她们的滑雪技术，“我们每一个人对雪道的反应都是不同的，我尝试着与她们分享我是如何应对那些让我觉得有挑战的雪道的。她们远比自己想象的要滑得好，我会给她们提供一些能够借鉴的东西，当她们面对一条不那么熟悉的雪道时，会去思考该怎么做。”想要有所进步，她们必须要走出自己的舒适区，而这一过程如果有其他志同道合的女性同伴一道，结果将会事半功倍。通过分析视频，滑雪教练和受训人员可以更加直观地分解每一个滑雪动作，有助于学习新的技巧。所有的精彩镜头都会剪辑在一起，配上合适的音乐制作成一段视频集锦，在最后的晚宴上播放。

特纳莎·辛格尔顿原本对双板滑雪已经不抱什么希望了，而在参加了2015年1月的训练营之后，她重新燃起了对双板滑雪的热情。“参加训练营之前，我差一点就放弃双板滑雪，改滑单板了，”她说道，“能和来自各地的女性滑雪爱好者一起滑雪感觉真的很棒，我参加过好几期杰克逊·霍尔的训练营，但不可思议的是，每次教练都会带我们领略新的风景：秘密的粉雪道或者大片的林间滑雪空地。我不仅树立了信心、提高了滑雪技巧，更重要的是，我结交了许多好朋友。除此之外，能和3位世界顶尖的滑雪者一起滑雪，真的不虚此行。”

也是在同期的训练营里，杰斯·麦克米伦做了一次演讲，她讲述了杰克逊·霍尔的专业女性滑雪者如何打破限制，担当滑雪教练，并改变了整个滑雪行业对女性滑雪运动员的认知。“4年前，哈维尔、赖特、林德赛·戴尔、我，还有其他一些人聚到一起，我们改变了女性在滑雪运动中的地位，”麦克米伦对聚精会神的观众讲道，“之前，无论是在滑雪影片还是广告中，仅仅会象征性地出现一个女性角色，而所有的女性自由式滑雪者都要为了那一个位置抢得头破血流。事情不能再这样下去，于是我们走到了一起，我们必须从现在开始努力改变。”

这一努力的结果之一是影片《漂亮脸蛋儿》的诞生，它是许多女性自由式滑雪运动员事业的跳板，包括麦克米伦。

她后来受邀参演沃伦·米勒的第65部电影《永不回头》，并拥有选择搭档的权利。麦克米伦选择了她的偶像英格丽德·巴克斯托姆。"我们要做的仅仅是互相扶持，但我们的确改变了整个行业。"滑雪装备收入的60%是由女性消费者贡献的，制造商们开始意识到，他们需要女性滑雪者来推广他们的产品，麦克米伦目前协助斯派德品牌进行滑雪服的设计。

《永不回头》的另一个革命性创新在于，在过去的20年间，女性第一次登上了电影的宣传海报。影片中最先描述的3个滑雪者也都是女性，脚踩雪板的麦克米伦是第一个出现的，紧接着是两位女性空降式滑雪教练，金姆·格兰特和克里斯·安东尼，影片中的多个场景都出现了女性滑雪运动员，包括希瑟·保罗、西拉·奎奇科特、科琳·理查森、茱莉亚·曼库索和米凯拉·谢夫林。

（以上内容整理自克莉斯特尔·赖特、安娜·科尔和特纳莎·辛格尔顿的专访，2015年；部分内容由2015年1月训练营受训人员提供）

参考文献

第4章 冬季体育旅游度假区设计与规划

聚焦：保罗·马修：世界知名滑雪场设计师

保罗·马修自1975年开始从事滑雪场设计工作，截至2015年，在全世界范围内共计设计雪场400余座。在他的职业生涯中，马修曾经与多位国家领导人会面，包括俄罗斯总理、黑山共和国总统和西班牙国王胡安·卡洛斯，后者曾提出想要同他互换身份，时限为一个滑雪季。“我婉言谢绝了，当国王可不是一件轻松的事：你要和完全不认识或者根本不在乎的人握手，还要冲他们微笑，”保罗表示，“国王陛下听到我这么说就笑了，他也觉得我的工作要更好一些。”

马修生于科罗拉多州，从小就开始学习滑雪。起初，他在温哥华岛上设计了一座新型的滑雪场：华盛顿山滑雪场，于1978年对外开放。得益于他的森林生态学和园林建筑学专业背景，雪场的建造满足了山区环境的先决条件，在维护了当地土壤、水和森林资源的同时，吸引了大批游客。“雪场广受好评，很快就成为不列颠哥伦比亚省第二受欢迎的滑雪胜地，”马修说道，“滑雪场的名声口耳相传，对华盛顿州、爱达荷州、蒙大拿州和俄勒冈州的雪场客源都造成了影响。”

1975 年，马修被选为惠斯勒镇度假区规划委员会主席，其中的一项工作是负责监督新惠斯勒村的设计。同时，他开始进行惠斯勒山滑雪场的规划，负责缆车系统和滑雪坡的搭建。马修在惠斯勒成立了山体度假村环保设计者，随后在 38 个国家修建了 400 余座滑雪场。马修偏爱阿尔卑斯式的设计风格，将滑雪场看作一个有机的整体，集中规划服务内容。这项工作并不简单，公司需要获取一系列数据，包括滑雪者平均会在滑雪场内移动的距离，以及他们能接受步行至多高的山坡。此外，马修的滑雪场从来没有台阶这种设计，他更偏爱单纯的坡道。滑雪坡的承载量、雪道的难度和缆车的客容量都是需要考虑的问题。环保设计者现在可以通过软件来测定山上雪质最好的地点，以及温度最高的区域——用来修建餐厅的露台。

尽管年收入大约为 300 万美元，公司的规模并不大，员工只有 20 人。建造一座滑雪场之前，他们通常要先确定地形是否适合，以及气候条件，特别是降雪量、日照和风力等因素。而后，他们会选定最佳的滑雪坡位置，请林业工作人员和测量员进一步校准，以确保与周围的自然地势相辅相成。紧接着，缆车、雪道和滑雪基地逐一到位。“一个新建项目通常要花 4 年的时间才能完工，”马修说道，“对已有滑雪场的扩建或翻新所用的时间要短一些，大概 1 年就够了。”设计团队经常到各地出差，与不同文化背景、说不同语言的人沟通，和国际媒体打交道，每年还会参加在美国、加拿大、欧洲和中国举办的行业展。

公司的名字“环保设计者”源于 20 世纪 70 年代流行的一种新生概念。“毫无疑问，当我刚创办环保设计者的时候，我非常有自信；说实话，我更喜欢在加拿大西部的不列颠哥伦比亚省和亚伯达省工作，毕竟我是靠不列颠哥伦比亚省的惠斯勒山和铁杉谷项目起家的。”由于具备长远的发展眼光，40 年后，环保设计者已经成为全球知名的国际山体度假村设计公司。

马修的一系列创新想法和他年轻时在华盛顿州滑雪场的经历是分不开的，当年，滑雪场的运营状况非常差，滑雪体验可想而知。“所以我后来选择在西雅图的华盛顿大学继续读书，为了能设计出更好的山体度假村，我选择了森林生态学和园林建筑学专业。”

环保设计者曾负责为 1988 年卡尔加里冬奥会选择适合的举办地点。该项目对公司来说是一个巨大的转折点，让它站在了奥运的聚光灯下，同时也在经济衰退时期保住了员工们多年的饭碗。“我们一共考察了 17 个地点，经过一系列筛选，圈定了 3 个，最终，亚伯达省政府将阿伦山的纳基斯卡定为冬奥会高山滑雪赛事的举办地，建立配套的训练中心和商业化的休闲雪场，”马修解释道，“纳基斯卡项目实现了上述所有的目标，总投入2 300万美元，年接待滑雪者20万人次。”得益于该项目的成果，奥地利缆车公司多贝玛亚将环保设计者推荐给了日本有线，后者正在征集“奥运设计师”，1984年的藏王山项目是环保设计者在日本淘到的第一桶金。“随后，我们对日本34个地区进行了规划设计，包括13个新建项目。”

后来，公司又为瑞士拉克斯、阿罗萨和萨沃宁的度假村设计了总体规划图，在这些项目经验的基础上，公司的业务又向奥地利、西班牙和法国延伸。“环保设计者的名气越来越大，接手项目的覆盖面也越来越广。我们平均每年会接10个新项目，当然还要维护和已有客户的关系。”马修说道。

马修职业生涯的另一个巅峰是在2010年拿下了库尔舍韦勒滑雪缆车系统的改建项目，库尔舍韦勒是法国最豪华的滑雪场之一。同年，马修重新设计了犹他州帕克城的峡谷滑雪度假村。他还负责为2014年索契冬奥会选择赛事举办地、设计玫瑰庄园滑雪场以及规划冬奥会赛道——这是马修职业生涯中遇到的最困难的一个项目。起初，该项目旨在挖掘俄罗斯北高加索地区的旅游开发潜力。“玫瑰庄园和罗莎项目的初衷是用于商业运营，后来有人问及它们是否可以用来举办冬奥会赛事，”马修解释道，“我们将冰雪运动场馆的总体规划图提交给俄罗斯奥组委，2007年2月，我本人又亲自将这些资料提交给了国际奥组委。”2007年7月，索契申奥成功，环保设计者立即受雇对玫瑰庄园滑雪区进行重新规划。

继索契之后，环保设计者受雇为2018年韩国平昌冬奥会设计自由式双板滑雪和自由式单板滑雪场地。除此之外，经过一番激烈的竞争，公司成功拿下北京冰雪运动赛事场馆的建设项目——这些场馆是为了申办2022年冬奥会而建。

多年的职业生涯令马修见证了促进滑雪区域规划的三项重要技术进步。“拖挂式缆椅、造雪系统和养护雪道用的带绞车的压雪机大大改变了我们设计滑雪场的方式，”马修解释道，“事实上，我应该是最早发现拖挂式缆椅和缆车的巨大潜力的：拖挂式缆椅的速度是传统的固定式缆椅的两三倍，这意味着，同样的时间，前者的运行距离也是后者的两三倍。此外，拖挂式缆椅的间距有助于提升索道的垂直高度，用现行的铺设方法，垂直高度可达800～1 000米。搭载绞车的压雪机适应更陡峭的雪坡作业，而造雪能力整体比我刚入行的时候要高了10倍，无论是在效率、雪质还是雪量上。”

（以上内容整理自保罗·马修的专访，2015年2月；Ebner，2010）

4.1 设计和规划

本书前文已经提到，近几十年间，滑雪行业聚合趋势明显，尤其是在北美地区，大型滑雪场运营商收购了个人经营的雪场，或者直接踢规模较小的经营者出局。滑雪产业受气候变化影响较大，糟糕的天气会严重影响滑雪场的收入，因而运营商们不得不在产品和服务多样化方面下功夫，努力减少季节效应带来的不利影响。此外，人口结构的变化也给滑雪产业带来了更多的不确定性，滑雪场的规划和发展方向变得尤为重要。

想要建造一座滑雪场，有几个关键的阶段：审批、选址、制定规划纲要和确定发展方向。下文将就这几个方面分别进行探讨。

1. 审批

建造方案初步确定后，需要制订总体的设计规划，明确滑雪区和滑雪基地的客容量。雪道的设计决定了缆车网络的架构，它们反过来又会影响滑雪基地的布局。审批手续通常需要提交滑雪场的环境报告和预估收益分析报告。整个流程花费的时间可能会相当长。例如加拿大不列颠哥伦比亚省的珍宝冰川度假村的审批流程历经了整整 21 年，期间进行了 4 次主要的公共意见征求。

北美的大部分滑雪区域都建在（或部分建在）公共土地上，落基山脉和太平洋西部地区 90% 的滑雪场都受到美国林务局监管。除了需要交纳使用费，滑雪场还需要提交一份总体发展规划（MDPs），明确现存的环境条件和滑雪场建设需求的环境状况，并在许可范围内对改善国家森林系统土地状况提出建议。加拿大国家公园地区也采用了相似的模式，滑雪场通常会聘请专业的咨询公司来制定这些规划内容，如国际高山设计公司（IAD）、布伦特·哈雷事务所（BHA）和本章提到的山体度假村环保设计者。

其他国家的审批流程各有不同。在法国，根据1976年颁布的《环境保护法案》，任何超过600万法郎（1993年提高至1 200万法郎）的建设项目都需要事先提交一份环境影响评估报告。在德国，审批通过与否在很大程度上要考虑政治的因素。政策的驱动在2014年冬奥会举办地索契更是显而易见。俄罗斯总统普京对于索契附近山区的发展规划只提出两点要求：全力备战冬奥会和在俄罗斯打造不输欧洲其他国家的一流滑雪场（Bachman，2014）。2007年，索契申奥成功后，针对滑雪设施扩建的一项长远规划正式拉开帷幕：从索契机场直达玫瑰庄园（该地区最大的滑雪场）的火车线路建成通车，缆车系统的搭建速度也在加快。专为冬奥会铺设的缆车线路总长21.6公里（13英里），人们可以搭乘缆车直达冬奥会越野滑雪和冬季两项比赛起始点附近的峰顶，它是世界上最长、运行速度最快的拖挂式索道，速度可达8.5米/秒。

2. 选址

毫无疑问，选址是整个建造过程中非常重要的一环。人们常说，企业成功的三个最重要的条件是："位置，位置，还是位置"。这句话同样适用于高山滑雪场的建造，尤其需要考虑地点、海拔和地势对于适宜的积雪层厚度的影响。滑雪场的成功与否取决于很多因素：地点、海拔、可供滑雪的区域、滑雪坡的配置以及自然环境等（Martinelli，1976）。除了造雪能力，滑雪场的成功与否还取决于关键地理要素的优化配置，如大陆性特征、地势、气候条件和小气候特征、滑雪基地的海拔、山顶的高度、季节性雪线的位置、雪坡坡度以及自然积雪层厚度等。从长远来看，这些地理要素决定了滑雪场的选址是否能够适应气候变暖的趋势。

前文提到的珍宝冰川度假村的选址考虑到了最佳的雪质和较高的海拔，缆车可以将滑雪者送往附近的 4 座冰川，最高海拔为 11 217 英尺（3 419 米）。冬季，滑雪区的垂直高度最高可达 5 627 英尺，而在夏季，冰川上自然积雪层的垂直高度最高可达 2 300 英尺。度假村的建设分为三个阶段，滑雪基地占地面积 110 公顷，可容纳 5 500 人住宿（另有 750 个床位供工作人员住宿）。度假村建成后，旺季日接待游客数量将达到 2 000～3 000 人次。

交通的便利性是选址要考虑的一个重要因素。对大部分冬季运动爱好者来说，旅行的时间和开销是其决定是否去滑雪的关键变量。在美国，67% 的滑雪场坐落在距离主要城市地区周边 74 英里的范围内（或者至少便于到达）。大部分供周末度假的场所需要 2 个小时或以上的车程，而滑雪目的地通常位于较远的地区，以保证更稳定的雪质状态。考虑到对降雪、地形和气候的依赖，许多滑雪场的分布相对集中，体现出集群态势，同时也给前来滑雪的人提供了更多的选择。加拿大的滑雪场就是一个很好的例子，它们中的大部分都位于东部人口密度较高的安大略省和魁北克省，毗邻美国边境。然而,加拿大最受欢迎的雪场——尤其受海外游客的青睐——却都建在加拿大的西部地区，不列颠哥伦比亚省和亚伯达省接待了近一半的国际游客。

欧洲阿尔卑斯滑雪场接待的滑雪者有一半来自北部的德国、比利时、荷兰、卢森堡、英国和斯堪的纳维亚。欧洲冬季度假目的地市场份额占比最大的国家是奥地利，有近一半的欧洲冬季运动爱好者选择去奥地利度假（多数是德国人和英国人），14% 的人选择去法国度假（主要是英国人），11% 的人选择去瑞士和意大利。通往瑞士的欧洲之星铁路线开通，以及意大利都灵新机场的投入使用，大大提高了去往这两个国家的交通便利性。然而，英国人还是更喜欢去法国度假，除了机票价格便宜之外，途经英法海底隧道的高速铁路和公路网提供了便利的通行方式。而位于法国和西班牙之间的安道尔共和国，由于距离巴塞罗那非常近，每年接待滑雪者 230 万人次，道路空间不足和住宿紧缺成了当前的大问题。

不仅是欧洲和北美地区，中国也面临同样的问题：中国的滑雪者人数增长位列全球第一位，针对人口稠密的大城市附近的滑雪场选址问题，相关的研究报告数不胜数。截至笔者截稿前，首都北京附近的最佳滑雪场选址地是 170 英里（272 公里）之外的塞北滑雪度假区，然而其滑雪设施比较一般。中国东北部的黑龙江省和吉林省一带，可以说是滑雪场发展最快的地区，哈尔滨市附近的新机场和公路网络建设投入了大量的资金。黑龙江省政府宣布，10 年之内将在全省范围内新建 250 个滑雪中心，它将同奥地利提洛尔和加拿大魁北克省一起，成为全球为数不多的几个拥有超过 100 家滑雪中心的地区。

近几年，为了吸引滑雪者，一些雪场在提高交通便利性方面提出了不少新的构想。2013 年，阿斯彭滑雪公司成功为达美航空争取到了总价值 35 万美元的财政补贴，相应地，达美航空将重新在阿斯彭机场开设航线，包括一条每日往返亚特兰大的航线，和一条从明尼阿波里斯到阿斯彭的单程航线——仅在周六有航班。同年，佛蒙特州北部的杰伊峰滑雪度假村（Jay Peak）申请加入了一个试点项目，该项目为跨境服务提供额外的财政补贴。杰伊峰接待的游客有一半以上来自加拿大，如果能够缩短过境时间将会大大提升其市场竞争力。

3. 制定规划纲要

滑雪场的设计虽然各有不同，但它们都需要遵循一些基本的准则，包括避免有争议的土地、根据预期交通流量的峰值进行道路规划以及照顾到不同水平的滑雪者（Mill，2012）。滑雪场应建造适合不同水平滑雪者的滑雪坡，希布利（1982）认为，初学者雪坡坡度应低于 20 度，中级雪坡坡度应为 20～45 度，而高级雪坡坡度可以达到 45 度甚至更高。有经验的滑雪者会更加关注雪道的多样性和总体的垂直高度差。此外，滑雪基地和上山设施的选址要格外注意，避开容易发生雪崩的区域。

滑雪区域附近最好能有一定范围平缓、结构稳定的土地，用于建造房屋。越来越多的滑雪区通过土地开发增加了收入，如范尔度假村集团收购了帕克城山体度假村，其中很重要的一个原因就是看中了后者的房地产开发潜力。范尔打算将帕克城同附近的峡谷度假村联合起来，峡谷度假村拥有超过 90 英亩的未开发土地，而帕克城停车场内和附近地区尚有 15 英亩可供开发的土地。另一个借助房地产开发促进滑雪场收入的例子是日本的新雪谷町滑雪度假村，过去几十年间，度假村新建了 7 000 余个床位，总投入 8 000 万美元。

考虑到单板滑雪者的需求，滑雪场需要提供地形公园；其他设施诸如滑板公园和高空滑索则是为了满足非滑雪者的活动需要。事实上，冬季高空滑索在北美雪场已经非常普遍，为人们在滑雪之余提供了另外一种活动方式。例如，王冠峰的高空滑索项目拥有 5 条滑索道，长度为 120～400 英尺，通过 3 座吊桥彼此相连，途中设有许多专为冬季使用而搭建的带扶手的平台和雪棚。“全程大约为 2 小时，配备两名向导，保证了娱乐性和互动性，”研发部主任艾瑞卡·米勒说道，“对于那些不滑雪或滑完雪的人来说，高空滑索是种不一样的体验，它吸引了不同年龄段的游客。”唯一有所限制的是乘客的体重，必须为70～250磅（参见第2章的资料篇）。

滑雪场在规划初期需要明确区域的客容量，它通常是根据可供不同类型滑雪者滑雪的区域数量来推算的，从而确定缆车和滑雪基地设施的建造规模，平衡索道运输的承载力与雪道的承载力，保证上山和下山两个方向游客规模的均衡。合理的缆车设计目的是尽可能将滑雪者们分散至雪山各处，缩短排队时间。专家认为，理想的缆车系统的垂直高度应为1 000～2 000英尺，缆车下方的雪坡长度应为4 000～5 000英尺。从经济角度来看，当每英尺的成本减少时，缆车的潜在收入会随着长度的增加而增长。但是，不少滑雪场会人为限制滑雪人数。例如犹他州的鹿谷滑雪度假村，日接待游客人数上限为7 500人，而雪场实际的客容量要远比这个数字多。经营者认为，这种控制人数的做法会提高游客的度假体验——没有那么多复杂的缆车线路，滑雪坡上也不会那么拥挤。当然，这一切都是有代价的：2014—2015年滑雪季鹿谷的单日缆车票价为114美元。

将小型滑雪场联合在一起有助于解决客容量的问题，同时也增加了滑雪区的吸引力。例如，在瑞士，格里门茨和齐纳尔，以及阿罗萨和伦侧海德都组成了雪场联盟。在奥地利，莱希和瓦尔特联合并搭建了新的索道。阿尔卑斯事务所合伙人厄尔·努森认为，这种联合能够提升小型滑雪场的受欢迎度。“格里门茨和齐纳尔的联合为滑雪者提供了瑞士最好的野雪场地，而莱希和瓦尔特的组合则增加了 50% 的地形区”（Chome，2013）。更大规模的聚合趋势出现在美国，犹他州滑雪产业的巨头们正在推动 7 家滑雪度假村的联盟，包括雪鸟、阿尔塔、索利图德、布莱顿、峡谷、鹿谷和帕克城；他们认为这一联盟体将会大大提高犹他州的滑雪产业竞争力，无论是在国内还是国际上。

BHA 为加拿大不列颠哥伦比亚省的大白山滑雪度假村设计的总体发展规划就很好地解决了客容量的问题（图 4.1）。该规划建议大白山从滑雪场向世界一流的全年旅游目的地转变。通过分析滑雪区域的雪坡状况、海拔和坡向，规划明确

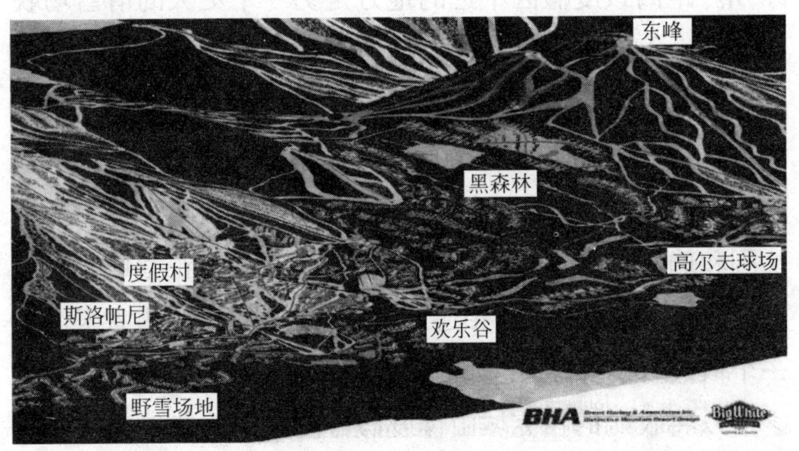

图 4.1　不列颠哥伦比亚省大白山滑雪度假村总体发展规划
（来源：BHA）

了其发展高山滑雪运动的潜力，有能力为全年休闲活动提供设施和环境层面的支持。度假村建成后，日均接待滑雪者人数可达 24 240 人。大白山的一大特色是提供“滑雪进，滑雪出”的住宿体验，住宅区不仅直接同滑雪基地相连，还毗邻多条返程滑雪道、人行步道和缆车线路。

大白山的目标是提供不输于欧洲雪场的度假体验，滑雪者们可以花上一整天的时间在这里探险，在雪面上横穿整个度假村。滑雪场的联合优势明显，在这一点上欧洲人的做法可以说是相当高明的。法国的大型滑雪场联盟“天堂滑雪度假区”，包括拉普拉提、雷萨克和相对较小的佩塞科鲁瓦。这一度假区共计拥有 15 个度假村、133 条缆车线路、超过 250 英里长的雪道以及两座几乎在任何条件下都可以滑雪的冰川。距离该度假区不远的地方是另一个更大的滑雪场联盟“三山谷度假区”，包括库尔舍韦勒、梅里贝尔、雷美纽尔和瓦托伦斯，雪道总长近 400 英里，通过 170 条缆车线路相连。三山谷拥有近 26 000 英亩的滑雪区，比美国 5 个面积最大的滑雪场加起来还要大。北部的苏蕾港度假区囊括了法国和瑞士相连的 12 个滑雪场，雪道总长度超过 400 英里，通过近 200 条缆车线路相连。滑雪场的联合对滑雪者来说是一个很大的吸引力，正如前文提及的那样，范尔度假村集团之所以将收购的帕克城山体度假村同旗下的峡谷度假村联合，正是因为想吸引更多的人到犹他州来滑雪。这一联合将使其成为美国最大的滑雪区，可供滑雪的地形区总面积超过

7 300 英亩。

滑雪场的建造需要考虑环境的制约因素，如选址范围内含有濒危物种的栖息地或特殊文化、考古挖掘保护区，以及自然资源的缺乏，如造雪所需要的水资源匮乏。正如史密斯（2013）所说，过去20年间，滑雪场愈发重视环保问题：回收废弃物，引入公共交通系统，采用节能策略，建造获得LEED认证的房屋，等等。全球排名前250位的滑雪场当中，60%的滑雪场使用了可再生能源，1/3的滑雪场全部使用可再生能源（Thorne，2014）。

4. 确定发展方向

有关滑雪场发展的研究文献主要面向的还是欧洲阿尔卑斯地区。普度（1970）认为，法国的滑雪场有两种不同的发展模式：第一种发展模式为，阿尔卑斯地区的自然风光吸引了游客，当地社会为了满足游客的需要提供住宿和其他服务。该地区之外的城市开发商的作用仅仅是补充式的，如修建酒店或投资山区铁路的修建；这一发展模式的代表是夏蒙尼。第二种发展模式的代表是贝尔维尔。首先，由城市开发商提出建立一个功能性度假村的构想，吸引游客的不再是山区本身，而是完善的设施建筑，如公寓和缆车等。山体变成一种技术参数指标：能容纳多少条雪道，工程项目开发的可行性以及交通的便利性等，而对本地社群的需求仅仅是土地和劳动力（图4.2）。

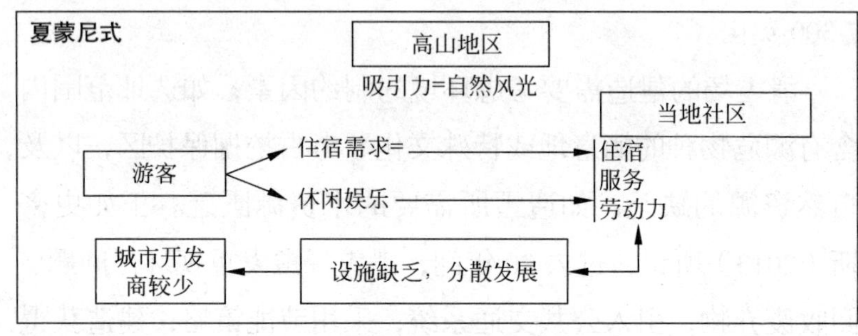

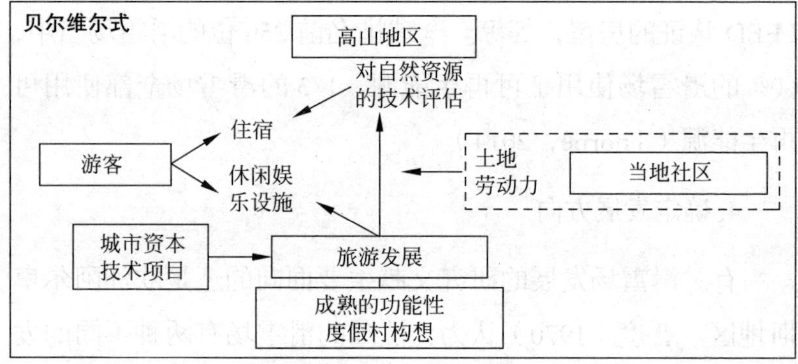

图 4.2　两种高山旅游发展模式

（来源：Preau，1970）

巴克（1982）的研究发现，阿尔卑斯西部地区（法国和瑞士西部）同阿尔卑斯东部地区（瑞士东部、意大利北部、奥地利和德国巴伐利亚）在发展规模、发展程度和旅游发展模式等方面存在显著的不同。在西部地区，当地居民已经在主要山谷区域发展了成熟的农业、林业和制造业，大型综合滑雪场是之后才在亚高山地区建立起来的，这些雪场的发展需要依靠城市资本的投入。而在东部地区，旅游业和田园经济的发展密不可分，依托于传统的地区规划自治模式，乡村经济的健康发展促进了旅游业的发展，旅游业的投资主要源于乡镇自身。

史密斯（2013）从设计和建筑的角度阐述了美国滑雪场的发展情况。20 世纪 30 年代，初期的滑雪场设施大多是些朴素的乡野木屋；战后，由于滑雪运动的广泛流行，滑雪度假村几乎成为那些希望改善社会地位和生活水平的中产阶级的第二个家；而到了 20 世纪 80 年代，超大型的后现代度假别墅和由公司经营的、经过精心规划的山体度假村成为主流，为人们提供完整的度假体验。总部位于温哥华的加拿大西域置业公司就是最后一个发展阶段的典型代表。加拿大西域置业公司在北美拥有 7 个滑雪场，同时大力投资房地产业和旅游基础设施项目；为了吸引和留住更多的游客，滑雪场内设有零售商店，并提供住宿和餐饮服务。加拿大西域置业的商业模式发展经历了四个“高峰期”：第一个高峰期出现在公司最初接触滑雪场运营的时期；第二个高峰期的特点是，滑雪场发展速度加快，游客的停留时间变长；第三个高峰期间，随着滑雪小镇的建成，目的地游客数量激增；第四个高峰期的出现，代表着滑雪场已经实现了向全年旅行目的地的转型，商店、酒店、会议设施和饭店得到了最大限度的使用。加拿大西域置业公司旗下还拥有世界上最大的空降式滑雪服务运营商 CMH。

针对北美滑雪旅游度假区的发展规划和面临的问题，克拉克、吉尔和哈德门编纂的一本书中提到了不少有价值的内容。道尔德（2006）在其中一个章节探讨了在设计山体度假区时，滑雪小镇的概念可以作为一个卖点。同时，他支持地区合作发展战略——这一战略经常被用于城市地区的发展规划——以促进度假社区的健康发展。哈德门（2006）在另一章节里批判性地探讨了科罗拉多山区度假村的泛滥以及本地社群的流失。约翰逊等人（2006）看到了区域交通的重要性，由于新建了大批便利设施，杰克逊霍尔和黄石公园附近乡村的发展速度惊人。约翰逊等人得出的结论是，考虑到优化地区交通基础设施和引入优质环保型便利设施的需要，未来的研究应包含更健全的乡村住宅开发成本核算机制。

4.2 资料篇：打造美国最大的滑雪场

范尔度假村集团向来都是大手笔——它先后收购了犹他州的帕克城山体度假村和峡谷度假村。进驻犹他州还不到两年，这一大型雪场经营管理公司就宣布斥资500万美元将两个度假村合并，进而打造美国最大的滑雪场。

这一宏大的改建项目在2015年的秋天完工，2015—2016年滑雪季正式对外开放。两个度假村合并之后，可供滑雪的地形区达到7 300英亩，位列美国之首。合并后，滑雪场计划搭建一条全新的循环式缆车线路（这是帕克城山体度假村自1983年建立以来的第一条循环式缆车线路），同时升级其他升降设备、雪道、造雪设施和维护区。缆车站附近会新建一家餐厅，已有的山体餐厅和度假木屋会进行扩建，以保证在客流高峰期提供足够的用餐座位。两家度假村之间有免费的公路相连。

“帕克城山体度假村和峡谷度假村的资本计划可以说是行业历史上最具野心，也是最具有影响力的一次尝试，它改变了两家雪场的滑雪体验，打造了美国最大的单体雪场，”范尔集团山区业务部总监布莱斯·凯瑞格说道，“合并之后，雪场将会给滑雪者和骑手提供更多的地形区，升级的缆椅系统有助于提高游客体验，降低了拥挤程度，减少了运行线路。此外，我们还建造了新的餐厅，翻新了已有的餐厅，提升了造雪能力。总而言之，度假区的方方面面都焕然一新。该计划的制订听取了很多人的意见，包括滑雪者、当地社区和两家度假村的高级运营团队。我们将继续与地方城镇通力合作，以期在2015—2016年滑雪季让新的度假区和大家见面。”

两家度假村合并后将会统一更名为“帕克城山体度假区”。峡谷度假村的滑雪基地重新命名为“帕克城峡谷”，其滑雪坡上的华尔道夫酒店将维持原样。范尔集团计划保留两个滑雪基地各自的历史和风格，并根据不同的酒店类型和接待服务模式制定相应的营销策略。

该项目在2015—2016年雪季初期完工。“单是某一个方面的改进都会是个大新闻，而我们在几个月之内完成了所有的工程，”帕克城山体度假村媒体经理安迪·米勒说道。各项宣传活动紧随其后，包括定期发布新闻、媒体的预热体验之旅以及在滑雪坡上有策略地布置广告牌，在2015—2016年雪季期间吸引了大批媒体、本地滑雪者和外地游客。

两个度假村合并后，票价更便宜了。Epic本地通卡从2015年3月10日开始销售，成人票价为579美元，整个雪季都可以使用，在其他姐妹雪场还可以享受不少优惠。Epic本地通卡不限制在帕克城的滑雪天数（11个法定假期除外），持有此卡的滑雪者还可以免费进入科罗拉多州的布雷肯里奇度假村、楔石度假村和阿拉珀霍盆地滑雪度假村，以及塔霍湖天堂度假村、北极星度假村和柯克伍德度假村的部分地区。此外，持卡人还可享受10天免费进入范尔度假村和河狸溪度假村的福利（有假期限制）。“在犹他州，你找不到更划算的价格了，”帕克城山体度假村首席运营官比尔·洛克说道，“5 000万美元的投入势必会完全颠覆以往的滑雪体验，想想地形区的面积和种类，加上你还可以进入科罗拉多州和塔霍湖地区的其他滑雪场——Epic本地通卡无疑是你最好的选择！”相比之下，犹他州鹿谷度假村2014—2015年成人滑雪季卡的折扣价为1 985美元。

为了吸引更多的初学者加入到冬季体育运动中来，范尔集团还面向本地居民推出了全新的儿童折扣卡，包括帕克城青年通卡，持卡人可无限次进入帕克城山体度假村，根据年龄段不同，价格有所区别，儿童（5～12 岁）卡 289 美元，青少年（13～18 岁）卡 309 美元，大学生卡 399 美元。犹他州度假村还提供了另一项创新式服务，即范尔度假村季卡自动续费项目，每年春季从信用卡里扣除一笔最低 49 美元的预付款，下一年的季卡就会自动续费。

峡谷度假村资深媒体专家凯特琳·梅茨称，对于两家度假村的合并以及随之而来的基础设施升级和对地区经济的投资，本地社区乐见其成。"这对镇子来说无疑是件好事，"她补充道，"对于拿着 5 000 万美元来投资的人，你还能要求什么呢？至少范尔集团还是很看重这里的。"

（以上内容整理自凯特琳·梅茨和安迪·米勒的专访，2015 年 2 月；部分内容整理自范尔度假村集团的新闻通稿，2015 年 2 月）

4.3 应对季节效应

对于冬季体育旅游目的地来说，季节效应的影响至关重要。全球很多地区的滑雪行业发展出现了停滞的现象，不少滑雪场面临严重的财政危机。有人或许会分辩说，这是滑雪行业成熟发展阶段的开始——依据是巴特勒（1980）曾提出的旅游区生命周期概念。如果滑雪场不想面临衰退的窘境，适应性变得尤为重要。而合理地应对季节效应正是这种适应性的一个表现。多种因素导致了冬季体育旅游目的地的季节效应（图 4.3），有来自客源地的，也有来自旅行目的地的。而无论是对客源地还是旅行目的地来说，造成季节效应最重要的一个因素无疑都是气候。由于气候和天气条件的不同，全球山区体育旅行目的地呈现出不同的季节性特征。和冰雪有关的体育运动，如双板滑雪、单板滑雪和雪车，由于受天气影响较大，呈现出明显的季节性特征。事实上，未来这些运动面临的最大的挑战是全球气候变暖。不少科学家认为，冬季会变短和变暖，这意味着很多冬季体育旅游目的地的盈利能力要大打折扣。

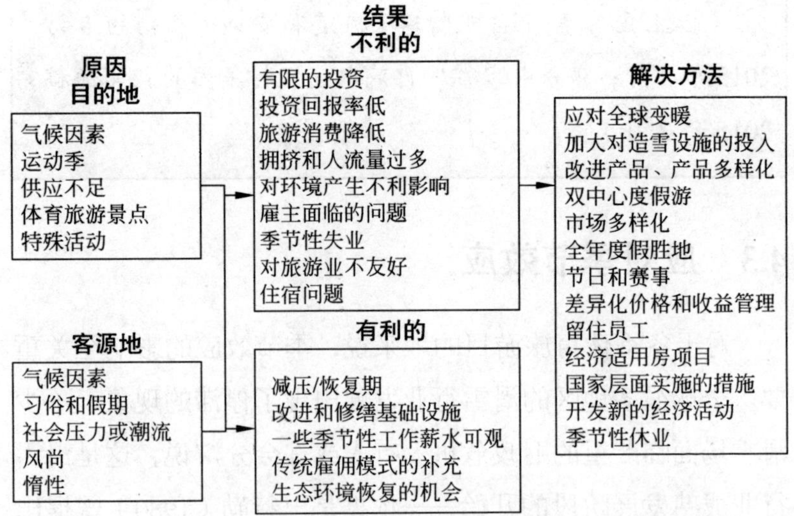

图 4.3　冬季体育旅游目的地的季节效应：原因、结果和解决方法
（来源：Hudson & Cross，2005）

造成季节效应的其他诱因可以归结为制度因素（Baron，1975），从客源地的角度来说，它包括习惯和假期（Frechtling，1996）、社会压力或潮流风向，以及惰性（Butler，1994）。学校的假期和法定假日是制度性季节效应最普遍的两种表现形式，它们对于冬季旅游业有着不可忽视的影响。例如，在欧洲，人们主要在夏天休假，因而滑雪旅行经常被视为“第二选择”甚至是“奢侈的选择”。社会压力或潮流风向也会造成制度性季节效应，过去，很多国家的特权精英阶层将每年分为不同的“季节”，根据社交需要，每个季节都要参加特定的活动，去特定的地方度假。例如，19 世纪晚期，英国的上流社会将滑雪视为一种时尚，瑞士的圣莫里茨成为第一个冬季山区假日的度假地点（Hudson，2000）。此外，惰性和传统习惯也会引发季节效应。很多人都会选择在旺季出行，这是他们的习惯，而这种习惯非常难打破。

涉及旅行目的地的制度性因素包括运动季（Butler，1994）、供应不足（Baum & Hagen，1999）、特殊活动和体育旅游景点（Butler，2001）。和冰雪相关的体育活动受山区季节性特征影响较大。供应问题也是导致季节效应的一个潜在因素，如缺乏劳动力、服务受限或设施的选择性使用都将会导致目的地的关闭或市场重心的转移。在欧洲，很多英国旅行社在 4 月停止提供滑雪假期的旅行套餐，尽管那时候的雪质依旧完美。这是因为他们冬天租用的航线在 4 月初的时候，已经开始要准备夏季的运营了。此外，体育旅游景点也会对冬季体育旅游目的地的季节效应造成影响，那些最具特色的旅行目的地往往更受季节效应制约（世界旅游组织，1999）。最后，特殊活动同样会引发冬季体育旅游目的地的季节效应，包括传统的地狱杯——1928年，第一届地狱杯在瑞士的米伦举办——以及现今在惠斯勒举办的世界双板和单板滑雪嘉年华。

图4.3显示了季节效应给冬季体育旅游目的地带来的种种不利影响，但从另一方面来说，它也可能会带来部分经济和社会效益，这些则被归类为有利影响。巴伦（p.45）用"季节性损失"来指代那些季节效应带来的不利影响。从经济角度来说，季节效应的确是一个问题，它导致了资源不能够得到充分的利用。旅游业的季节性特征通常表现为有限的投资和较低的投资回报率，而冬季体育旅游目的地严格的季节性运营模式实际上限制了它吸引投资的能力，从而导致淡季的旅游消费降低。拥挤和人流量过多也和季节效应密切相关，目的地客容量的临界值往往在旅游旺季时期达到，因而在计算客容量的时候必须考虑到高峰时期的数值，而不是淡季的游客数量或者年平均值。季节效应带来的环境问题也比较突出，尤其是旅行旺季期间拥挤的人群和对资源的过度使用给脆弱的环境造成的压力。此外，旅游产业的季节性特征不利于雇主们招募全职的工作人员，遑论留住他们了（Mathieson & Wall，1982）。由于无法雇用到高素质的员工，产品和服务的质量变得良莠不齐。米勒和莫里森（1985）提

出，季节性工作不仅意义不大，还会对生产力造成不利影响。季节效应同样会引发季节性失业，它经常会被解读为一种非自愿的状态，失业人群就是受害者。

贾法利（1974）认为，季节性波动与对旅游业的不友好有关，这种不友好有时候来自当地社会内部。具体来说，一些研究认为，旅游业的发展会导致犯罪的产生。约斯特·里本道夫（1994）认为，瑞士阿尔卑斯地区旅游业的高度发展直接导致了本地居民对游客的敌视，特别是在年轻人当中，这种敌视更加明显。他还提出，旅游业的季节效应给山体度假村的住宿市场带来了不利影响，那些参与到山区旅游业发展进程中的本地人口，在里本道夫看来，是一种“未被支付的社会成本”。

墨菲（1985）持有不同观点，他认为季节效应并非一无是处，一些当地人实际上是期待旅游季结束的。因为人们能够从压力中解脱出来，毕竟不是所有人都能够——或者至少愿意——一整年都在接待游客。对于当地居民来说，他们只有在旅游淡季才有可能过上“正常”的生活，参加传统的社会活动和文化活动（Butler，2001）。里本道夫（1994）举出瑞士山区的例子，“在游客大批量拥入的间隙，他们也需要喘口气，至少要从上一次的高峰期恢复过来”（p.46）。另外，旅行目的地可能也需要一段休整的时间，用以翻新和修理基础设施（Twining-Ward，1996）。例如，对滑雪缆车的集中修理、替换和更新，通常会在夏季进行。

有些人认为，大部分员工之所以会选择与季节性旅游相关的工作，是因为这些工作的报酬更高，并且在淡季他们有充足的时间去做其他的事情（Mourdoukoutas，1988）。弗朗菲尔特（1988）发现旅游业的雇佣关系——特别是在偏远地区或者小型社区，可以被视作传统雇佣关系的补充，而非构成竞争态势。巴勒（1989）提出，可以在对劳动力需求周期不同的地区之间建立一种长期的"共生关系"。这种共生关系在法国实际上已经存在：在冬天，冬季体育旅游目的地对劳动力的需求增加；而到了夏季，需要劳动力的地方就变成了那些滨海度假村。哈德门（1986）提出，生态系统的完全恢复需要一个休整期的存在，旅游旺季对生态系统造成的压力，需要一段较长时间的休整期以保证大部分的生态系统能够恢复原样，或者至少恢复到较高程度的稳定。

季节效应是由多种复杂的因素所引发的，并没有什么一劳永逸的解决办法，而大多数旅行目的地的尝试也都以失败告终（Butler，2001）。不过，一些冬季体育旅游目的地至少在寻找解决之道，或者说，尽可能减轻季节效应带来的影响。

第一种策略就是应对全球变暖。气候是造成季节效应最主要的因素，也是最主要的挑战。过去几年间，滑雪场的经营者们逐渐意识到自然环境的脆弱以及应对全球变暖的迫切需要。2003 年，美国国家滑雪协会（NSAA）发起了一项"让冬天保持寒冷"的活动，联合了 7 家雪场，宣传它们在减少温室气体排放上所做的努力和取得的一系列环保成果。

NSAA 的这一举措致力于提高人们对全球变暖问题的意识，警惕全球变暖将会给雪情带来的不良影响。

第二种策略是加大对造雪设备的投入。20 世纪 50 年代，造雪技术的出现促进了滑雪设备的发展，它不仅延长了多雪地带国家雪季的时间，还令那些自然降雪量不够充分的地区同样可以开展滑雪运动。现在，滑雪场经营者们为了生存不得不加大对造雪设备的投入，尽管对很多滑雪场来说这是一笔高额的费用（Bender，2000）。无论是购买机器还是寻找水源，经营者们都要同国家有关部门进行冗长的谈判，而用于开凿水井和铺设管道的投入动辄要数千万美元。即便如此，那些处于低海拔的滑雪场可能会因为气温较高，根本无法进行造雪。

产品优化可以有效地缓解季节效应带来的诸多问题。作为滑雪场的核心产品，雪道和索道需要经常维修和更换。例如，在法国，滑雪场之间的联合趋势已经变得非常普遍：蒂涅和瓦伊尔合并为凯利；库尔舍维勒、梅里贝尔、雷美纽尔和瓦托伦斯合并为三山谷。滑雪场之间通过联合，提升了滑雪区的最高海拔，提供了更好的雪质，增加了度假区的客容量，同时延长了滑雪季的时间。本书第 2 章曾提及，保证收入的另一个普遍经营策略是产品的多样化（Baron，1975；Mannnig & Powers，1984）。为了能够在夏季吸引游客，滑雪场开发了多种体育项目和活动内容。一些旅游公司在此基础上提出了“双中心度假游”的概念，它的主要卖点是一个功能完善的知名旅游度假村，但这类度假村往往人满为患；同时，旅行套餐中还会提供另外一个度假地点：可能是一家客流量没有那么多的度假村，或者这家度假村有许多不同种类的旅游景点。例如西班牙比利牛斯山的内华达滑雪度假村，它是欧洲最南部的滑雪场，在这里游客们既可以滑雪，又可以享受阳光海岸的沙滩。

更进一步的策略是市场多元化。了解市场的细分类别以及不同的旅行动机，有助于明确那些有别于传统度假结构的细分类型，简而言之，一部分游客更喜欢在平季和淡季出行。大家对旅游行业中的这类群体并不陌生，如资深背包客、会议代表、奖励旅行游客、“空巢人士”、亲和团体和特别兴趣小组（CEC，1993）。在加拿大，为了增加非旅游旺季的客流量，一些度假村将市场重心放在滑雪俱乐部的成员身上，这一举措行之有效（Williams & Dossa，1998）；而以惠斯勒为代表的其他度假区在平季的市场目标则是那些有召开商业会议需求的客户。有冰川的雪场仍旧可以在夏季接待滑雪者，尽管夏季冰川滑雪者人数有所下降，特别是在欧洲（Falk，2015）。

有建议称，为了应对季节效应，旅行目的地应更注重收益，而非旅行者的数量（Getz & Nilsson，2003）。例如在加拿大班夫地区，过去几十年间，滑雪场一直将市场重心放在欧洲滑雪者身上，这些“目的地滑雪者”通常停留的时间较长。即便他们只占全部游客总数的 50%，这些欧洲游客却贡献了

77% 的旅行消费。其他度假村也在不断寻求更有针对性的发展方式（Forstenzer，2003），如爱达荷州的塔玛拉克度假村，致力于打造“精品”雪场，将日接待滑雪者人数限制在 3 500 人，而其实际的客容量可达到 7 000 人；雪场还设有专门的私人俱乐部。显然，塔玛拉克更看重收益而非游客的数量，类似的例子还包括前文曾提及的犹他州鹿谷度假村。

冬季体育旅游目的地应对季节效应的另一个策略是打造全年开放的度假村，滑雪不再是唯一的活动内容，各项体育和娱乐设施全年开放。不仅仅是北美的山体度假村在寻求向全年开放的度假村转变，在澳大利亚，山体度假村的传统定位通常都是冬季旅行目的地，然而，政府向维多利亚山区度假村管理委员会发布了一条行政命令：针对发展全年旅游的可行性进行调研（Russell & Thomas，2004）。欧洲阿尔卑斯地区的度假村也加大了向全年度假胜地转变的资金投入。瓦尔伊和阿尔普迪埃度假村有针对性地建造了会议设施，为的就是吸引完全不同的客户群体，这些人与普通的滑雪者不同，他们未必会选择在旺季出行。

淡季期间，滑雪场通常会借助节日和赛事的举办来应对季节效应，吸引游客。近 20 年前，为了增加滑雪季末尾度假村的入住率，不列颠哥伦比亚省的惠斯勒在 4 月举办了第一届世界双板和单板滑雪嘉年华（WSSF）。现在，WSSF 已经成为北美最大的冰雪和音乐盛事，吸引了世界各地数以千计的年轻人。针对该嘉年华的一项经济影响评估显示，

2006 年，它为不列颠哥伦比亚省的经济创造了 3 770 万美元的收入，游客消费和运营开销共计为惠斯勒的经济注入资金量超过 1 570 万美元。嘉年华期间，28 000 多个酒店房间被预订，其中 86% 的住客都是来参加嘉年华的。

降低非旅游旺季期间的票价可以作为一种有效的刺激市场的手段，同时也有利于平衡因季节效应而带来的旺季人流量激增。然而，价格对季节效应的影响并没有被过分夸大（Allcock，1989）。价格对季节性人流量的影响分为两个方向：降价有利于在淡季吸引游客，而即便是在旅游旺季，过高的价格也会令人望而却步。因而，我们必须要进行收益管理，旨在实现公司易逝产品的销量最大化，如机票、酒店房间和旅行团名额，从而提高公司长远的生存能力。20 世纪 80 年代，航空业最先通过收益管理来增加已有航线和航班的收入，如今，收益管理已经普遍应用于包括酒店管理和滑雪场管理在内的其他旅游业细类。普度（2002）发现，在科罗拉多州，滑雪场通过收益管理确定季卡的售价，极大地增强了滑雪者的忠诚度。

为了应对季节效应带来的部分问题，雇主要做的就是留住员工，这样一来也会减少季节性失业。伊兹马特和佩特里克（2003）针对科罗拉多州和新墨西哥州滑雪场工作人员的一项研究显示，令人满意的薪水和具有挑战性的工作内容最能吸引员工重回工作岗位，而季节性员工对于其工作整体的满意度预测指标主要包括管理者的态度、同事之间的感情以及工作内容的挑战性。过去几十年间，为山体度假村员工提供合理的住房选择——无论是租房还是买房，是当地社会面临的最大挑战。为满足这些人的租房或购房需求，经济适用房项目应运而生。在北美，许多山区团体致力于解决居民的住房问题，包括班夫房地产公司、阿斯彭－皮特金县房屋管理局、范尔镇住房部和犹他州的山区土地信托。在这一方面，欧洲所做的努力还远远不够。

然而，欧洲国家在其他方面的努力卓有成效。政府针对引发季节效应的制度性根源，通过政策调节等措施来改变游客季节性集中的趋势。例如，20 世纪 80 年代，法语国家系统性地对主要学校和工业假期进行了长期的错峰式调整。事实上，法国冬季假期远比夏季假期需要进行错峰式调整，因为广受欢迎的滑雪假期带来了大量的高峰期问题。日本最新通过的一项法案或许会促进本国冬季体育运动的参与率。2014 年，日本议会通过立法，批准了一个新的国家假日：登山节。政府鼓励白领工作人员走出办公室，要知道，长时间的工作和鲜有的休假一直是日本职工的生活常态。

近年来，地方乡镇为鼓励居民重新落户，不断开发新型经济活动，从而应对季节效应带来的影响。尽管这些人选择回到山区定居是为了追求一种特定的生活方式，他们依旧可以通过非旅游业资源来获得收入（通常是借助于新的技术）。第 1 章曾提及佛蒙特州的斯托镇——它自认为是美国最重要的科技镇之一——现在不仅仅是一处知名的滑雪度假胜地，同时也是大批公司企业的总部所在地，这些公司和企业为佛蒙特州的数字经济发展做出了重要贡献。

最后，季节性休业有时候是应对季节效应的最佳手段。弗朗菲尔特（2001）认为，一些旅游目的地必须学习如何适应强大的季节效应，他提出将不同类型的旅游产品纳入其他生产活动的季节性模式，包括对一些公共服务进行调整，并列举了挪威实施的一系列商业策略，如倡导混合就业（旅游业和农业）、雇用学生和流动工人，或者干净利落地放个长假。

4.4 案例分析：瑞士安德玛特

为了同大名鼎鼎的圣莫里兹和策马特竞争，埃及出生的亿万富翁开发商萨米·萨维里斯提出一个大胆的计划，将不起眼的安德玛特打造成一座全年开放的度假胜地。2005 年，他乘坐直升机在瑞士中部山区考察了一圈之后，敲定了滑雪山的修缮方案和改建蓝图，包括修建 25 栋世界一流的度假别墅、6 家酒店、一个室内泳池和一个 18 洞的高尔夫球场；此外，他还准备建造 42 栋公寓楼，提供 490 间托管公寓。

随着人口的缩减——安德玛特的常驻居民约 1 400 人——这一前军事重镇的经济发展遭遇了重大困难，许多年轻人不得不迁徙到别的地方寻找工作机会。瑞士旅游机构发布的数据显示，2012 年，安德玛特的酒店接待游客人数仅为 60 600 人，而它的竞争对手圣莫里茨和策马特接待游客数分别为 69.2 万人和近 130 万人。

萨维里斯的全球房地产公司奥斯康发展控股股份有限公司斥资 20 亿美元买下了 345 英亩可开发土地，用以建设他的下层住宅高档化项目，开发公司是瑞士安德玛特阿尔卑斯有限公司——同样为萨维里斯所有。美丽的安德玛特周围环绕着各种类型的、极具挑战性的滑雪区，它们分布在海拔 2 961 米的 Gemsstock 山上，深受野雪爱好者的欢迎。安德玛特接待的主要是丹麦人、北欧人和本地的滑雪高手，他们喜欢徒步寻找新鲜的积雪层，因而大部分新建的滑雪基础设施是针对内部的，旨在吸引不同水平的滑雪者。“安德玛特－赛德润滑雪区项目将建造 6 条新的索道，将安德玛特同上阿尔卑斯高地和赛德润滑雪区连接在一起，该项目在 2017—2018 年滑雪季完工，届时它将成为瑞士中部最大的滑雪区。”威尔·海德在 2014 年 11 月为《卫报》旅游版撰写的一篇文章中说道。

负责滑雪山结构规划的有山体度假村环保设计者、安德玛特－哥塔－斯宝特铁道公司、赛德润登山铁道公司、哥塔铁道公司和瑞士安德玛特阿尔卑斯有限公司。整体规划包括在安德玛特与纳兹和盖兹克之间修建一条索道；在上阿尔卑斯地区和凯尔蒙特之间修建一条 6 座缆椅索道；提高纳兹和哥塔铁路线之间往来的便利程度；在 Gurschen 修建一条6座缆椅索道；在Gurschen和安德玛特之间的山谷坡道上铺设人工雪层以及通过修建山体基础设施，将厄塞尔山谷和赛德润连接起来。此外，还要铺设大规模的造雪设施，建造新的度假区餐厅。该项目是当时瑞士最大的滑雪场建设工程，2015年夏季，位于上阿尔卑斯凯尔蒙特地区和Gurschen的两条缆椅索道最先完工，并于2015—2016年滑雪季投入使用。

在度假区的建设过程中，当地社会的协同合作非常关键，这也是萨维里斯的成功之处。在一次城镇集会上，他用流利的德语向当地人阐述了他的计划，并保证这一项目将会给本地带来数百个工作岗位。他还印发了一些宣传册和示意图，介绍了他在El Gouna的红海沙漠度假村重建项目。他得到了安德玛特当地人的支持。萨维里斯与本地的农民和城镇居民一起，参加决策讨论会，听取并采纳他们的各类意见，内容涉及重新规划交通线路、建筑高度、土地使用和财政补贴等。2007年3月，本地人以压倒性的票数支持度假区的建造（96%的安德玛特居民和88%的霍斯彭塔尔居民投了赞成票）。公司还特别为本地居民和潜在的投资者准备了一份全面的FAQ文件。该文件解答了许多方面的疑问，从最基本的，如萨维里斯选择安德玛特的原因，到环保考虑、经济适用房项目、大众忧虑点、新的滑雪基础设施规划，再到置业后的装修细节，等等，不一而足。

2009年9月26日，项目破土动工，整体规划倡导将现代设计和安德玛特的传统鹅卵石小路与质朴的度假木屋完美地结合起来。2013年，玛尔塔·法尔科尼在《华尔街日报》的一篇文章中指出，该项目的投资来自房屋预售、奥斯康公司和萨维里斯的个人投资（1.6亿美元）。她认为这个项目“风险很大”，其他地区的竞争者包括瑞士周边的卢塞恩湖项目。“早在一年半之前，卢塞恩湖项目的进度和现金流就出了问题，开发商不得不寻求其他投资者，”法尔科尼说道，“其中一位投资人是汉斯·彼得·鲍尔，瑞士金融和房地产有限公司的创始人之一，他斥资1.35亿美元购买了72间公寓。”作为瑞士安德玛特阿尔卑斯有限公司董事会的一员，鲍尔现在负责向新加坡、中国香港和俄罗斯的投资人推广该度假区项目。受《莱克斯－科勒法》的限制，瑞士大多数度假村无法获得大量海外投资，而安德玛特却不在此列，其目标市场除了瑞士本土，还包括德国、英国、意大利和其他海外地区。FAQ文件中提到，尽管项目施工期间遭遇了全球范围的经济衰退，萨维里斯依旧坚信它能够按计划完成，只不过整体的建设周期要比预计的长一些。

除了滑雪缆车的重建，瑞士安德玛特阿尔卑斯有限公司非常重视发展房地产业，并同当地政府一起，修缮供水和道路系统，翻新了火车站。建设初期，并没有考虑新增任何零售店和餐饮设施，不过未来会将这些内容提上日程。得益于新修建的地下停车系统，度假区将打造大范围的“无车环境”。

城镇中心区修建了一栋五星级的安德玛特切蒂旗舰酒店，在2013—2014年滑雪季开始对外营业。该酒店提供私人公寓和48间出租公寓，它将“独特的地区传统价值和打造世界一流的奢华度假胜地的理念有机地结合起来”。酒店设计的主旨是在阿尔卑斯的地区传统上增添一系列奢华的细节，包括滑石壁炉、橡木地板和嵌入式葡萄酒柜。切蒂酒店有107套公寓可供对外销售，包括12套顶层公寓和2间套房。10%的房源已经被预售出去，截至2015年4月，仅剩30%的房源可供销售。“2014—2015年滑雪季期间，度假区内最先建造完毕的两栋公寓楼住宅完成交房，并开放出租，”瑞士安德玛特阿尔卑斯有限公司媒体总监马库斯·伯杰说道，“如果业主不住的话，这些公寓可以出租给度假人士。”

第二年滑雪季来临之际，度假区新增70套公寓。2017年年底，另外三四栋公寓楼住宅以及第二间酒店落成并投入使用。伯杰说道：“2016年夏天，全新的赛事规格的高尔夫球场——18洞、72杆——将会正式对外开放。在前两个滑雪季的试运营阶段，该球场已经接待了数以百计的高尔夫球爱好者们。”

通过将安德玛特打造成有竞争力的全年旅游目的地，萨维里斯计划建立一个稳定发展的地方社区。“度假区项目令安德玛特重获新生。”安德玛特市长罗杰·纳赫尔2013年在《华尔街日报》的一篇文章中如此确认道。

（以上内容整理自瑞士安德玛特阿尔卑斯有限公司媒体总监马库斯·伯杰的专访；Falconi，2013；Hide，2014）

参考文献

第5章 管理和运营

聚焦：典型的滑雪夫妻

自2010年起，前滑雪运动员、教练员和度假村酒店企业家艾尔·雷恩开始管理不列颠哥伦比亚省坎卢普斯市附近的太阳峰滑雪度假村。雷恩年轻的时候是一个狂热的滑雪竞赛爱好者，那时候他的父母非常担心将来他能否找到一份“正经的工作”。

孩提时代的雷恩在温哥华北部的西摩山第一次接触到滑雪，之后就一发不可收拾，后来他经常在贝克山滑雪，阿尔曼兹和佛朗兹·加夫尔是他的滑雪教练。20世纪60年代，雷恩移居奥地利加施泰因，并在那里参加滑雪比赛，也是在那段时期他学会了德语。他不仅成为会说三种语言的滑雪教练，滑雪水平也突飞猛进，经历了俱乐部级别和地区级别赛事的洗礼，他最终成为国家队的一员。1968—1973年，雷恩出任加拿大滑雪队总教练和项目总监。

1974年，雷恩转向滑雪产业的经营，最初他担任不列颠哥伦比亚省省级滑雪协调员，制定了不列颠哥伦比亚省高山滑雪商业法规。1975—1980年，雷恩被委任为惠斯勒市委会委员；1980—1982年，出任惠斯勒度假村联盟执行董事。随后的两年里，出于对冬季旅行的热爱，雷恩在休假期间举家搬至瑞士定居。1985—2010年，当雷恩再次回到加拿大的时候，他将欧洲先进的滑雪产业管理理念先后注入自己的酒店项目中来，先是惠斯勒，而后是太阳峰。1988年，雷恩成为加拿大滑雪名人堂的一员。

在他50年辉煌的职业生涯里，雷恩见证了滑雪产业的核心和基础设施的重大变革。“20世纪50—60年代，滑雪还只是一种小范围的家庭运动，滑雪区域有限，滑雪的人都互相认识，”雷恩回忆道。而到了70年代，滑雪在加拿大变成了一种时尚，滑雪场变得更大、更宽敞，价格也更加昂贵。“80—90年代，滑雪场开始提供全方位的服务内容，接待的不再仅仅是那些‘山区爱好者’——这些人曾经是雪场的中坚力量，但现在他们所代表的仅仅是少数群体。”为了让滑雪成为适宜所有人的冬季假期活动，雪场新增了大量游乐设施和康乐设施。同时，为了吸引那些“非山区爱好者”，滑雪场开始逐步提升交通便利性，升级缆车系统、雪道养护设备以及其他的滑雪设施。

如今，作为太阳峰镇的镇长，雷恩致力于提高全镇人的滑雪体验。“为了让那些在太阳峰镇居住、工作和到镇上旅游的人得到更好的体验，我们会尽全力让滑雪场变得越来越好。”世事难料，如今太阳峰度假村最大的竞争对手就是他的老东家。“太阳峰最大的竞争来自惠斯勒，无论是面向远距离市场还是奥卡那根的地方滑雪市场。但我们将运营的重点放在提升产品品质和服务品质上，而不是过多地去关注其他滑雪场在干什么。”

在雷恩看来，一次绝佳的滑雪度假体验需要遵循“6、8、10 原则”：“今天的冬季体育运动更注重迎合大众，而非运动本身，我们面临的是一个娱乐产业。每天我们花 6 小时滑雪，8 小时睡觉和休息，剩下的 10 小时——也是每天最长的一段时间——则用来吃饭、社交、消遣、和朋友聚会等。这 10 小时和亲朋好友共度的时光是我们业务的一个核心组成部分。”

太阳峰无疑相当重视滑雪之外的娱乐市场。度假村内随处可见令人赏心悦目的阿尔卑斯式建筑和装饰，游客可以步行至度假村的任何一个地方。太阳峰提供的活动和服务项目种类繁多，包括极限蹦床、雪地履带车巡游、狗拉雪橇、马拉雪橇、火炬传递之后的芝士火锅晚宴、雪地摩托车、雪鞋健行、雪圈公园、专业摄影、提供早餐的每日初滑、度假村接送、餐饮、住宿、康体设施以及传统的滑冰和冰球运动。“早些年，滑雪和滑冰基本上是冬天仅有的活动，”雷恩说道，“如今，娱乐活动层出不穷，互相之间竞争激烈，像室内网球、篮球、排球、羽毛球和壁球等，上手很简单，花费也不会很高；你甚至可以去健身房健健身，或者仅仅是看一场专业的体育比赛。”

这些便利活动设施的出现有利于度假村向全年开放的旅游目的地转变，雷恩认为，太阳峰，以及其他滑雪度假村，未来的成功，在很大程度上要取决于这一转变过程是否顺利。“无论是在冬季还是在非滑雪季，雪场都要提供多元化的产品和服务，”雷恩说道，“未来，成功的滑雪场将不再受季节的限制，即无论是夏季还是冬季，都能够吸引足够的游客，有高素质的员工提供更好的服务，更加注重资金的利用。当你的收入不再局限于某个特定的季节，并且有稳定、忠诚的全年员工的时候，度假村运营的经济模式就会发生改变。”

雷恩的职业生涯无疑反映了他对滑雪运动的热爱，然而，当问起这份工作带给他的最大收获的时候，雷恩表示，“我遇见了此生的挚爱。”这个女人就是南希·格林，作为一名优秀的滑雪运动员，格林辉煌的职业生涯让她拥有数百万的粉丝。20 世纪 60 年代，作为加拿大的顶级滑雪运动员，格林在 1986 年收获了奥运会金牌和银牌，累计获得 13 个世界锦标赛冠军头衔（这一纪录至今无人打破）和 17 个加拿大锦标赛冠军头衔。由于在奥运会取得了非凡的成绩，南希·格林滑雪联赛迅速在加拿大风靡起来。有趣的是，在她获得奥运奖牌的前一年，艾尔·雷恩——时任南安大略省滑雪教练——就已经在筹办这一联赛，并邀请格林进行代言。直到今天，格林依旧是联赛的名誉主席。1999年，格林当选为加拿大21世纪最具贡献的女性运动员。

格林曾出任汤普森河大学校长，现任太阳峰度假村滑雪总监。2009年，她被选为加拿大不列颠哥伦比亚省参议员。即便如此，她还是会抽空在山区指导人们滑雪，在太阳峰度假村公司和太阳峰旅游公司工作。“我的情况比较特殊，我更像是一个团队中的一员，”她说道，“我从来不认为我所做是一份‘工作’，所以就更不用谈什么工作内容了。我只是想尽我所能让太阳峰变得越来越好，只要有机会，我就会陪我的客户们在外面滑雪。”

格林非常重视名人的代言效应，因而她经常会同游客们互动，他们有时候会对度假村的管理提出宝贵的意见。相对地，只要格林在度假村，她每天都会陪客户一起滑雪；对到访媒体、旅游业从业人员和滑雪场的游客们来说，能够有机会同南希·格林一起滑雪无疑是一场难忘的体验。格林和雷恩花了很多年时间建造和经营她在太阳峰的Cahilty度假木屋。“我们将酒店管理公司卖给了一位前员工，但我们还是会帮忙分担一些接待方面的事务，”她说道，“我在滑雪旅游这一行里所做的一切，都离不开雷恩的支持和帮助。”格林24岁退役，第二年，两人完婚。

（以上内容整理自艾尔·雷恩和南希·格林的专访，2014年11月）

5.1 山体运营

1. 滑雪缆车运营

滑雪缆车的建造模式取决于区域面积和地势。比较普遍的一种建造模式是以滑雪基地为中心向周围的山峰和山脊高处辐射，也可以选择从几个不同的滑雪基地统一向一处高点地区汇聚。如果滑雪区面对的是一座较长的山脊，那么可能会建有多条趋近于平行的缆车线路，在客流高峰区域甚至会搭建两三条平行运行的缆车线路以提高载客量。一小部分滑雪场的缆车线路是相互交错的，通常在地面拖牵上方还要搭建缆椅或缆车线路。有的缆车连接着两座山，典型的例子有连接惠斯勒山和黑梳山的 PEAK 2 PEAK 缆车。

滑雪缆车的运营无疑是滑雪场运营的一个重要组成部分。单是在美国，就有大约 3 500 条缆车线路，大部分是传统的双座缆椅、3 座缆椅和 4 座缆椅（包括固定式和拖挂式），以及缆车、拖牵、牵引绳索和往复式索道。滑雪场要对这些缆车线路进行细致而严格的检查，相应地，这些缆车系统的安全系数非常高（NSAA，2012）。滑雪场工作人员对缆车系统的检查以每日、每周、每月和每年为周期；保养和维护机制要符合联邦规定、国家安全标准，以及国家有关机构、缆车制造商和其他检验机构的相关规定。如遇特殊的天气状况，缆车系统会暂时关闭运营，而关闭缆车的决定需要经过特定的雪场管理者的同意，包括总经理、雪场巡逻救援队主管、风险经理和（或）缆车部门的经理。

滑雪场在新建和更新缆车系统上的花费投入巨大。1996—1997 年滑雪季期间，美国新建和更新缆车的投入资金超过了 10 亿美元，平均每年在缆车上的投入超过了 6 900 万美元（NSAA，2012）。此外，过去 10 年间，缆车维护和维修方面的开销增长了 92%，这也意味着全国滑雪场的缆车运营在效率和安全性方面有着持续的资金投入。

2. 造雪

本书第 3 章曾提及，雪季初期的积雪层厚度对滑雪场来说至关重要，因为这一时期的客流量是最大的（特别是在新年期间）。滑雪者对于雪季初期雪质状况的反馈直接影响着高峰期的到来和雪场在整个雪季的运营成功与否（IBISWorld，2013）。如果气温足够低，而自然雪又尚未降临，很多滑雪场现在可以通过造雪技术在雪季初期打造出一座滑雪基地来。积雪层的质量非常关键，好的滑雪体验受以下几个因素的影响：雪密度、气温、液态水含量、硬度和质地（Perla & Glenne，1981）。

造雪需要大量的水资源，每制造 1 英亩 – 英尺的雪需要 14 万加仑的水。对于一条宽 200 英尺，垂直高度 1 500 英尺的典型雪道，每制造 1 英尺的雪，需要 3 英亩 – 英尺的水资源（相当于 55 辆油罐车的荷载）（Mill，2012）。许多滑雪场从低海拔的一个或多个蓄水池中抽水，而从滑雪坡上流出的水则重新回到蓄水池，这样一来，滑雪场就可以不间断地利用这些水资源。每英亩造雪的成本从 1 万美元到 2 万美元不等，而电力开销才是大头。如果造雪机采用的是空气压缩技术，它的空气压缩泵想要正常运行就需要消耗大量的能源。此外，造雪还需要搭建水泵系统。真空造雪机的耗能虽少，但它的耗电量却不容小觑。为了能够制造出适宜滑雪的理想积雪层，造雪工人需要考虑很多变量。他们将造雪工作比喻为一场颇具挑战性的、科学与艺术的结合——基本的要素是精准的天气测量值和昂贵的仪器，但是，想要把这件事做好，真的还需要一点本能的、即兴的和创造性的发挥。

3. 雪道养护

雪道养护作业一部分靠冰雪科学，一部分靠本能发挥，最后一部分则是靠咖啡因（Hicks，2012）——大部分雪道养护需要通宵作业。很多滑雪场利用雪地履带车进行雪道养护，它的造价高达 45 万美元，包括一间带有温度控制功能的驾驶舱、由橡胶和金属材质做成的履带以及一个发动机。典型的雪地履带车前端有一个用来推动积雪的推进器，尾部有一个操纵杆，它先将雪层进行剧烈搅动，然后再将其按压成灯芯绒状。一些先进的雪地履带车搭载了绞车，用来养护一些较陡峭的滑雪坡：将绞车的链条固定在滑雪坡高处的某个点，然后通过绞车的牵引作用，使履带车能够在滑雪坡上下移动，从而实现养护雪道的目的。

在美国，史蒂夫·布兰德利被视为雪道养护之父。1950年6月，布兰德利开始负责冬季公园滑雪度假村的管理，他与艾德·泰勒一起，开始研究如何使雪层表面变得更加稳固和平滑。泰勒是冬季公园董事会的一员，曾任国家滑雪巡逻救援协会会长，由于工作内容涉及雪崩控制，他对冰雪物理有很大的兴趣。两人在探索如何实现雪道养护自动化方面可以说是先行者了（此前这一工作都是手动完成的），他们尝试了许多仪器：起初，他们采用了自制的克莱默魔毯——一个6英尺长的钢线网眼围栏，他们在滑雪时带着它从雪坡上滑下，它可以说是今天我们使用的现代动力雪地履带车的雏形。

如今，大部分滑雪场都有一整队雪地履带车用于雪道养护。例如，犹他州的鹿谷度假村拥有13辆雪地履带车，包括2辆普里诺茨野兽，截至本书截稿之时它是市场上能够找到的最大、动力最强的雪地履带车车型，总重25 000磅，可压制24英尺宽的灯芯绒雪面，搭载13升的柴油引擎。相比之下，普通的雪地履带车总重20 000磅，可压制雪面宽18英尺，搭载9升的柴油引擎。大部分雪地履带车每晚作业十四五个小时，两班轮换；包括人工、柴油和其他费用在内，每小时作业成本大概为100美元（Hicks，2012）。

4. 山体安全

尽管同其他高耗能的体育运动相比，滑雪的危险系数没有那么大，但它依旧是一项非常具有挑战性的运动，体能需要经过长期锻炼才能达标。雅斯佩尔·希利博士研究因滑雪造成的伤害有 30 多年的时间，在所有上报的事故里，和其他滑雪者碰撞而受的伤只占 6.4%。同单板滑雪者相比，高山滑雪者的碰撞概率要高出 3 倍。然而，单板滑雪者往往更容易在滑雪坡上受伤。过去 10 年间，双板滑雪造成伤害的比例基本没有变化，每 1 000 名滑雪者中，有 2.63 人曾经受伤。与之相对的是，单板滑雪者受伤的比例从 3.37‰上升到 6.97‰。

某种程度上，由于世界极限运动会和其他赛事的影响，滑雪场的自由式地形区越来越受欢迎，参赛者们通常会在滑雪过程中展示一些有风险的技巧动作。不幸的是，很多年轻人出于肾上腺率飙升，在缺乏系统训练的情况下，仍旧刻意模仿他们的极限运动偶像的动作，这样做是非常危险的。一项为期 12 年（2000—2012 年）的、针对极限运动造成的伤害的研究显示，类似的事故量在逐年增长（Brody，2014）。为了应对这一问题，NSAA 和伯顿滑雪板公司一同发起了自由式地形区滑雪的安全倡议“聪明的选择”，倡导山区滑雪场内自由式地形区的正确利用和不断改进。

滑雪区为了增强安全性采取了不同的措施，从建立家庭滑雪区到增加滑雪坡上的监控设备等不一而足。这些措施大多建立在 Heads Up 安全倡议和“责任代码”两个项目的基础之上，这些项目支持在滑雪区开展安全性教育，并为滑雪者搭建了一个统一的平台，第一时间分享有关滑雪坡安全的信息。在美国，1 月是国家安全月，全国范围的滑雪场都将组织安全相关的特别活动，以期提高滑雪者的安全意识，同时向公众展示雪场每天是如何确保滑雪坡的安全的，内容涉及多种形式的实践巡逻救援展示，如让游客们在每天雪场运营结束前亲身体验一次雪坡巡视，开展相关的培训以及丰富的安全互动体验。此外，一些滑雪场每年的保留项目是有雪犬参与的雪崩应对演习，这些训练有素的动物在演习中会展现出高超的技巧。

5. 滑雪指导

滑雪者参与度模型显示，滑雪行业若想维持长期的增长，必须要想办法留住那些初学者，途径之一就是改进和升级滑雪课程（Mill，2012）。NSAA 主席迈克尔 · 贝里坚持认为，从长远来看，滑雪场想要获得成功，经营者们必须高度重视所提供的滑雪课程。"对于全国的滑雪场决策人员来说，滑雪课程应该是首先要考虑的问题"（Kray，2011）。只要滑雪场的管理人员、冰雪运动学校以及雪道养护和设备人员能够通力合作，一定可以打造出更适宜初学者的产品。许多滑雪场都会聘请那些有经验的滑雪人士来担当初学者项目的负责人，这一做法被证明是相当富有成效的，成功的范例有很多，包括马萨诸塞州的吉米尼峰滑雪度假村、佛蒙特州的斯托镇、印第安纳州的完美北部雪坡滑雪度假村、阿拉斯加州的 Eaglecreast 滑雪度假村、加州的塔霍北极星度假村以及犹他州的帕克城山体度假村等（Kray，2011）。滑雪场还出台一系列激励措施，有些滑雪教练鼓励学员们再次回到雪场，有些教练则为那些多次参加滑雪课程的学员提供优惠的缆车票价和雪具租金，这些都是初学者管理的典范，教练们会得到相应的现金奖励。

冰雪时间有限公司在宾夕法尼亚州拥有3家滑雪度假村，分别为自由山滑雪度假村、桅楼山庄度假村和白尾滑雪度假村。2011年，公司荣获NSAA第一届改变杯挑战奖，该奖项承认了冰雪时间在培养终身滑雪者方面的努力。冰雪时间旗下的滑雪度假村接待的大部分是非过夜滑雪者，他们通常来自像华盛顿特区、巴尔的摩、哈里斯堡和约克郡一类的城市地区。“参加冰雪运动并非这些地区惯常的生活方式，而通过实施有效的措施吸引并留住这些新的客户，对我们的成功来说至关重要。”桅楼山庄度假村市场总监克里斯·达汀说道（Hawks，2011）。冰雪时间将其培养终身滑雪爱好者的方式细分为四个步骤：①提供轻松又便宜的滑雪课程；②提供易于坚持，同时价格又便宜的课程安排；③当客户来到滑雪场滑雪时，记录他们所取得的成绩；④持续跟进他们的进步情况。随后几届改变杯挑战奖的得主分别是俄勒冈州的学士山滑雪度假村（2012）、新泽西州的山溪滑雪度假村（2013）以及宾夕法尼亚州坦纳斯维尔的骆驼背山滑雪度假村（2014）。

近来，智能手机APP同样可以向初学者提供一些有关滑雪的小技巧。达伦·特纳便是这一领域的先驱。

5.2 资料篇：便携式滑雪教练

滑雪学员经常说，如果他们能随时把教练带在身边就好了。和学打高尔夫球的情况类似，滑雪者在接受教练指导时往往表现得非常好，而一旦独自开始滑雪，很多坏习惯就又冒了出来。现在，有了专门指导滑雪的 APP 软件，你可以听到教练们熟悉的声音：强调课程内容、鼓励滑雪者面对困难的滑雪坡、指导他们学习新的技巧。

滑雪指导 APP 的先驱人物之一是法国 Serre Chevalier 雪场的滑雪教练达伦·特纳。特纳最初是在英国的人造滑雪坡上开始滑雪的，14 岁参加比赛，16 岁接受滑雪教练的培训，后来，他来到法国工作。在英国 BASI 体系中，特纳拿到了最高级的 ISTD 四级认证，有了该认证，他可以在全世界任何地方担任滑雪教练。

如今，特纳的教练生涯已经走过了 20 个年头，他滑遍了 Serre Chevalier 山谷的每一条雪道（一共有 102 条），一个很偶然的契机让他选择在法国定居。特纳 15 岁的时候第一次来到 Serre Chevalier，是为了参加英国滑雪锦标赛的比赛。而他在山区的第一份工作是在 Alped'Huez 度假村担任酒保，他在那里工作了一个雪季。“这对一个年轻的滑雪发烧友来说，简直是理想中的工作，我每天白天有一整天的时间待在山上。”后来，酒吧的老板将特纳调去了他们在

Serre Chevalier 的酒店酒吧工作。“我很喜欢那里朴实的民风，我最好的朋友们中有很多都是在那时候结交的，”特纳回忆道，“它是一个紧密联系的社区，每个人都由一条纽带紧紧相连，那就是对山区的热爱。”

滑雪爱好者的流动性很强，由于季节性旅行和工作的原因，特纳走访过很多地方，包括南非、瑞士、瑞典和埃及，后来，他回到 Serre Chevalier 安顿下来，成为一名独立的滑雪教练。“起初，我的客户主要是英国人，但很快，来自世界各地的学员越来越多，如澳大利亚和美国。”特纳的指导对象不受年龄和滑雪水平的限制，但他发现，很多长期滑雪的人都遇到了瓶颈。为了帮助他们，特纳和前新西兰滑雪运动员安德鲁·高恩创办的 Elate Media 一起，制作了一系列滑雪技巧视频。看过太多制作水平低下的视频版本，特纳希望能够打造更加人性化的教学视频。“我们想要尽可能地把事情简化，做到一目了然，”他解释道，“在讨论拍摄手法的过程中，突然‘灵光一闪’，我们为什么一定要拍短片或者制作 DVD 呢？现在已经是 APP 的天下了。”不仅可以随时随地上传视频素材，也不会出现类似存储和运输的问题。“最重要的一点是，用户可以随时找到他们想要的信息，”特纳指出，“我可没见过在缆椅上看 DVD 的人。”

2010 年，从 iTunes、Android Play 和微软的 APP 商店里都可以找到 Ski School Apps，它面向各个水平的滑雪者。

未来，特纳还计划同 Instagram 开展合作，用户可以通过 Facebook 和 Twitter 登录 APP。“这些社交平台的内容发布频率非常高，几乎任何同滑雪相关的内容都有。”

随着新技术的不断涌现，有人盲目地下结论说滑雪 APP 的出现会对滑雪教练的工作造成冲击。特纳却不这么认为，事实可能正好相反：滑雪 APP 固然对初学者起到一个良好的引导作用，但它同时也让滑雪者们意识到，参加滑雪课程的确会帮助他们提高水平。“另外，如果 APP 能够令更多的初学者尝试滑雪这项运动，并且从中得到乐趣，那么他们很有可能会继续下去，并最终爱上滑雪——就像我一样。”

特纳的团队密切监控用户们的反馈，他们发现评论多数为“增强自信”和“确立目标”等内容。滑雪者分析功能非常成功，用户们可以随机拍摄某位滑雪者的视频，通过分屏技术，将它同特纳的教学视频进行对比。“或者你也可以将自己的滑雪视频与之前的或者和朋友的进行对比，总之，选择性很多。”用户还可以做备注，将滑雪视频存储在 APP 里，这样一来，你会看到自己逐渐进步的过程。当然，你还可以通过邮件或其他社交媒体分享 APP 里的图片。

专为高级滑雪者设计的 Ski School App 很快就会上线，特纳坚信滑雪 APP 是未来的发展趋势，“我相信，对于任何休闲滑雪人士来说，APP 都是个好东西。无论是初学者、滑雪指导员还是滑雪教练，他们的使用反馈都很好。”

（以上内容整理自达伦·特纳的专访，2014 年 11 月；http://skischoolapp.com/，http://www.serre-chevalier.com/，http://www.insightski.com）

6. 山区向导

北美的许多滑雪场还提供免费的山区向导服务。当那些有经验的滑雪者第一次到达某个滑雪场的时候，如果能有当地的向导为他们介绍有关天气、雪质、连通道路、下落差和悬崖峭壁等必要的信息，滑雪者就可以在了解地形的基础上，毫无后顾之忧地去滑雪，最大限度地保证了安全性。30 年前，加拿大的路易斯湖发起了它们标志性的“滑雪之友”项目，滑雪坡上随时有待命的巡逻员帮助游客们找到雪质最佳的地点。如今，身穿黄色夹克、面带微笑的男女向导们负责滑雪场的接待，并在缆车的高海拔站台前为滑雪者们进行指引。向导游每天有两班，时间分别为上午 10:00 和下午 1:15，相关通知张贴在十峰度假木屋内，集合标志就在冰川特快缆椅上方的度假木屋外。

路易斯湖山区向导的招募首先要通过电话或面对面的筛选型面试，应聘者需要具备相关的山区专业技能，当然个人性格也是要考虑的一个方面；之后，应聘者会在卡尔加里参加为期 1 天或 2 晚的培训；最后，在 12 月初，他们还要接受一整天的山区实地培训。每年，向导们需要缴纳 60 美元会费，并且最少在滑雪场内完成 12 天的向导工作。他们身着统一的哈里·汉森制服，工作期间，每天可以得到1张10美元的餐饮优惠券，以及可以在下一个滑雪季使用的12次免费乘坐缆车的机会。如果累计工作达到18天，只要他们继续进行志愿服务，那么他们将获得一张免费的滑雪季卡。

然而，在欧洲，免费的滑雪向导极其罕见，即便是海外旅游团组织者通常也不会给客户配备专门的向导。在法国，关于是否应该禁止滑雪向导的争论一直存在。2012年，一名英国滑雪公司的员工甚至因为在滑雪坡上向客户提供向导服务而被捕，该公司随即也因为安全性问题遭到起诉。法国人坚持所有的滑雪向导必须具备专业的资质，而众所周知，法国的专业资格审查考试相当难以通过。一家英国滑雪度假公司牵头，针对法国阿尔卑斯地区的滑雪向导禁令提起了上诉；随后，总部设在约克郡的Le Ski公司与其他12家英国旅行公司一起，提出该项禁令是对欧洲法律的违背。不过，2014年，尚贝里的上诉法院支持禁令的实施。

5.3 其他方面的运营

1. 交通

交通问题在第3章里已经讨论过，游客如何进出雪场对山区运营的重要性不言而喻。滑雪者可以通过多种方式到达滑雪基地，包括步行、私家车、旅游专线、公交或班车，他们还可以直接从住宿区滑雪过去。滑雪场经营者需要对每种交通方式的占比做出预估，以便确定停车场和其他出入设施的占地面积。到达和离开的方式也要经过仔细设计，以保证安全性和避免拥堵。不同类别滑雪者的人数决定了滑雪山配套的基地设施的规模和数量，但一个滑雪基地最低限度应具备雪具出租和销售店、急救站、滑雪巡逻救援办公室、滑雪学校和餐饮服务设施（Mill，2012）。

2. 置业

尽管缆车票的收入是“滑雪经济”的基础，但度假村仅靠滑雪来维持运营是相当有风险的，因而它们大多数通过设计和改善经营模式，力求保证稳定的收入来源，在不同的季节都能够创收。这就衍生出两种非常聪明的避险策略：拥有滑雪者和拥有滑雪山（Thompson，2012）。范尔和惠斯勒 / 黑梳山的营业收入要高于全球大部分的滑雪度假村，因为它们拥有自己的滑雪山，其一半的收入来自住宿、雪具租借、滑雪学校和餐饮（表 5.1）。

表 5.1 范尔（美国）度假区和惠斯勒 / 黑梳山（加拿大）度假区的收入来源

	范尔度假区	惠斯勒 / 黑梳山
缆车票	46%	50%
零售 / 租借	23%	16%
滑雪学校	11%	11%
餐饮	9%	13%
其他	11%	10%

（来源：Thompson，2012）

第 4 章曾提及，越来越多的滑雪场通过土地开发和房地产销售来增加收入。例如，加拿大西域置业公司在 7 家全年开放的山体度假村中开发了住宿项目，拥有超过 1 150 英亩可用于开发的山腰地块。它的分时度假别墅享用项目拥有超过 22 000 名用户，涵盖 9 个主要地点和超过 3 000 个附属地点。加拿大西域置业旗下还拥有一家名为 Playground 的房地产经纪公司和相应的开发销售业务。此外，它还在 5 家不同的度假村拥有房地产公司（表 5.2）。

表 5.2　2014 年加拿大西域置业旗下的房地产公司

度　假　村	地块数	英亩数	产权单位	价值（百万美元）
蒸汽船	5	27	640	51
塔伯拉	15	509	2 242	48.6
冬季公园	21	95	962	23.5
雪鞋	*n/a*	359	1 464	18
斯特拉顿	7	161	200	9.2
主要房地产控股公司市值：1.503 亿美元				

（来源：Intrawest，2014）

2013 年，全球滑雪住宅的平均售价增长了 4.6%，幅度超过了许多主要或第二置业地区的豪宅的价格增长。南塔霍湖（美国）和皇后镇（新西兰）的滑雪住宅价格增长幅度最大，分别为 20.9% 和 18.9%。受全球经济衰退的影响，部分所有权住宅的发展和私人住宅俱乐部的业务出现了明显的下滑趋势，与 2007 年高峰期相比，下降幅度达到了 78%。然而，分时度假别墅享用项目表现良好，2013 年的销售额达到了 76 亿美元，比上一年增长了 11%，比 2009 年增长了 20.6%（Bowden，2014）。分时度假别墅享用机制分为居住时间（以周为单位）（74%）和积分（62%）。作为按居住时间进行分时操作的一个有力补充，积分系统的出现大大提高了分时享用类产品的适销性。

3. 餐厅

餐厅是度假村服务内容的一个重要组成部分，全球大多数的度假村餐厅都是独立所有和运营的。例如，加拿大的太阳峰度假村就以拥有多个独立运营的小餐馆而闻名，包括镇长艾尔·雷恩最喜欢的咖啡厅 Bolacco's。然而，北美其他地区那些垂直整合了不少度假村的运营商，如范尔和惠斯勒，却拥有度假村内大部分的餐厅，即便是一些小型度假村也经常会开设和运营它们各自的餐饮店。例如，犹他州的太阳舞度假村以其特色的生态餐饮而广为人知。三间房餐厅很好地体现了主人罗伯特·雷德福的品位，餐厅的环境虽然质朴，但菜肴的配料全部取自当地的新鲜有机食材，客人们可以在精美的印第安艺术装饰背景中享用一顿完美的烛光晚餐。三间房曾被福布斯旅游指南评选为四星级餐厅，荣获 2014 年犹他州年度最佳餐厅以及 2014 年美酒鉴赏杰出表现奖。太阳舞的其他餐馆也在推广可持续的新鲜饮食理念，包括牛仔主题的鹰吧，在炉火边提供美味的佳肴。鹰吧最有名的地方要数其悠久的历史——可以追溯到 1890 年，当时墙洞帮的人经常来光顾。罗伯特·雷德福买下了它，拆解后原样在度假村内进行了还原。度假村还拥有镇上的 The Foundry 餐厅，以及位于山峰上的熊爪小屋，提供 360 度的全景景观，可以俯瞰蒂姆帕诺格斯山，最出名的食物是辣椒和燕麦糖浆饼干。太阳舞还拥有帕克城的 Zoom 餐厅，它坐落在历史悠久的缅因街一端。

厨师在一个滑雪假期里扮演着非常重要的角色，在一整天高强度的滑雪过后，享用一顿精心准备的美味佳肴，已经成为一项不可或缺的内容。度假村的厨师经常会在闲暇时间去滑雪，而他们之所以会选择来山区工作，通常也是出于对滑雪运动的热爱。然而，并不是每一位客人都有机会可以同他们的厨师一起滑雪的。有一间酒店恰恰就提供这样的服务，2014—2015 年滑雪季，科罗拉多州斯诺马斯滑雪度假村的行政主厨威尔·诺兰会陪同客人一起去滑雪，并为他们提供私人指导。诺兰白天和客人一起滑雪，当他回到度假村之后，会和团队一起准备一顿适合滑雪后享用的美味大餐。度假村提供滑雪进－滑雪出的餐饮体验，还可以根据个人的口味偏好进行餐饮的私人定制，厨师会提供鸡尾酒、啤酒和红酒的搭配建议。

4. 员工管理

滑雪场方方面面的运营都需要雇员，如市场营销、客户服务、雪场引导、缆车管理、养护雪道和其他设备维修的工作，而支付所有这些人的薪水对滑雪场来说无疑是一笔巨大的开销。一项调查研究显示，美国 2009—2010 年冬季运动产业提供的工作岗位超过了 20 万个，而支付给他们的薪酬总额超过 70 亿美元（NRDC, 2012）。整个冬季旅游产业中，滑雪场运营提供的工作岗位最多，雇用人数为 75 900 人（占冬季旅游业雇用总人数的 36%），创造了近 28 亿美元的经济附加值（占总经济附加值的 23%）（表 5.3）。餐饮（包括酒吧和餐厅）是冬季体育经济的第二大贡献体，提供了 31 600 个工作岗位（占总数的 15%），创造经济附加值 9.4 亿美元（占总量的 8%）。其中，科罗拉多州成了最大的赢家，冬季体育旅游业为其提供了 37 800 个工作岗位和 22 亿美元的经济附加值。紧随其后的是加州，其冬季体育旅游业提供工作岗位数总计 24 000 个，创造的经济附加值达 14 亿美元。

表 5.3　美国冬季体育的影响

行　业	冬季旅游业雇用人数 / 千人	劳动力收入 / 百万美元	附加值 / 百万美元
滑雪场运营	75.9	1 495.8	2 851.5
餐饮（酒吧和餐厅）	31.6	612.6	941.5
住宿	17.6	558.9	1 035.1
专业服务	8.4	659	779.8
管理支持服务	8	257.8	296.1
餐饮零售店	5.2	148.7	214.7
政府	4.6	307.9	358.7
综合百货商店	4.3	113.3	176.5
房地产	4.2	74.3	1 157.3
医疗	3.6	239.8	255.6

（来源：NRDC，2012）

滑雪行业的雇佣制度是季节性的，冬季需要的员工人数相对较多。例如，不列颠哥伦比亚省的帕诺拉马滑雪度假村在冬季雇用了 450 个员工，其中 150 个是全职（全年）员工；季节性员工中，有 120 人每年都会回来继续工作，也就是说，度假村每个冬季只需要招募 180 位左右的新员工。员工通常是学生或青年人，即使薪水不高，他们也愿意来工作，因为可以享受在度假村内滑雪和住宿的优惠。正因为如此，整个行业的平均薪酬——特别是在北美地区，实际上是相当低的（2013 年还不到 1 万美元）。雇佣关系的存续非常短暂，滑雪场每年在雪季到来之前，都会通过招聘会或其他方式找到合适的员工，许多北美地区滑雪场的员工甚至来自澳大利亚。澳大利亚外交部的数据显示，在海外居住和工作的澳大利亚人约有 100 万。由于不列颠哥伦比亚省的海外移民较多，惠斯勒地区甚至被誉为“澳大利亚的最佳滑雪场”。自 2006 年起，澳大利亚人可以申请为期两年的加拿大旅游签证，并且续签手续也很方便。

5.4 案例分析：日本的粉雪和房地产投资

和日本许多小型滑雪场的发展状况不同，北海道（日本最北端的岛屿）的冬季体育基础设施和旅游业呈现出快速增长的态势。澳大利亚和新西兰的游客依旧占据着日本冬季度假市场的主要份额，并且人数每年都在增长。尽管来自澳大利亚方面的房地产投资在减少，这一块市场却逐渐被中国香港和中国内地的投资者所把持，日本的滑雪场接待了大量中国香港和中国内地游客，以及新加坡和马来西亚等亚洲其他国家游客，就连欧洲和北美地区的游客人数也有所增长。

1972 年，冬奥会在札幌举办，此后的 20 年间，北海道的滑雪产业进入迅猛发展时期。日本国家旅游机构提供的数据显示，日本山区共计拥有 600 多家小型地方滑雪场。然而，北海道地区则建有不少高级滑雪度假村，其中最著名的要数被誉为“亚洲阿斯彭”的新雪谷町度假区。

新雪谷町推广委员会市场总监格雷格·霍夫表示，新雪谷町，或者说整个日本，已经成为全球性滑雪目的地。尽管日本许多小型滑雪场都面临着国内客源减少的问题，新雪谷町却异军突起，发展迅速。“日本国内滑雪产业下滑趋势明显,很多滑雪场不得不面临倒闭的风险，”霍夫表示，“近年来,由于入境游客数量的增长以及境外投资者的关注，越来越多的人开始留意起日本的滑雪场，媒体曝光度不断提高——尤其是国际媒体。许多滑雪产品公司也注意到了这个市场，包括沃伦·米勒、香草和火柴棍等品牌公司每年都会来到日本，来新雪谷町。”与此同时，日本的滑雪场也逐渐受到铁杆粉雪爱好者的关注。

新雪谷町度假区位于札幌南部 100 公里处，包括 4 家度假村（这点同阿斯彭类似），它们都建造在海拔 1 308 米的新雪谷安努普利山上。由于有持续且充足的降雪量做基础，山区的滑雪季从 11 月末一直持续到第二年 5 月（每家度假村的具体开放时间稍有不同），其中最有名的要数它的干燥轻状粉雪道了。新雪谷町旅游委员会公布的数据显示，2011—2012 年滑雪季期间，度假区接待的游客数量增长了 103%，接待海外游客的数量要远高于其他日本滑雪场。

“尽管新雪谷町有 50 多年的历史，直到 2003 年它才迎来了真正的发展高峰期，而它的崛起很大程度上要归功于澳大利亚市场和部分投机开发商，”发现新雪谷町住宿和信息中心创始人兼经营者霍夫表示，“开发之初，新雪谷町新增了 7 000 个床位，购回了此前卖掉的两家相连的度假村：新雪谷町村和花园家，加上一些基础设施的建设升级，总投入资金大概为 8 000 万美元。”这一时期，度假区的经营重点放在了房地产开发上，尽管对缆车线路进行了一些升级改造，但整体而言并没有太大的变化。新雪谷町的主要市场目标是吸引来自中国香港、新加坡和马来西亚的投资者。

近些年，日本滑雪产业的国际影响力日趋提升，主要归功于大众传媒和社交媒体的宣传。“度假区自身在市场营销方面的投入很有限，大部分还是靠企业的赞助，”霍夫说道，他从 1998 年起就开始从事旅游业相关的工作，“过去 10 年间，我们在很大程度上依赖的都是口碑营销，度假区稳步发展，这不仅要归功于优良的雪质，更重要的是，人们再次意识到日本也是一个不错的滑雪目的地。”

作为全年开放的旅游度假区，新雪谷町在冬天主打双板滑雪运动和单板滑雪运动，夏天则运营高尔夫球、山地车和餐饮服务。对于中国香港游客来说，来新雪谷町的一个最大的优势就是几乎没有时差（新雪谷町当地的时间只比中国香港早1小时），飞行时间仅需4小时，比去欧洲和北美要方便得多。其他方面的优势还包括：新雪谷町建有38条缆车线路，覆盖了长达48公里的地形区，并且雪量充沛（日本国家旅游机构的数据显示，积雪层厚度可达六七米）。此外，在每年1月到3月中旬之间，滑雪者还可以在这里体验到轻状粉雪。度假区内有多处温泉，是滑雪过后的绝佳放松体验，滑雪基地之间提供班车服务。为了丰富冬季活动项目，相关设施也在加快打造，包括雪鞋健行、雪地摩托、空降式滑雪、雪地履带车滑雪和野雪滑雪。

（以上内容整理自格雷格·霍夫的专访，2015年2月；http://www.nisekotourism.com/niseko；www.scmp.com/property/international/article/1237630/resort-interest-hot-japan）

参考文献

第6章 市场营销和中间商

聚焦："真实的新墨西哥"

如果一个国家因其干燥的气候、荒漠系的植物和漫长的慵懒夏日而广为人知，那么你或许很难想象它银装素裹的冬季，无数滑雪爱好者从精心养护的雪道上急速滑下，在林中空地进行障碍滑雪，他们的雪板猛地切入粉雪的样子。

然而，新墨西哥州将这一切变成了现实。2013 年 11 月，新墨西哥州旅游部（NMTD）展开了一项名为"真实的新墨西哥"的宣传活动，向人们展示了一个全新的冰雪运动世界；新墨西哥州冬夏两季气候差异较大，这里每年的积雪层厚度可以达到 300 英尺。

"去年（2013），我们第一次开展了特定的冬季宣传活动，" NMTD 秘书长丽贝卡·莱瑟姆说道，"人们对新墨西哥州的印象一直以来都是干燥和荒芜的，我们要打破这些固有的印象。""真实的新墨西哥"夏季广告展现了该地区的青山绿水，而冬季的宣传重点则放在了滑雪产业上。"我们要传达的信息是，新墨西哥州也会下雪，也可以提供包括滑雪、雪鞋健行、雪橇或雪地摩托车等各类冬季运动项目。”

这一富有创意的宣传活动通过大众传媒快速扩散开来。“我们几乎把能用到的资源都用上了，特别是在期刊杂志上的宣传，如 *AFAR*、*Food Network Magazine*、*Texas Monthly*、*Southwest*、*Outside*。我们会根据每本杂志自身的特色传达有针对性的信息。其他的宣传途径包括广播、30 秒的电视广告以及电影贴片广告（针对主要的目标市场）。在纽约和芝加哥，我们会在地铁和出租车上张贴交通广告，在机场搭建精美的超大型实景模型。而在新墨西哥州内，我们则会树立广告牌。”当然，社交媒体也是一个不可忽略的宣传渠道，我们在 Facebook、Twitter、Instagram 和 Pinterest 上都有做宣传，在一些特定的网站上还会插播 15 秒的数字广告。

所有这些宣传活动的目的就是让大家意识到，新墨西哥州也是下雪的，并且可以提供丰富的冬季休闲活动，新墨西哥州拥有 8 家高山滑雪场和 3 家越野滑雪场。其中最著名的高山滑雪场要数淘斯滑雪谷，另外 7 家是阿帕切、天使火焰、斯帕普、红河、圣达菲、帕哈利托山和圣地亚峰。“它将新墨西哥州作为一个整体来宣传，而不是针对某个特定的滑雪场。”莱瑟姆称，所有滑雪场对 NMTD 的这次宣传活动都很满意，它们已经开始从中获益。“它不仅展现了新墨西哥州的滑雪运动，更展现了我们的文化。例如，人们在滑雪结束之后都会喝一碗绿辣椒浓汤——你在其他任何地方都不会有这样的体验。”

类似的宣传价格不菲。“通常我们不会把冬季和夏季的营销预算分开来算，每年我们的总预算大概为 860 万美元，”莱瑟姆说道，“我们需要在当年的 7 月到来年的 6 月之间花掉这笔钱。”

当被问及花这么多钱做营销是否值得时，莱瑟姆的回答毫不犹豫：当然值得，尤其是当你看到投资回报率（ROI）的时候。“‘真实的新墨西哥’活动开始不久后，我们就投资回报率做了一些调查，发现每 1 美元的营销成本，在计税基础层面会得到 3 美元的回报，也就是说，我们的投资回报率是 3∶1。根据 2016 年年初得到的数据，我们又做了新的调查分析：我们统计了来新墨西哥州度假的人的开销，以及从这些开销中得到的税收回报。具体来说，如果某个人因为‘真实的新墨西哥’的带动而来这里度假，他在这里花掉了 200 美元，其中一定的百分比会转化为州税收。”

自宣传活动开展以来，新墨西哥州的游客总体开销比 2010 年增长了 24%，过夜游数量增长了 37.5%：“比国家平均水平高出 3 倍，”莱瑟姆说道。人们认知的改变，以及由此带来的休闲游数量的增长，在新墨西哥州的周边市场群体中表现得最为明显——那些来自达拉斯、休斯敦、丹佛、凤凰城、圣地亚哥、芝加哥和纽约的游客。“‘真实的新墨西哥'非常成功，过去两年间，我们的旅游业增长已经打破了纪录。"

在被问及对未来的期许时，莱瑟姆说道："'真实的新墨西哥'这一宣传理念不会改变，但我们可以调整宣传策略和渠道。它并不是那种传统意义上的广告宣传，'真实的新墨西哥'旨在展现出我们自身的特色，那些有别于其他州的东西，如新墨西哥州人富有冒险精神，这是我们文化的一部分，这一点不会改变。"

（以上内容整理自丽贝卡·莱瑟姆的专访，2015 年 2 月；tourism.org/nm-true-brand/）

6.1 营销传播

营销传播是指通过一系列手段和方式，针对特定客户实现高影响力的最佳传播效果，上文聚焦中强调了整合性营销传播手段的重要性。在很多人的认知里，营销就是促销，因为促销是可见度最高的一种公开市场营销模式。然而，促销仅仅是营销组合中的一部分，目的是让潜在客户确信购买或使用特定公司的产品和服务会获利。促销策略要根据整体的营销计划来制定（图 6.1），而在拟定营销目标前，要先研究战略性目标市场和市场定位。营销组合则是为了实现这些营销目标的手段，促销仅仅是其中一个部分。

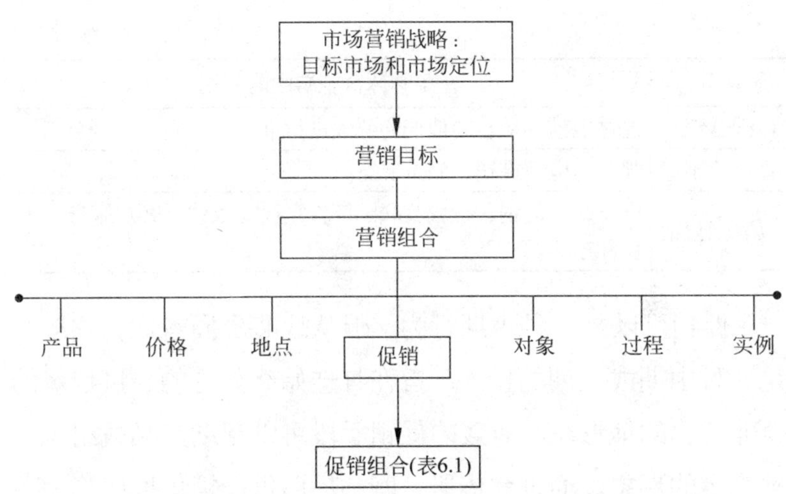

图 6.1 促销在市场营销战略中的作用

我们将各类促销要素（表 6.1）的组合称为促销组合，而促销管理则需要统筹所有这些要素，制定促销目标和预算，设计促销活动，评估项目表现以及开展正确的行动。本章主要介绍广告促销和销售推广，其他促销要素将在本书另外的章节提及。

表 6.1 促销组合在冬季体育旅游中的应用

促 销 工 具	在冬季体育旅游中的应用
广告	电视、报纸、杂志、广告牌、互联网、宣传册、旅行指南
销售推广	短期激励手段以促进消费；目标为销售人员、经销商（如旅游零售商）和消费者；可以进行联合促销；推销与体验游相结合
公关	非付费形式的媒体曝光（如编辑报道）；赛事和其他活动赞助
私人推销	为中间商举办的会议或推广会；通过电话和旅游零售商联系客户

续表

促销工具	在冬季体育旅游中的应用
口碑营销	通过以前的顾客向他们的熟人进行推销
直效营销	邮件、电话推销、旅游展览
互联网营销	电子邮件促销、投放互联网广告、社交媒体、客户服务、销售和市场调研

促销可以是一种短期行为，但从战略层面考虑，它应当是一种中期或长期的投入，旨在打造始终如一的、可信赖的企业或目的地形象。有效的促销手段可以帮助产品或组织建立固定的形象。通过宣传册、网站、广告、销售推广等一系列促销手段，在顾客脑海中树立起企业独特的品牌形象，而其他促销组合的手段和方式都应服务于同样的目标。

近几十年来，市场营销取得的最大进步要数整合营销传播（IMC）的发展：它是指将与企业进行市场营销有关的一切传播活动，以及企业和品牌信息一元化的过程，使企业能够将统一的、有说服力的传播资讯传达给目标顾客。整合营销传播的出现，意味着广告的制作和投放不能再同其他促销组合要素割裂开来。整合营销传播活动包括传统的营销传播渠道，如广告和销售推广，同时也发挥营销组合中其他传播渠道的优势，如互联网。通过规划和管理这些要素，打造始终如一的品牌或企业形象，正如聚焦中提及的真实的新墨西哥州案例。

促销策略中需要考虑的最后一个因素是组织在销售渠道

中的定位。是由零售商（如旅游零售商）自行推广其滑雪套餐的促销活动，还是由生产者（如旅游批发商或目的地）对滑雪套餐进行促销推广，从而吸引消费者到旅游零售商处购买？这就需要在推动策略和拉引策略之间做出选择。推动策略是指销售人员利用商业促销手段通过各种渠道对商品进行推广，生产者将产品推荐给批发商，批发商将产品进一步推荐给零售商，最后由零售商将其介绍给顾客。而拉引策略正相反，它需要在广告和消费者促销领域投入大量的资金，从而培育消费者需求，如果成功了，那么消费者就会向零售商咨询该产品，再由零售商将需求反馈给批发商，最终由批发商将其反馈给生产者。

6.2 品牌化

在具体探讨广告之前，我们有必要提及品牌化的概念以及它在滑雪行业市场营销中的应用。过去几十年间，对目的地品牌化这一概念的关注度不断提升（Ferguson & Bourke，2013；Garcia，Gomez & Molina，2012；Pike & Mason，2011；Zenker & Martin，2013）。在日益激烈的全球市场竞争中，滑雪场尤其需要打造自身的特色，从而在其他竞争者中脱颖而出。在市场营销理念中，品牌为消费者提供了产品的附加值、同其竞争者完全不同的品牌主张，以及产品功能性特征以外的内涵特征。

品牌建设的第一个阶段是分析现有市场条件。这一阶段，公司需要考虑它的品牌是否同当代消费者的预期相符，以及同其主要竞争者相比有哪些优势和劣势。

市场调查结束后，第二个阶段就需要打造品牌特有的认知。品牌认知构建的成功与否取决于它和目标市场的互动程度。一个品牌的认知包含“外在”特征和“内在”特征，“外在”特征指的是品牌的逻辑特征，“内在”特征指的是品牌的情感性收益和联系。品牌主张和传播是相互作用的。本地居民和工作者对品牌建设有着至关重要的作用。弗莱雷（2007）针对葡萄牙的英国游客进行了深入访问，受访者的回答显示，本地人的因素是区别不同地区品牌特征的一个重要指标。因而，他认为品牌建设需要着重强调本地人的因素。弗格森和伯克（2013）研究了滑雪场工作人员在品牌体验中发挥的作用，特别是工作人员如何与顾客一同（以及为顾客），代表或（共同）创造专属的品牌体验。他们发现季节性员工是品牌的“福音大使”（p.444），通过自身和顾客的经历在目的地内打造专属的顾客体验，而这些体验正是目的地品牌建设本身的价值所在。通过上述调查研究可知，本地社区不仅受到目的地品牌建设的影响，反过来，它们也能够——以及应该——为这一品牌建设过程提供有价值的指引。

品牌建设的第三个阶段是传达愿景和建立品牌。它既可以通过一个简单的公告来完成，也可以作为更大规模的国际广告宣传活动中的一部分。这一阶段需要将品牌的认知和主张转化为可传递的信息。无论是商标、品牌签名或者设计风格，都要确保品牌信息和传播渠道的连续性，同时强调品牌价值。品牌的愿景要在其核心价值中得到体现，在营销传播活动中要不断被提及。每一次媒体宣传都有助于维持品牌的曝光度。上文的聚焦中详细描述了“真实的新墨西哥”是如何利用多种渠道来传递“欢迎大家冬季来新墨西哥州”这一信息的，包括杂志内页的广告、30 秒的电视广告、交通广告、广告牌和大范围的社交媒体曝光。

最后一个阶段则需要评估品牌的市场表现。从上文聚焦中可知，“真实的新墨西哥”实现了 3∶1 的投资回报率、24% 的游客消费增长以及 37.5% 的过夜游数量增长。对营销传播效果的持续追踪和评估是这一阶段的关键。此外，品牌经理要具有开放的眼光，并愿意做出改变。但需要注意的是，任何改变都不应偏离品牌的整体性，而秘诀就在于不断进化，丰富品牌认知，提升品牌特色，扩大市场占有率。

6.3 广告

对冬季体育旅游营销人员来说，广告是一种不可或缺的重要传播途径。营销人员通过向潜在消费者传递产品的视觉形象进而刺激消费，因为消费者通常不能很好地区分产品的物理形象。由此可见，广告是整个营销组合中一个重要的变量，涵盖了多种不同的活动内容和参与机构。广告反映了促销的一般性功能，即通过以下三种主要方式影响消费者的态度和行为：确认和重申、创造新的行为模式以及改变原有的态度和行为。因此，冬季体育旅游营销人员通常会借助宣传册、海报和媒体广告中的图片来推广他们的产品。

制作一个广告企划案通常需要经过六个步骤（图 6.2）。

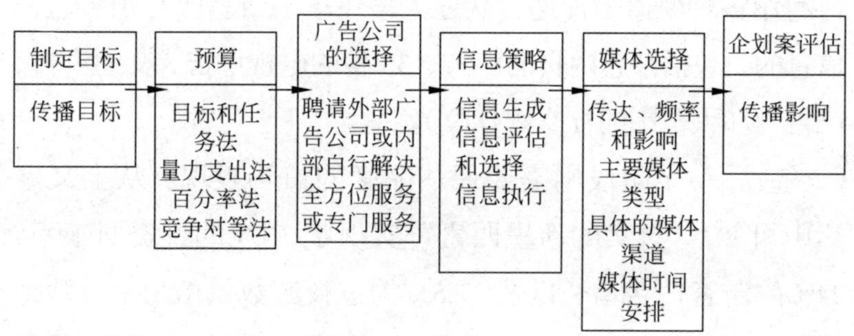

图 6.2　制作一个广告企划案的过程

1. 制定目标

第一个步骤是制定目标。一个广告的目标可以被定义为在特定的时间内针对特定的目标消费者完成特定的传播任务。一般而言，广告有四项主要任务：告知、劝说、提醒和销售。不过，旅游业广告的作用是多样的，包括构建认知、介绍新产品、扩大市场、宣布服务整改、告知价格变动、提供优惠价格、培育消费者、应对竞争、扭转不利的销售态势以及招募员工。

2. 预算

第二个步骤是确定预算，理想情况下，预算的制定应建立在第一步确立的目标基础之上。媒体计划必须要传达到足够多的目标人群，从而形成规模反馈，以达到总体销售目标。目标和任务法通过定义具体目标，确定实现这些目标所需要的广告活动和目标范围，评估开展这些活动的成本进而制定预算。使用该种方法要求对响应速度和媒体成本了然于胸，并且能够做到精准预测。谨慎的广告经理人还是偏向基于此前的经验制定他们能够负担得起的广告预算，这一方法通常被称为量力支出法。百分率法是指将促销预算设定为当前或计划销售额的某个特定百分比，或者设定为售价的某个特定百分比。在旅游业和酒店行业，市场营销预算占比通常为销售总额的4%～12%，而其中广告的成本会占到这一部分的1/4。还有一种方式叫作竞争对等法，指的是促销预算应同其主要竞争对手保持对等。

3. 广告公司的选择

第三个步骤要决定是否雇用外部广告公司。只有小规模企业，如家庭旅馆或地方旅游景区，才会选择自己进行广告策划，而非寻求专业人士的帮助。广告公司主要分为两种：提供全方位的服务和提供专门的服务。前者提供的服务主要涉及以下四项职能：客户管理、创新性服务、媒介策划和采购以及客户策划（通常也被称为客户调查）。不过，冬季体育旅游企业通常会雇用提供专门服务的广告公司，这些广告公司提供的服务可以针对某些具体的职能（如文案策划、美术创作、媒介采购）、具体的顾客群（如少数族裔、青少年群体）、具体的行业（如保健、电脑、娱乐）或特定的营销传播领域，如直效营销、销售推广、公关、赛事和体育市场营销、打包销售和定点销售。

4. 信息策略

第四个步骤是信息策略，也是制定广告企划案过程中非常重要的一环。研究表明，广告文案的创意价值要高于在其上的花费。广告设计面向的潜在目标市场过于局限经常遭人诟病。本书第 3 章曾提及，过去 10 年间，冰雪运动假期的卖点已经发生了改变：10 年前，人们滑雪的主要驱动因素是为了追求自由和摆脱一切，而今，和家人朋友在一起的时光才是最重要的。然而，SIA（2014）的数据显示，滑雪广告的内容在近几年间几乎没有什么变化，甚至某种程度上更倾向“极限运动”“男性”和“30 岁以下”的主张。有关滑雪行业广告内容的一项深入调查分析显示，两个非常重要的市场群体——女性和家庭——几乎完全被排除在图像宣传之外。直到划时代的女性自由式滑雪影片《漂亮脸蛋儿》的上映，滑雪行业才开始在广告中体现女性的需求。

服务的无形性给服务市场营销人员的广告企划带来了不少困难，滑雪场就是这方面一个典型的例子。购买服务之前，消费者或许对服务内容一知半解；而购买之后，对服务内容的评价又成了问题。为了应对这一状况，我们可以采取以下几种策略。首先，营销人员应提供生动鲜明的信息，引起消费者强烈的情感共鸣。世界一流的滑雪度假村力求围绕自身营造一种情绪氛围或形象，如美丽、爱或者宁静，在度假村和潜在消费者之间搭建起一条情感桥梁。营销人员逐渐意识到情感触动的重要性，试图融入消费者的精神内核，更加注重情感促销和体验性促销，而非单纯地强调身体机能的锻炼。犹他州鹿谷度假村施泰因·埃里克森度假木屋的杂志广告实际上表现的就是一种理性诉求（酒店房间特色）和感情诉求（滑雪者们享受滑雪后的时光）的结合体。它的宣传重点在于五星级的度假村体验，标语为“传奇体验”。

此外，广告中还经常会出现员工的形象，旨在宣传良好的顾客服务。鹿谷度假村的蒙太奇酒店公关负责人丹·霍华德认为：“我们试图在全部的公关宣传中加入同事们的形象。”酒店的达利酒吧是这一奢华的度假村众多的就餐选择之一。

诚然，为了吸引目标市场的注意，滑雪行业广告从业人员需要一些创新想法。《滑雪区管理》杂志评选出2014年最具创意的广告文案：犹他州滑雪的“几条短信”杂志广告（Rufo et al.，2014）。它将“几个小时之内，你就可以体验到全世界最棒的雪道”这一信息通过诙谐的手法表现出来，总共用了还不到25个英文单词。

5. 媒体选择

第五个步骤是媒体选择，包括媒体目标（传达和频率）、媒体策略（目标、持续性和时间）、媒介选择（具体的渠道）、地域策略、日程安排和媒体预算。今天，可供广告商选择的广告媒介种类繁多，也更加零碎。尽管广告可投放的目标群体数量在扩大，但更加零碎的媒介渠道也给媒体策划人员的工作带来不少困难。我们将这些不同的媒介形式统称为媒介组合，媒体人员通过挑选最适合的组合方式：包括传统的媒介渠道（印刷、广播等）、非传统媒介渠道（互联网、手机和其他非常规的宣传地点，如商店的地板上）以及营销传播工具（公关、直效营销和销售推广）将广告投放给目标客户。媒体策划人员通常会选择那些能够最大限度曝光产品、同时成本最低的媒介渠道。

尽管互联网一贯被认为是一种性价比极高的宣传途径，电视依旧是广告进入大众市场的一个有效载体。马萨诸塞州的沃楚西特山体度假村就经常会在电视上投放针对波士顿市场的广告。2012—2013 年滑雪季期间，度假村改变了电视广告的投放频率和插播广告的时长，以提升宣传效果。通常度假村在电视上播放的广告都是在雪季之前制作的，而沃楚西特这次则选择进行实时放送，它在每一条插播广告上都盖了一个当天的日期戳，确保观众能够实时了解雪质状况和其他一手信息。插播广告的时长为 30 秒、15 秒和

5 秒不等。

6. 企划案评估

最后一个步骤是企划案评估，它也是整个广告企划周期中最困难的一个阶段，因为尽管搭建宣传渠道很简单（无论是宣传之前还是之后，消费者对某一品牌都有了一定的认知），想要改变消费者的态度或品牌认知却没那么容易。除了这些不确定因素之外，有效的评估不仅有利于企划案达成初始目标，也为今后的广告企划该如何改进提供了借鉴。营销人员可以采用多种评估研究手段来衡量广告的效用，记忆测验是最普遍的一种，它分为回忆测验和辨识测验。在传统的回忆测验中，受访者会被问及是否还记得昨天晚上在电视上播放的广告；而在辨识测验中，采访者会将某个具体的广告展现给受访者，询问他们是否记得曾经看到过。

6.4 直效营销

直效营销是指产品生产商通过多种媒体渠道向终端消费者直接销售产品，直接接受客户订单，并将产品直接交付给消费者的一种营销模式。直效营销已经成为整合营销组合的一个重要组成部分。随着企业越来越多地将经营重点放在提升顾客满意度和刺激再次消费上，直效营销也愈发受到青睐。通过数据库系统，直效营销能够进行精准的市场定位、提供个性化的营销服务，持续维护和不断丰富企业和消费者之间的关系。

直效营销有以下八个优势（Hudson，2008）。

（1）精准的市场定位：直效营销的对象是具体的消费者个体。其市场目标不仅仅是潜在的一般性购买群体，同时还包括具体的消费者个体。

（2）个性化：通过个性化的营销信息，直效营销加强了企业和消费者之间的联系。信息发送者可以使用具体的姓名，从而对个体实现精准定位的营销。

（3）灵活性：直效营销信息的内容可以根据具体对象的需求进行调整和改变，还可以针对不同地域的潜在消费群体进行发送。

（4）私密性：直效营销模式下提供的报价通常不为其他竞争者所知，它不会像广告那样大肆宣传企业的竞争性战略。

（5）可测量性：直效营销的一个明显优势是企业可以衡量向顾客发送各类反馈式信息的效用，如将需求转化为销售、预期成本以及细分市场反馈等。

（6）低成本：同其他传播途径相比，在直效营销模式下，单一交易的成本通常较低。

（7）信息翔实：直效营销模式下收集的消费者信息更加有价值，不仅包括顾客的姓名和地址，还包括其生活方式和购买行为等。

（8）便捷快速：直效营销模式下，报价速度更快，同时消费者的反馈速度也更快。现在，有了互联网的帮助，直效营销模式的应用性更强了。

直复营销是直效营销的一个分支，在影响消费者购买模式层面发挥了重要作用。它可以被定义为通过任何媒介形式进行的广告活动，以期通过任何可测量的途径得到目标人群的反馈（如邮件、电视、电话、传真或互联网）。如果用于传统的大众媒体渠道，广告信息中通常会包含一个可以免费拨打的电话号码、邮寄地址或网站地址，消费者可以从中获得更多的信息。直复营销的主要形式分为直接邮寄营销、电话营销、互联网营销和直接反应电视营销（DRTV）（图 6.3）。

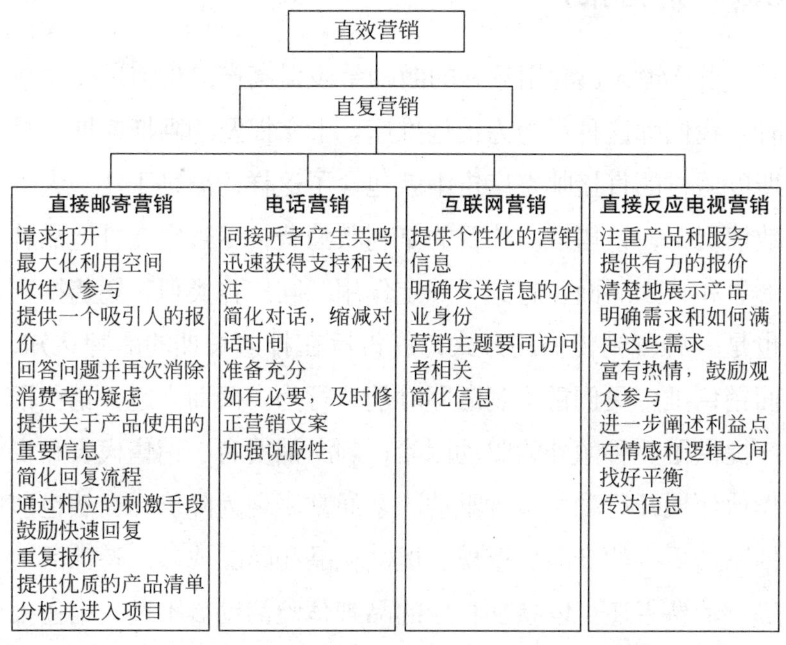

图 6.3　直复营销策略的四种主要形式

滑雪行业经常运用的两种直效营销模式为直接邮寄营销和互联网营销。互联网营销内容将在第 7 章里进行说明，而直接邮寄营销的一个优秀范例来自笔者于 2014 年 10 月收到的科罗拉多州阿斯彭斯诺马斯滑雪度假村邮寄的宣传广告。这一6英寸 ×8英寸的折叠宣传册里包含了许多方面的内容：缆车票价格、滑雪课程和雪具出租等。封面和封底上的信息则鼓励阅读者提前购买，如果在 11 月6日前付款完毕，缆车票价和团队滑雪课程可以享有 10% 的折扣。

6.5 销售推广

当营销人员利用额外的激励手段提高产品价值以便销售时，我们称这种行为为销售推广。上文提及的阿斯彭斯诺马斯度假村的直接邮寄广告中就包含了这样的激励手法。大多数情况下，销售推广的目的是刺激消费，尽管它在打造品牌形象和认知层面也起到了一定作用。同广告类似，销售推广也是一种营销传播的方式，广告旨在打造长期的品牌认知，而销售推广更侧重于刺激即时消费行为。简而言之，销售推广提供了一种额外的驱动因素，刺激消费者、销售代表和合作伙伴展开行动。该种驱动因素通常表现为降价，当然也包括赠送更多的产品、返现、提供礼品和赠品或参加特殊活动等。消费者还可以参加相应的品牌体验活动。不过，销售推广通常有一些特定的限制，如有截止日期或进行销售推广的产品有一定的数量限制。

销售推广的广泛应用有以下几个方面的原因：①能够带来短期效益；②是可计算的；③比广告成本低；④迎合了消费者获取更多产品价值的诉求；⑤适应市场变化。销售推广的灵活性非常高，可以在产品生命周期的任何一个阶段进行，并且能够为其他促销活动提供有力的支持。2014 年，超过半数的营销人员期望公司加大在社交媒体营销层面的投入力度，以应对电视营销和传统的杂志广告宣传的颓势。

两家或多家拥有共同市场目标的企业统一整合资源，利用共同优势进行联合营销的趋势也愈发明显。这一联合有效地降低了刺激消费的成本，它可以是一次性的，也可以是冠以总品牌名称的长期商业联盟活动。典型的例子是加州的糖碗度假村与滑雪用品商店进行的联合促销，它打破桎梏，将传统媒体和线上媒体有机地统一起来，其市场目标定位为滑雪用品商店和它们的粉丝。2013 年 2 月，糖碗度假村在 Facebook 上举办了为期 3 周的“代表你的商店”评选活动，度假村的粉丝投票评选出他们最喜欢的北加州滑雪用品商店，主办方会抽取一名幸运粉丝赠送 5 张免费的滑雪缆车票和 5 张餐饮优惠券。摘得桂冠的滑雪用品商店将会获得 20 张免费的滑雪缆车票作为员工奖励，而地区最受欢迎的滑雪用品商店这一名头也足以作为炫耀的资本。糖碗度假村和其合作多年的供货商一起，通过 Facebook、Twitter、电子邮件、时事通信、手机短信和广播等多种渠道在消费者和度假村游客中间推广该评选活动，滑雪用品商店也会在店铺内和

Facebook 主页上进行活动宣传。就结果而言，评选活动结束后，糖碗度假村的粉丝数量增长超过了 13%。

6.6 资料篇：水晶假日

2013—2014 年滑雪季，英国滑雪者人数超过了 90 万。20 世纪 60 年代，旅游批发商开始定制目的地为阿尔卑斯地区的冬季旅行套餐，英国滑雪者人数也随之出现了大幅度的增长，现在，英国的冬季滑雪游目的地已经延伸至整个欧洲，甚至到达了加拿大和美国。滑雪爱好者们的热情还受到许多方面的鼓舞，包括运营时间最久的 BBC 体育栏目《滑雪星期天》（自 1978 年开始播出）和《每日邮报》每年在伦敦和曼彻斯特举办的滑雪秀（如今的赞助商为《电讯报》）。此外，英国滑雪俱乐部也为滑雪运动的持续风靡提供了助力，热心的志愿者们在 33 家滑雪场里提供野雪滑雪指导。

如今，最主要的旅游批发商之一就是水晶滑雪假日，成立于 1981 年，每年冬天将英国滑雪者送往欧洲的各大雪场，夏季则将他们带去山区湖畔。水晶假日一直注重旅行目的地的可进入性和旅行费用的可负担性，20 世纪 90 年代，它成为英国最大的旅游批发商。同其竞争者相比，水晶假日提供的住宿选择范围更广，如今，它每年累计向欧洲和美国的滑雪场输送超过 20 万的英国游客。

黛比·马歇尔在水晶假日工作了14年。“1987—2001年，我换了很多份工作，从海外滑雪场产品销售代表到总经理——两者中的任何职位我都做过，”她说道，“水晶假日是一个创业型企业，我们在初期就担负起了很大的责任。它的发展进程既充满活力，又非常迅速，当然其中也有不少乐趣。”自马歇尔初入水晶假日起，滑雪产业经历了前所未有的变革。“我见证了单板滑雪的风靡，以及互联网和手机的诞生。”马歇尔负责的事务非常多，包括同滑雪场工作人员、度假木屋和酒店所有者、缆车公司、雪具出租店、滑雪学校、超市、供应商以及媒体的联络，甚至有时还要同位于伦敦的内政部进行沟通——那时所有这些工作都是在没有互联网的情况下完成的。“我至今仍然不敢肯定，凭借有限的通信，我们每年是如何将5万客户送往阿尔卑斯的。”尽管工作压力不小，但公司整体的氛围一直是积极向上的，并且发展迅速，加上能够在山区享受冬季，一切都是值得的。

独具魅力的布谷鸟钟度假木屋一向供不应求，马歇尔其中的一项任务就是维护与滑雪场住宿设施所有者的稳定合作关系：“英厄姆和其他度假木屋运营商是我们的主要竞争对手。我们必须要小心行事，以免最卖座的度假木屋被别人挖走。”这些年来，水晶假日的老板几度易主，1997年是汤姆森假日，2007年则与第一选择假日合并，成为TUI集团专家和活动部最大的旅行品牌之一。2007年，为迎合奢侈旅游产业，奢华水晶假日组建，它同样注重旅行费用的可负担性。

21 世纪初，由于互联网的飞速发展，水晶假日开发了线上报价系统，主打“你看到的价格就是你实际需要支付的价格”，以及 Crystal iPack 服务，可以提供游客出行前 4 周的实时滑雪场信息。2010—2011 年冬季，海外员工利用包括 Twitter 在内的社交媒体向用户提供实时的信息更新。2014 年，700 名海外工作人员配备了搭载定制软件的 iPad，提供出发前的视频通话功能以及包含各类专业建议和滑雪小贴士的线上信息包。这些新技术还可以协助提供雪质报告和雪具出租预约服务，有效地缓解了实体店的排队问题。

Crystal Ski Explorer app 最大化收集了线上信息，还可以用来在山区定位亲朋好友和滑雪场工作人员。水晶假日总经理塔姆辛·托德表示，将最前沿的手机 APP 技术和雪场工作人员的专业滑雪技能相结合，令水晶假日的客户服务质量远高于其他竞争者，“定制服务将滑雪坡的状况直接反馈到你的手机上，这样一来滑雪者们就不会有太多的顾虑，可以尽情享受他们的滑雪假期。”

对技术的投资同时也意味着水晶假日为应对意外事件的发生做了充足的准备，在滑雪行业中，它们可能会是由于天气原因造成的航班延误或度假村接送服务的延误。通过 Twitter、短信和实时聊天等多种通信工具，水晶假日可以及时向客户更新信息。其他的环保优势还包括：通过实现无纸化运营从而减少二氧化碳的排放，Google Hangout 和 Facetime 等便利技术大大减少了员工的出差频率。

水晶假日在 Facebook 上的粉丝数量超过 6.2 万。2014 年，它在 Facebook 主页上发布了一款别出心裁的线上测试——“你是哪种类型的滑雪者”，测试将滑雪者分为十一大类，旨在为潜在客户选择其最适合的滑雪场。

尽管已经不在水晶假日工作，马歇尔依旧非常关注滑雪产业，因为这是她调研内容的一部分。马歇尔现在为知名的老年人旅行建议网站工作，该网站为超过 50 岁的旅行者提供旅行反馈和度假建议。“我发现老年滑雪者的数量呈上升趋势，随着人口结构的老龄化，无论是对滑雪场还是旅游批发商来说，老年人市场都变得非常重要，”她观察道，“一些滑雪场已经发现了这一趋势，并开始提供老年人的优惠套餐。”即便马歇尔已经不再接触旅游批发业务，看到老东家的发展势头正好，她感到非常欣慰，“水晶假日荣获了‘最佳滑雪游组织者’奖，我们第一次获得该奖项是在 1997 年。”

（以上内容整理自黛比·马歇尔的专访，2014 年 12 月；http://www.crystalholidays.co.uk/press/crystal-ski-holidays-quiz-uncovers-your-skier-type/；http://www.crystalholidays.co.uk/）

6.7 中间商

组织机构的销售体系主要集中在企业营销组合中的“地点”部分。其目的在于为企业向消费者提供产品和服务搭建适合的框架。在旅游行业中，销售体系的作用通常是将消费者推向产品。冬季体育旅游行业主要通过两种不同的销售渠道向客户提供产品：第一种，也是最简单的一种方式是直接销售，企业直接将其产品销售给消费者，不通过任何独立的中间商。在此种情形下，服务提供商对其商品的送达负责。度假村中大部分住宿和早餐服务都会采用这种直接的销售渠道将产品提供给潜在消费者，而度假村本身有时候也会直接面对客户，上文提及的阿斯彭斯诺马斯的直接邮寄广告就是一个很好的例子。第二种销售渠道是间接的产品送达。服务提供商通过独立运营的中间商销售其产品。这些外部中间商包括旅游零售商、旅游批发商和其他旅行专家，它们会协助供给公司吸引客户去购买产品或到目的地旅行（参考上文资料篇中提及的老年人旅行建议网站）。许多大型度假村将两种销售渠道结合起来推广其冬季运动假期产品，它们通过网站、时事通信、视频和书面宣传材料直接面对潜在客户群，同时，也会借助中间商——经过筛选的旅游批发商和零售商——来吸引客户。

市场营销中介是一种销售的渠道，包括旅行零售商、旅行批发商、旅行专家和互联网。通过利用这些渠道中间商，企业的销售网络得到加强，同时扩大了对目标市场的影响力。整个销售网络的营销资源整合有助于提高使用服务的客户数量，从而提高整体收入。

旅游零售商向游客提供多种形式的服务，包括交通安排、旅行套餐、保险服务以及住宿等。旅游零售商从每一笔交易中赚取佣金，金额的多少取决于销售产品的种类。现代的度假套餐模式起源于工业革命和铁路的诞生。1841 年 7 月，一个名叫托马斯 · 库克的浸信会木工在从莱斯特到拉夫伯勒的火车上预订了一个 500 人的派对活动，旅游零售商（尽管这一概念在当时尚未形成）在提供报价时囊括了在当地私人花园中开展娱乐活动的费用。

今天,旅游零售商的市场竞争十分激烈。由于准入门槛低，行业新人非常多，特别是快速发展的线上零售商。独立运营的旅游零售商面临的压力不仅来自这些电子零售商，旅游批发商也开始直接面向消费者。因而，他们不得不追求差异化发展，提升产品的附加值，以稳固其在价值链条上的位置和市场份额。尽管旅游零售商对企业的销售体系有所助益，但随着新型的和更加廉价的销售工具——如互联网——的诞生，未来旅游零售商的地位岌岌可危。有鉴于此，大部分旅游零售商开始寻求新的定位策略，以求能够继续在旅游市场中立足。过去几十年间，大多数航空公司取消了向旅游零售商支付的基础佣金，导致后者不得不从客户身上赚取服务费。以前旅游零售商可以赚取机票收入的 10%，而基本上其 1/3 的业务收入均来源于机票预订。除了向客户收取服务费，旅游零售商不得不寻求其他渠道弥补损失掉的航空公司佣金，如组织更多的旅行团和游轮团，专注于销售他们的专业知识。即便传统的旅游零售商市场份额逐渐被线上消费所蚕食，来自旅游顾问的专业意见依旧是旅游市场中的一项重要服务内容。对于奢侈旅行和专业旅行的旅游营销人员来说，旅游零售商的作用非常重要，如下文案例分析中即将介绍的由梦想滑雪提供的去往南美和日本的滑雪旅行套餐。

旅游批发商面向普通大众提供度假游套餐，在冬季体育旅游细分市场有着重要的影响，特别是在欧洲。套餐内容包罗万象，从交通、住宿、缆车票、娱乐活动到餐饮，应有尽有。旅游批发商能够招揽大量的客户，并以提供这些确定的客户数量为筹码，从多家服务提供商手中拿到优惠价格。旅游批发商的盈利手段可以归结为薄利多销，向大量顾客提供低利润的旅行套餐。过去，多数旅游批发商将其旅行套餐销售给旅游零售商，但如今他们选择通过自己的门店和网站直接面对消费者，砍去中间商。下文将介绍梦想滑雪的格里·温彻斯特是如何将直接销售和通过旅行零售商代理有机地结合起来从而推广其滑雪旅行套餐的。

旅游批发商越来越呈现出聚合的态势。在欧洲，5 家大型旅游批发商占据着 70% 的市场份额，它们在德国或者英国都设有分公司。20 世纪 90 年代，这些旅游批发商均采用了垂直整合的经营策略，将从销售、组团到交通和酒店的一整个价值链条牢牢控制在手里，旅游批发商们试图战略性地巩固其市场份额，在确保核心业务的薄利多销前提下，在价值链条的下游开展更多有利可图的活动。然而，旅游市场的缓慢变化趋势暴露了这一模式缺乏灵活性的问题。旅行的“去团组化”——游客通过互联网平台开始逐条计划自己的行程——可以说给传统的旅游批发产品施以一记重击。

图 6.4 显示了英国冰雪运动市场的构成、冬季体育游客的数量以及他们是如何预定各自的假期的：通过旅游批发商，跟学校旅行还是独自旅行。2007—2014 年的数据显示，同 2007—2008 年相比，旅游批发商和自由行旅游产品细分市场总量都有所下降。然而，尽管冬季冰雪运动市场受全球经济衰退影响较大，旅游批发类产品的细分市场份额仍维持在 57% 左右。

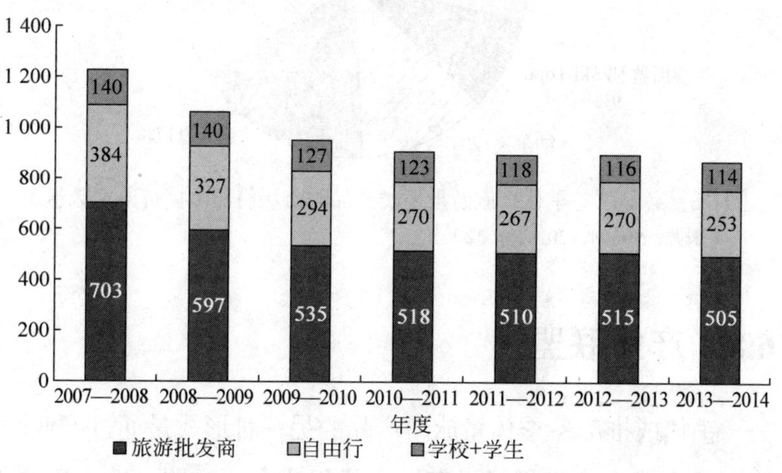

图 6.4　英国各类冰雪运动假期细分市场份额

（来源：Mintel，2014，p. 28）

如同旅游批发商在整体上呈现出聚合的趋势，冬季体育旅游批发商也呈现出类似的态势。在英国，3 家主要的旅游批发商占据着 63% 的市场份额（图 6.5）。两家母公司在市场上占据主导地位：拥有水晶假日和汤姆森滑雪的 TUI 集团（市场份额为 41%）和拥有英厄姆、埃斯普利（Esprit）和 Ski Total 的酒店计划公司（市场份额为 26%）。2012—2013 年滑雪季，水晶假日的旅游批发类产品市场份额为 34%，销售额是其主要竞争对手英厄姆的两倍。

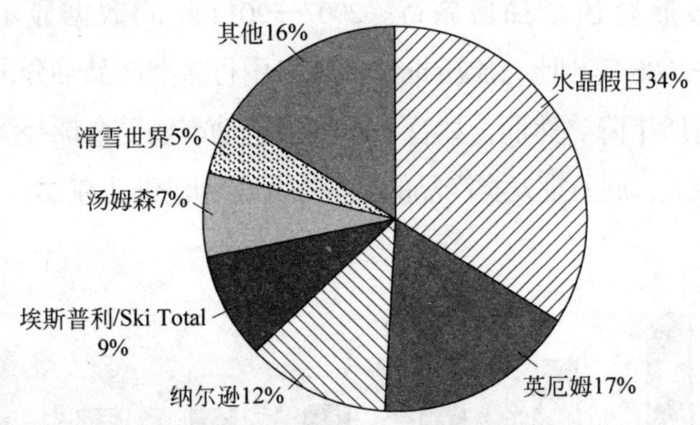

图 6.5　各品牌冬季体育旅游批发类产品的市场份额（接待游客数量）
（来源：Mintel，2014，p. 32）

6.8　产业联盟

销售或推广冬季体育旅游产品的另一种形式是通过产业联盟。两个或多个组织通过签署合约组成产业联盟，整合资源，实现优势互补，从而克服自身弱点。在联盟中，从信息、资源到经营战略都可以被组织成员共享，而联盟的核心优势是提高了整体销量。联盟内的组织机构通过扩大销售市场从而形成较大合力和影响力。产业联盟通常也被称为产业集群（Porter，1998），成员大体归属于相同的地理区域，彼此之间通力合作，将消费者吸引到共同的领域，而后，作为互相竞争的独立个体，各成员也力求将消费者吸引到自身的业务领域中来。

为了创造竞争优势，同一地区滑雪场的聚合趋势愈发明显。2006 年，加拿大不列颠哥伦比亚省的 7 家滑雪场提出了粉雪公路的概念，旨在推广整个库特奈落基山脉地区的冰雪运动。“当我们提出粉雪公路这个品牌概念的时候，我们将自身定位成不列颠哥伦比亚省内的一个地区聚合体，且有能力同班夫、惠斯勒和其他美国大型滑雪场竞争，”时任白水滑雪场市场营销副总监兼运营主管的安妮·皮金说道，“这一概念非常成功，作为一个整体，我们有能力占领整个市场，而任何单独的滑雪场都做不到这一切。”（Milner，2013）瑞佛史托克山体度假村前销售和市场营销主管艾希莉·泰特认为，尽管库特奈落基山脉地区的滑雪场之间在彼此竞争客户，粉雪公路这一品牌的确为所有的滑雪场都提供了助力。“我们试图打造地区形象，在促进地区内旅游业和跨省旅游业方面，我们需要通力合作，”她说道，“针对国际市场，我们同加拿大旅游委员会合作，国内市场的合作伙伴则是不列颠哥伦比亚省旅游，地区市场的话，我们则牵手库特奈落基山脉旅游和粉雪公路。在大环境的支持下，我们极具竞争优势。”库特奈落基山脉旅游公司执行董事凯西·库伯认为，互联网在粉雪公路的市场营销中起到了重要作用。“以报纸和杂志为渠道的传统营销手段已经开始逐渐发生转变，就在近四五年间，网络营销对消费者的影响逐渐加深。粉雪公路的官网提供信息的一站式服务，你可以在官网上查询到关于冬季活动的所有信息。”该网站详细介绍了粉雪公路产品的具体信息，同时提供雪质报告、地形区和附近社区的相关信息，感兴趣的游客还可以在网站上发布自己的博客文章（Milner，2013）。

不同滑雪场之间还会合作发售通票，持有通票的游客在进入特定滑雪区的时候可以享受优惠价格。这一潮流的引领者是科罗拉多州的 Epic 通卡，覆盖了范尔度假村集团旗下所有的滑雪场。之后，许多滑雪通票相继涌现，包括粉雪联盟通票、山区联盟通票和白山超级滑雪通票。“从消费者的角度来看，他们追求的永远都是性价比最高的产品，所以不难想象滑雪通票为什么会这么流行。”斯诺本森滑雪度假村市场营销经理杰森·戴尔说道（Krichko，2013）。2013 年，斯诺本森（犹他州）、史蒂文斯帕斯（华盛顿）、王冠峰（科罗拉多州）、布里杰鲍尔（蒙大拿州）和其他 8 家著名的西部度假村合作开始销售粉雪联盟滑雪通票。2014—2015 年滑雪季，这一联盟旗下的度假村数量增长到 36 个，包括第 1 章曾提及的路易斯湖。游客在其中任何一家度假村购买了最高级别的滑雪季卡后，该滑雪通票自动生效，持有通票的游客在联盟内任何一家度假村都可以享受 3 天的免费滑雪时间。

20 世纪 90 年代，加拿大就开始出现类似的度假村联盟体。“加拿大落基山脉地区度假村联盟（RCR）在整个加拿大滑雪产业率先采用了可以在多家度假村使用的滑雪通票和会员卡，提高了游客选择的灵活性，节省了费用，同时提供了更多样的地形区。”RCR 市场营销和度假村体验高级副总裁马特 · 莫斯特勒说道。该联盟旗下拥有踢马河、芬尼、金伯利和纳基斯卡，持有落基山脉滑雪季卡的游客都可以进入这些度假村，每个度假村有 3 天免费的滑雪时间，如果去到合作的黑尾山滑雪度假村、峡谷度假村、兔山滑雪度假村和雪谷滑雪度假村则可以享受优惠价格。“有了像 RCR 落基山脉卡这样的多度假村优惠卡，客人们的选择空间会更大，他们可以根据雪质状况、交通便利程度、地形区种类以及自己的时间安排确定想要去的地方。另外，优惠卡不仅省钱，还赠送免费的滑雪天数。”

为了追求共同利益，滑雪场还会同品牌公司合作。2015 年 1 月，惠斯勒黑梳山度假区公布了同奥克利一项为期 3 年的零售和市场营销合作方案，奥克利主打男士和女士太阳镜、运动服、护目镜、手表和其他配饰产品。根据合作协议，惠斯勒黑梳山滑雪学校、零售部门和惠斯勒空降式滑雪的员工代表都需要使用奥克利的产品，在惠斯勒黑梳山度假区的滑雪山上和度假村的零售店里，也会见到各类奥克利品牌的商品和营销点。“我们很荣幸能够同奥克利达成合作，”惠斯勒黑梳山市场营销和销售高级副总裁斯图亚特 · 雷姆佩尔说道，

“奥克利可以说是高质量护目镜的代名词，而在惠斯勒黑梳山，无论是滑雪、骑马还是山地车运动都需要佩戴护目镜，它是理想度假体验的一个重要保证。”奥克利加拿大市场营销主管亚历山大·郎之万也表示：“我们非常荣幸能够成为惠斯勒黑梳山的官方合作伙伴，与这一标志性的度假区一同分享我们对冬季和夏季的体育运动的热情。惠斯勒黑梳山对代言奥克利品牌的国际运动员的成长意义重大，我们的目标是在这一体育圣地为客户提供最佳的品牌体验。”（WhistlerBlackcomb.com，2015）

6.9 案例分析：全年梦想滑雪

一家美洲旅游批发商的成功背后，离不开口碑宣传、网站经营和较高的回头客数量。加拿大亚伯达省出生的格里·温彻斯特于2010年将其精品滑雪向导公司“梦想滑雪冒险”迁至智利。2004年，公司总部设在加拿大班夫，现在则位于圣地亚哥，提供目的地为美国、日本和南美的滑雪向导游。为了寻找最佳的雪质条件，公司提供以滑雪场为基础的全方位向导旅游套餐。“客户只需要预订往返机票，其余的就都交给我们，包括接送机服务，”温彻斯特说道，“梦想滑雪的滑雪旅游团人数都不多，我们将客户带去那些雪质条件较好而人又没那么多的滑雪区，不光是因为我本人喜欢在这样的地方滑雪，我的客户也一样。”

每个旅游团通常包括10名滑雪者——年龄为40～60岁，以及两名滑雪向导，根据天气和雪质条件，整个旅途中会去到四五个不同的滑雪场。“在南美市场，我们提供的服务是独一无二的。员工们既是向导，同时也是受过专业训练的滑雪教练，在整个旅途中能够帮助团员提高其滑雪水平。”通过将教学融入实践，在不同的滑雪场体验形态各异的地形区，直到将新学的滑雪技巧转化为肌肉记忆，形成一种本能。“这种方式绝对可以改变你的滑雪体验，你会从中得到不少乐趣，”温彻斯特补充道，“除了接受必要的指导，滑雪者还需要经过大量的实地训练，因为对成年人来说，想要记牢新的东西需要大量的重复动作，他们和青少年的思维不一样。”

当北半球处于冬季时，梦想滑雪会组织目的地为犹他州、科罗拉多州西南部、蒙大拿州和怀俄明州的滑雪旅游团；而在北半球处于夏季的时候，滑雪旅游团的目的地就会变成智利和阿根廷。自2010年起，为了满足滑雪者对人少的粉雪区近乎执念的追求，日本作为新的目的地加入了1月的滑雪游行程安排。“日本作为滑雪目的地才刚刚进入北美滑雪者的视线。”不过，温彻斯特早在2008年就已经开始对日本的滑雪区进行调研，当时正值西方世界面临严重的经济危机。他发现澳大利亚滑雪者在2000年左右就注意到了日本，特别是降雪量异常充沛的北海道地区。

温彻斯特最初的职业是在石油资源丰富的亚伯达省任工程师，但那时候他就已经非常沉迷于滑雪这项运动了，在下班后的空闲时间甚至还会去做兼职的滑雪教练。“最终，我放弃了工程师这一职业，到班夫担任滑雪俱乐部的教练，负责一个专为游客设计的、为期3天的教学指导项目，我在山区整整待了一个雪季。”后来，他冬季在班夫工作，而在加拿大夏季的时候便会去智利运营自己的公司。梦想滑雪模式在智利大受欢迎，他随后又将加拿大列入了旅行团冬季的目的地。“有那么六七年的时间，我往返于加拿大和智利，往返南北两个半球。”

他在雪山三巨头度假村联盟——包括路易斯湖、森夏恩和诺奎山——滑雪俱乐部的工作经历可以说是梦想滑雪冒险的建立基础。“滑雪俱乐部是一个很受欢迎的项目，其中99%的成员都是英国人，”他说道，“所以，有了这些数据的支撑，我创办了自己的公司。依托于好的口碑，公司的知名度越来越高。”2006年和2007年，为进一步扩大公司业务规模，他在伦敦、伯明翰、卡尔加里和温哥华分别举办了梦想滑雪的滑雪秀。“自那之后，我们接待的回头客越来越多，口碑营销和网站的运营都取得了成功。”

梦想滑雪的客户通常都是空巢人士、丁克夫妻和单独的旅行者。“他们普遍都是某一领域的专业人士，不受家庭的拖累。而他们既然会选择加入一个团队项目，至少证明大家都善于社交，并且想法非常的相似。”滑雪的社交性有利于旅行团的组建，团员和滑雪教练也会从中得到乐趣。不过，他们所追求的主要还是新的冒险和挑战极限。“我们所追求的东西是不同的，我们的目的地也是独一无二的，”温彻斯特解释道，“日本虽然有其他的向导游，但我们在旅程中会让客户感受到滑雪技术的进步，我们将粉雪滑雪和旅行完美地结合在一起，还有我们独特的体验元素——所有这些，都让我们与众不同。”

梦想滑雪的旅行不仅仅是滑雪，还会带客户领略每个地区独特的风情。“例如在智利，红酒是当地文化很重要的一部分，”温彻斯特说道，“我们会到中央谷区拜访葡萄庄园，品尝当地的葡萄酒。我们在滑雪的间隙会穿插一些文化内容的体验。”

梦想滑雪的客户主要是有经验的滑雪者，水平从中高级到专家级不等。中级滑雪者，通常是英国人和澳大利亚人，可以参加为他们量身定制的滑雪旅游团，并在旅行途中快速提升自身的滑雪技巧，以便享受本次行程安排中以及日后旅行中会遇见的粉雪道。“我们有一位女性客户一共参加了9次滑雪旅行团，可以说是一个纪录了，”温彻斯特说道，“第一次是在智利，那次旅行重新点燃了她对滑雪的热情，由于滑雪技巧的大幅度提升，她能够以一种全新的方式享受这项运动。”单板滑雪者很少，大部分客户都是忠实的双板滑雪者。温彻斯特称，梦想滑雪的一大优势是，滑雪教练们都非常乐于同他人一起工作。“其他公司雇用的滑雪教练普遍是前滑雪巡逻救援人员，他们基本上都属于独狼型的，不擅长社交，也不会在滑雪山上提供额外的帮助。我们的旅行团是以学员为中心的，而非欧洲那样以教练为中心。”

从市场营销层面来说，社交媒体是梦想滑雪的首选。博客是一个很有用的工具，“我们也在试图寻找更大范围的社交媒体曝光渠道，但总体而言，并没有花太多精力在上面，我们更加注重的是口碑营销。”

温彻斯特同时也雇用旅游零售商，有一家是澳大利亚的网络零售商，其余的则都在英国，这两个国家是梦想滑雪最初的客户来源地。“90% 的客户都来自这两个国家，而且和这个市场打交道也很有意思，”他表示，“他们的团队表现非常棒，不过当然了，由于 2008—2009 年的银行危机，英国市场多少出现一些衰退态势，之后市场表现一直起伏不定；现在，英国客户的比例并不高。”如今大部分客户来自澳大利亚和加拿大，这两个国家的经济状况相对稳定。

由于滑雪旅行团成员基本在 10 人左右，与不同国家的酒店打交道要面临不小的挑战。梦想滑雪曾试图同酒店商谈协议住宿价格，但不同国家、不同度假村的酒店的情况都不尽相同。智利的滑雪场可以接待小型旅游团，但其他滑雪目的地在住宿和缆车票方面对旅游团人数则有着更高的要求。“有些地方我们甚至要在窗口排队买票，但在其他地方我们又可以拿到团体价格。”美国在这一方面就灵活得多。

独特的企业生态令梦想滑雪面临的竞争非常有限。在智利，主要的竞争对手只有两家，不过，他们主要提供野外滑雪服务，而非以滑雪场为基础的向导游。温彻斯特并没有利用网站推广来增加旅行团在价格和营销层面的竞争力，因为他发现产品会进行自我推销：“一切的发生仅仅是出于偶然，因为我们的规模实在太小了，又主打精品旅游，我只是在做我自己的事情，然后人们就找到了我。这可能就是互联网的强大之处吧。”

谈及未来的发展，温彻斯特并不看好北美的滑雪产业，其主要归咎于高昂的费用。“滑雪已经变成精英人士的运动了，”他坚持道，“我在亚伯达省长大，那时候一家人去滑雪是再普通不过的休闲活动了。现在，滑雪的成本太高，普通家庭轻易无法负担孩子们去滑雪的费用。”此外，就滑雪场运营层面来讲，大型企业资本逐步取代个体或独立的经营模式，这一趋势也并非他所乐见，它不仅发生在北美地区，近来也蔓延至南美。如今，日本已经完全被澳大利亚滑雪者占据，而智利和阿根廷则充斥着巴西人，在温彻斯特看来，未来只能期待俄罗斯和克什米尔等地区的滑雪产业发展了。

（以上内容整理自格里·温彻斯特的专访，2014 年 9 月；www.dreamskiadventures.com）

参考文献

第7章 公关和赢得媒体的重要性

聚焦：苏西·英格里斯，完美的公关人员

对于在犹他州帕克城——美国单板滑雪队和双板滑雪队的故乡——长大的苏西·英格里斯来说，滑雪是刻在基因里的东西。她的父亲查克·英格里斯自1985年起担任鹿谷度假村的山体运营总监，那时候英格里斯才两岁。跟随父亲的脚步，英格里斯后来担任犹他州滑雪的媒体主管，负责犹他州全部15家滑雪场的媒体运营。

英格里斯上学的时候就已经同许多未来的奥林匹克运动员一起滑雪了，包括日后的两届奥林匹克金牌得主泰德·里格蒂。她是和朱莉娅·曼库索同一支足球队的队友，特纳·豪尔一生的挚友，以及奥运银牌得主“速度飞人”杰瑞特·彼得森的滑雪搭档。“我所生长的这片土地非常的神奇，它孕育了无数出色的滑雪运动员，能和他们相识我感到非常幸运，”她说道，“当你和那些运动员有私交的时候，看奥运比赛会变得非常有趣。”

英格里斯毕业于丹佛大学，主修市场营销和财务管理专

业，毕业后她回到了犹他州担任罗西尼奥尔滑雪公司市场营销经理，8年之后，英格里斯去了犹他州滑雪。“在罗西尼奥尔的工作经历为我的事业开了个好头，我学到了很多东西，有机会去全球各个目的地滑雪，更重要的是，我又回到犹他州定居了。”在犹他州滑雪，英格里斯主要负责开展推播式营销活动、维系同地方媒体的关系、安排集客式营销之旅以及向全国媒体机构发送媒体提案。“我的工作主要是通过赚得媒体效应为犹他州冬季运动产品打造品牌认知和创造市场需求，”她解释道，“重新回到滑雪旅游业工作感觉棒极了，我对犹他州的滑雪运动充满热情，无论是私人层面还是工作层面！”

英格里斯表示，这份工作简直就是为她量身定做的。“我在这里出生，而滑雪一直伴随着我的成长，家人也一直都在从事滑雪旅游业管理相关的工作，我想不到还有谁比一个像我这样有热情的本地人更适合这份工作的了。”那么，英格里斯的工作都包含哪些方面内容呢？她每天要和包括犹他州旅游办公室、盐湖城旅游、帕克城商会和旅游局以及奥格登旅游在内的机构打交道。“犹他州滑雪是一个会员组织，我还会同滑雪用品商店、餐厅和旅游景点合作，共同开展媒体活动。”

英格里斯工作的另一个重要组成部分是同国际媒体机构合作，它们负责报道和拍摄犹他州的各个旅游目的地。

这部分工作非常具有挑战性，不仅要求在短时间内出成果，同时，为了上头条，记者们往往需要亲自参与极限运动。“我接到过各种各样的要求，从‘我不吃任何红色的东西’到‘我不会去滑雪’（提出这个要求的人当时正在进行一次犹他州滑雪的媒体体验游）。做公关的感觉非常棒，你必须随时待命。”犹他州滑雪通过 Cision Point 来监测媒体报道的发布。“我同我们的公关公司 Mfa 密切合作，预先商定媒体体验游的参加成员，游览结束后会对相应的媒体报道进行监测。我们并不奢望立刻看到报道内容，但至少在两年之内要有成果出来。”

同滑雪产业的其他方面类似，伴随着社交媒体的出现，公关行业在这些年也发生了不小的改变。“专业的公关需要改变他们的提案方式，从发布大众媒体报道到目标更加明确、更有侧重点的报道，”英格里斯解释道，“现在很多媒体从业人员从社交媒体中寻找灵感，尤其是 Twitter，我们必须要时刻跟紧潮流。”犹他州滑雪的公关团队总共有 10 个人，其中有 3 个人是负责管理线上内容和社交媒体渠道的。

媒体主管的另一项工作重点是确保公司不落后于其他竞争者。英格里斯的主要竞争对手是科罗拉多州和加州等地区，它们的目标都是尽可能地吸引更多其他州的冬季游客。“我们当然会去看其他州和其他滑雪场在做些什么，不仅是为了寻求灵感，同时也是为了了解行业趋势，”英格里斯说道，“我们还会同其他州开展具体的项目合作，包括‘学习滑雪’‘雪鸟月’和‘带朋友来’等。”

那么，做一名冬季体育运动公关的先决条件是什么呢？英格里斯表示，首先你要有丰富的从业经验，并对旅游行业有一定的理解。她建议感兴趣的人可以先在度假村、滑雪公司或者州级旅游机构实习，积累经验。“犹他州滑雪设有专业的实习生项目，以往的实习生在结束实习后会去到盐湖城旅游、美国滑雪队、攀索和犹他州滑雪等机构工作。”

滑雪公关的好处也有不少，包括可以与一群志同道合的伙伴在美丽的山区生活和滑雪。“每年大概有 70～100 天的时间我都在滑雪，大部分是为了工作需要，”英格里斯表示，“犹他州滑雪和度假村的同事们都是非常出色的人，我们不仅是工作伙伴，还是很好的朋友，我们一起滑雪、骑山地车，还有烧烤。”英格里斯经常在全美各地出差，与不同的冰雪运动媒体机构会面。“每次同新的媒体机构建立联系都是非常有趣的经历，听他们讲述那些神奇的旅行冒险，当然我也会和他们一起在犹他州滑雪。”

谈到冬季运动产品时，英格里斯认为家庭产品将会成为延长滑雪运动寿命的一个重要因素。“犹他州的度假村，特别是阿尔塔，每年都会迎来一批家庭滑雪者——他们会定期来这里度假，”她解释道，“孩子们长大后会继续来犹他州滑雪，带着他们的孩子，你不觉得这种传统非常美妙吗？”英格里斯还认为，无论是滑雪初学者、中级滑雪者还是滑雪高手，只要他们都能够享受这项运动，滑雪就会作为一种冬季户外娱乐活动一直存续下去。

犹他州滑雪面临的急需解决的问题是，自2008年经济危机以来滑雪者滑雪天数的缩减和滑雪参与人数的下降。“滑雪者老龄化问题严重，因而犹他州滑雪需要吸引更多的年轻人，”英格里斯说道，“犹他州滑雪的五级滑雪资格项目和六级滑雪资格项目已经运营了10年之久，旨在提高儿童的滑雪技巧，客户反映良好。我们同时还设有四级滑雪资格项目，工作人员会向孩子们讲解滑雪和山地车运动对健康的益处，并带他们进行实地体验。犹他州的度假村内都设有类似的学校项目。”

美国一共有3个滑雪场禁止单板滑雪，其中两个都在犹他州。在英格里斯看来，单板滑雪可以作为滑雪产业的一个有力补充，“它为滑雪者提供了更多的选择，吸引了更多的年轻人加入到滑雪这项运动中来。近几年，单板滑雪者人数有所下降，但这些人实际上依旧活跃在雪山上，他们开始滑起了双板。”同时，她还表示，阿尔塔和鹿谷度假村每年都会重新评估其禁止单板滑雪的政策。

英格里斯期待未来会有更多联合互利的多滑雪场通票出现。“自从范尔度假村集团推出Epic通卡之后，许多度假村都开始向其季卡持有者提供额外的优惠服务，"她解释道，"这是一个好的趋势，大部分犹他州度假村也开始借鉴这一做法，加入了不少类似的通票体系，包括 Epic 通卡、山区联盟通票、粉雪联盟通票和沃萨奇优惠通票。"

（以上内容整理自苏西·英格里斯的专访，2014 年 11 月）

7.1 公关概述

公关行业的范畴正在急剧扩大。单单是在美国，就有超过 7 000 家公关公司，年收入预计达到 110 亿美元，提供包括从媒体关系到活动管理的各类服务（Pozin，2014）。公关可以利用的媒介渠道种类繁多，大体可分为以下三种：自有媒体、付费媒体和赚得媒体。自有媒体为机构本身所有，如网站、博客或电子邮件；付费媒体主要指传统的广告；而赚得媒体则建立在对宣传内容的认同以及传统广告宣传和媒体报道带来的曝光度的基础之上。更重要的是，赚得媒体无法购买和拥有，它只能有组织地获得，正如其"赚得"之名。这类赚得媒体通常是通过公关活动来实现的，因而本章将着重探讨公关活动和各类公关技巧。公关的范畴要比宣传大得多，其目的是令组织机构与不同受众建立积极的关系，从而更有效地管理组织机构的形象和名声。公关活动的受众有可能是外部的（如顾客、新媒体、投资方、普罗大众或政府机构），也可能是内部的（包括股东和员工）。

公关和宣传在旅游和旅游服务行业的三个重要作用是保持足够的媒体曝光率、应对负面宣传和提高其他促销组合要素的效用（Morrison，2002）。针对最后一个作用，公关活动为广告、销售推广和私人销售扫清了道路，令消费者更容易接受这些要素内所包含的说服性信息。从根本上来说，广告和公关的主要区别是，后者将组织机构的形象和名声视为其重要的竞争性资产，目标受众群更广泛。

旅游和旅游服务行业机构可采取的公关技巧种类繁多，图 7.1 列出了冬季体育旅游行业市场营销人员可采用的部分公关技巧，下文将对其进行一一论述。

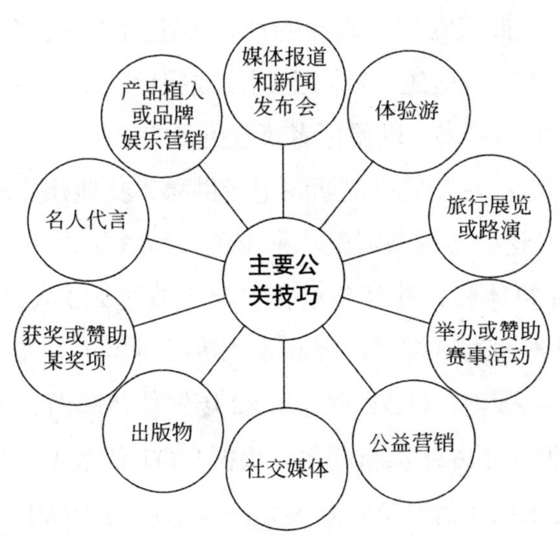

图 7.1　市场营销人员可采用的部分公关技巧

7.2 公关技巧

1. 媒体报道和新闻发布会

媒体报道指的是为某组织机构或某项活动撰写的短文章，目的在于吸引媒体注意，以期实现媒体曝光。准备新闻稿可以说是最常见的公关活动了，新闻稿的目标定位要同广告保持一致，以实现效用的最大化。要选择适当的出版物载体发布新闻稿，并且新闻稿的行文风格要同出版物载体保持一致。标题要明确主题，新闻稿的开篇要对整个报道内容的要点进行总结和概括，如谁做了什么事，时间，地点和缘由。行文风格要贴近时事新闻报道，报道内容要做到生动有趣。理想的情形下，报道应站在人性的视角传递出“我们有新东西”的信息。新闻稿里还可以附上图片或报价，记得留下联系人的姓名和电话号码，以便记者获取更多的信息。

专业的公关人员应定期向记者供稿，犹他州旅游办公室（UOT）在这一方面做得就非常出色。2013 年，UOT 举办了 84 场国际媒体和行业体验游，参与人数达 213 人，在法国、德国和日本通过电视、广播和杂志等多种渠道发布了 382 篇新闻稿。在国内，UOT 举办了 82 场媒体体验游，参与记者 279 人，发布了 624 篇新闻稿。根据 UOT 的数据，其赚得媒体曝光度相当于近 2 700 万美元的等值广告（AVE）（UOT，2014）。

2. 体验游

体验游是某组织机构面向媒体开展的游览安排，旨在令媒体熟悉其目的地和服务。组织机构可以通过体验游扩大宣传力度，同时有助于媒体从业人员根据自己的经历撰写相关报道。这类体验游的对象可以是宣传机构或记者，也可以针对特定的地区或国家。例如，塔霍湖游客管理局在2012—2013年滑雪季为澳大利亚记者和主要旅游机构代表，包括旅游时刻、哈维斯的世界旅行、领航员旅游、坎帕斯塔拉旅游和Travel 2量身定做了3场体验游。这些体验游在《太阳报》《悉尼晨报》《时代报》和《女性健康》杂志上赚得媒体价值达62万美元，额外媒体曝光价值高达160万美元。

卢茨（2014）认为，想要组织一场成功的媒体体验游，最重要的一点是确保行程的各个方面都按照计划妥善执行，为此，她提供了一份体验游策划备忘录（表7.1）。

表7.1 体验游策划备忘录

事　项	具体描述
提前计划	目的地通常不会提供免费的住宿和滑雪票。考虑到滑雪目的地的季节性特征，以及它们在整体的市场营销和公关预算中会预留出一部分用于体验游行程，所以如果可能，尽量安排在淡季出行
收集媒体名单	决定应该优先邀请谁，以及这样做的原因。每个发出的邀请都要有的放矢。相信旅行作家可以成为最棒的客户，他们撰写的目的地游记很有可能会被两家或多家出版物选中

续表

事　项	具体描述
寻求地方游客管理局（CVB）的帮助	地方游客管理局是一个重要的信息来源，有助于核实记者的背景和其他信息。他们可以为体验游行程增添不少项目，如进入一些城市景点和场馆参观，在协议饭店用餐，等等。CVB 可以协助安排交通和其他事务
决定体验游包含的费用	咨询 CVB 相关的地区规范，然后再做决定。通常情况下，体验游费用应包含住宿、地方税和早餐，以及便利设施的使用费。你的行程规划中应包含为乘坐飞机的人提供接送机服务，为自驾出行的人负担停车费用
制定有趣的行程安排	大部分记者都希望能够有丰富的、令人印象深刻的游览经历，以便形成文字内容。你应该牢牢抓住这个“推销”目的地的好机会。你的描述要有创意，同时提供必要的信息
发送邀请函	邀请函应在行程前 6～8 个月内发出，电子邀请函是一个很有效的方式，现在越来越多的人都在使用。等媒体代表们有了回复之后，你可以向他们再发送一份详细的体验游行程安排
预订合适的房间	你应该准备几间 VIP 客房来招待媒体代表们。这些媒体从业人员已经习惯了有“惊喜”等待着他们，你必须为他们准备一次难忘的住宿体验。业界翘楚们通常会接到许多邀请，但他们的时间却是有限的，当他们选择在你身上花时间的时候，一定要心存感激
确定体验游的目标	同你的团队讨论，通过组织体验游行程你想要得到什么。有策略地制定体验游目标，有助于评估体验游项目的成功与否，并决定未来是否还要举办类似的活动
媒体调研	你可以通过一些线上渠道来了解即将到达的客人们。这些信息非常重要，你可以据此为他们提供个性化的服务安排。例如，当你发现某个记者是素食者的时候，记得提前告知主厨。这份体贴客人们会记在心里
礼品	礼品可能会有意想不到的效果，所以花点心思去准备。记得要准备欢迎信和带有联系人信息的宣传资料袋；另一个礼品袋里则要备好其他的 CVB 材料，如缆车票和通行证等

续表

事　项	具体描述
指定一名公关作为主要联络人	专业的公关人员是最适合的联络人，他们消息灵通，既可以回答记者的问题，也可以组织游览。公关人员可以为记者提供独特的报道角度，介绍目的地的特色。在体验游结束后，公关人员应继续跟进和满足媒体的后续需求，提供图片，并安排访谈
继续培育客户关系	体验游结束之后，每篇报道的出版日期可能有所不同，保持同每位记者的良好关系。他们是旅游行业的意见领袖，他们为你的目的地所做的宣传越多，未来你的假期产品销量就会越好。此外，媒体认可还有助于提升目的地形象

（来源：Lutz，2014）

并非所有的记者都会参加有组织的体验游，但这却不能阻挡个体运营商积极寻求媒体曝光度。第 8 章的资料篇详细介绍了 Bumps For Boomers 的乔伊 · 内文的媒体策略。内文和度假村一起，为媒体从业人员提供额外的住宿和滑雪票。“他们来之前，我们会向他们简要阐述体验游项目的核心要素，那些新的、与众不同的、有趣的报道角度以及其他他们感兴趣的东西，”内文解释道，“我们会开行前电话会，了解他们的目标，寄送纸质材料，同时建议媒体从业人员访问我们的网站，了解我们的技术、人口统计数据和客户服务调查结果。”内文会主动向媒体从业人员提供图片，并在其停留期间协助他们进行排版。“我们尽可能满足他们的一切需求，让他们的工作能够更好地开展，这样也更容易取得成绩。”他在 Bumps For Boomers 会面地点附近为他们预订了一流的宾馆，招待他们在阿斯彭最好的饭馆享受美酒和佳肴，提供一篇正面报道所需要的全部素材，此外，他还会与他们分享自己的一套生活哲学。一篇在《纽约时报》上发表的关于 Bumps For Boomers 的介绍文章给他带来了巨大的成功，Google 的追踪反馈显示，官网的点击量几乎立刻开始飙升，业务量也随之有所增长。

3. 旅游展览或路演

许多滑雪场和其他行业机构都会参加旅游贸易展或行业会议。参与人员遍布滑雪行业的方方面面（包括供应商、运输商、中间商和目的地市场营销组织等）。参加贸易展相当于是构建一个小型的促销组合。一些参展商会向中间商直接寄送邮件宣传资料（广告），邀请他们到展台来参观。展台的展示内容（商品）代表着可提供的服务，它们可能同广告活动相关。展台的工作人员会向来宾派发宣传小册子和名片，以寻求销售机会（私人销售）。他们还会提供免费的样品或优惠券（销售推广）。贸易展结束后，展商们通常会有针对性地发送邮件（直接邮件营销）或打电话（电话营销）。

在美国，最大的行业贸易展是由 SIA 举办的冰雪展，参展人员近 2 万人。在为期 4 天的贸易展中，超过 1 000 家品牌公司会向来宾展示它们来年的产品。超过 80% 的零售商将在展会期间为下一个雪季挑选产品。2015 年的冰雪展还召开了 20 场研讨会，主题包含五个核心内容：行业现状、产品和保护、单一滑雪季经营所面临的挑战和机遇、社交媒体、富有的零售商。除此之外，冰雪展期间，还将举办一场为期两天的雪上展示和滑雪－骑行嘉年华，滑雪行业代表们齐聚一堂，一同滑雪和骑车；同时，零售商和媒体将对展会上看中的滑雪器械和配件进行测试，包括双板滑雪板、单板滑雪板、AT、野雪产品和越野滑雪产品等。2015 年雪上展示和滑雪－骑行嘉年华在铜山度假村举办。

英国的大型滑雪贸易展双板与单板滑雪嘉年华由《电讯报》赞助，每年 10 月在伦敦举办。展会包含现场自由式滑雪表演和时尚秀场，并提供不同水平的滑雪课程、雪地欢聚酒吧和现场音乐表演；展会还请到了不少奥运健儿，有超过 250 家顶级品牌公司、旅游批发商和度假木屋经营公司在现场展示它们的产品。展会期间还将举办由起亚汽车公司赞助的“山区谈话剧场”。2014 年，众多专家和名人分享了他们的滑雪建议和经历，包括前奥林匹克运动员马丁·贝尔、第四频道《纵身一跃》栏目滑雪教练沃伦 · 史密斯和冬奥会单板障碍技巧运动员艾米·福勒。来宾还可以在实时视频分析展台同沃伦·史密斯滑雪学校的专业指导员进行一对一的咨询。指导员们会通过视频在滑雪训练机器上做实时技巧分析，为提高个人滑雪技巧提供建议。来宾还可以通过视频叠加技术，将自己的滑雪状态同专业人士做对比，找出需要改进的地方。

4. 举办或赞助赛事活动

滑雪场还可以通过举办或赞助赛事活动来吸引人们的注

意。一个典型的例子便是冬季朝霞山嘉年华：每年2月，嘉年华在北塔霍湖举办，活动内容包括训练营项目、产品介绍、影片放映和设备展示。该活动主要针对本地社群，参与者可以体验北欧式滑雪、野雪滑雪、雪鞋健行以及参加自然历史短途游。尽管嘉年华主要是为那些初级和中级的滑雪娱乐爱好者准备的，但也提供适合不同喜好和滑雪水平人士的活动项目，并且绝大部分都是免费的。另一种极端类型的赛事活动便是极限竞赛，如极限自由式滑雪锦标赛。在一些人看来，这种极限运动赛事即便能够吸引媒体的注意，但受众却有很大的局限性——仅为专业级滑雪者，但业内普遍认为举办极限赛事是一个很好的公关机会。科罗拉多州的王冠峰是美国首个举办极限运动赛事的滑雪场，王冠峰滑雪度假村销售和市场营销副总裁斯考特·克拉克森表示："举办极限运动赛事能够吸引核心人群，打造核心人群口碑，而良好的口碑对度假人士来说也是一个不错的卖点。我们可以为部分客户举办世界一流的赛事活动，而对于其他客户而言，我们同时也是世界一流的度假村。"（Michelson，2012）

赛事赞助指的是对某项赛事或活动进行财政方面的支持（如赛车、戏剧表演或马拉松比赛），以换取这些赛事或活动的优先广告宣传。赛事举办方通常把赞助权分为几个层级，首席赞助商支付最多的赞助金额，并享有最多的特权，其他赞助商支付的金额相对较少，所拥有的特权也少一些。赞助投资通常针对以下三个领域：体育赛事、娱乐活动和文化活动。其中，体育赛事吸引的赞助金额最多。例如，2012年伦敦奥运会第四到第六赞助商的总赞助金额就已经超过了1亿英镑。赛事赞助是扩大宣传的有效途径，赞助方可以邀请供应商、记者、分销商和客户们出席赛事或活动，并在此过程中通过重复提及公司名称和产品达到宣传效果。

5. 公益营销

公益营销（CRM）是企业为增加利润而进行的一种商业慈善行为（Barnes & Fitzgibbons，1991），在营销传播中的应用越来越广泛。公益营销的每一次发展几乎都出现在公众对大企业财团的行事作风抱有敌意时。通过公益营销，企业鼓励公众购买其产品和（或）服务从而为公益慈善活动筹措善款，以实现提高企业效益和支持公益慈善的双重目标。企业通过公益营销不仅能够回馈社会，企业投身公益事业也有利于打造自身的品牌形象。企业及其品牌均可以凭借与公益事业和非营利机构的战略性合作而获益。此外，同公益类品牌的合作还可以使其区别于其他竞争者（“公益品牌化”）。

公益营销可以通过自发品牌渠道、联合品牌渠道、自有品牌渠道和行业品牌渠道来实现（Hudson，2008），表7.2详细介绍了公益营销的品牌渠道。

自发品牌慈善合作的双方（企业赞助品牌和其支持的公益慈善品牌）关系密切，该种关系的建立最为便捷和快速，是慈善活动的主要形式。例如，俄勒冈州的学士山度假村在其举办的滑雪慈善周期间，向合作伙伴提供 25 美元的全日缆车票代金券，这对本地滑雪者和骑手来说是一个不小的优惠活动，而滑雪慈善周期间全部的收入将会直接捐赠给非营利性机构。

表 7.2 公益营销的品牌渠道

特　征	自发品牌渠道	联合品牌渠道	自有品牌渠道	行业品牌渠道
慈善活动的名声	依托企业建立/独立于企业之外	同企业与慈善机构紧密相连	依赖于企业	依托行业建立/独立于行业之外
企业参与慈善活动的管理	无	部分或联合管理	完全由企业控制	无
企业对慈善活动通过公益营销筹措的资金的支配权	有限的	有部分影响	完全控制	有限的
战略机会	利用外部品牌	利用品牌的一致性	支持已有企业或产品品牌	利用行业品牌
公益营销推广目标	体现出企业与慈善机构（并不明显的）目标的一致性	体现出企业和慈善机构品牌形象的一致性	宣传企业应尽的义务	宣传行业应尽的义务

（来源：Hudson，2008）

联合品牌协作模式下，企业和慈善机构共同打造一个新的品牌，由双方共同出资赞助，并开展营销管理。一个很好的例子就是雅芳联合乳腺癌联盟出品的 *Race for the Cure*。联合品牌协作模式相较于自发品牌模式更加具有策略性，企业可以借由独家赞助某项赛事或公益活动从而实现差异化竞争，同时，共同所有权也意味着企业要承担更多的社会义务和责任。滑雪行业在这方面的一个例子是新英格兰地区的斯托山滑雪学校与斯托残疾人运动之友共同举办的年度“残疾人滑雪狂欢”活动。斯托之友是一个非营利性机构，旨在帮助残疾人参与到体育活动和娱乐活动中来。

自有品牌渠道指的是企业主动承办某项慈善活动，并为此成立专门的组织机构，用以发放同慈善活动相关的福利（Hoeffler & Keller，2002）。与贴牌产品类似，自有品牌慈善机构从定义上就有别于其他慈善机构，随着市场上出现越来越多的慈善项目合伙人，企业通过自有品牌渠道享有对旗下慈善机构的绝对控制权。范尔度假村集团在2008年设立了其自有品牌慈善项目——Vail Resort Echo，关注本地的慈善捐赠活动。集团旗下每个社区都设有专门的捐赠委员会，各部门的本地区领袖代表担任委员会成员。这些委员会将协力评选出对改善儿童生活环境和保护资源做出卓越贡献的本地机构。委员会设有专门的经费申请流程，合格者每年会获得现金和实物奖励。

行业品牌渠道指的是行业本身作为一个整体，而非单独的企业，对慈善活动进行赞助。这一公益营销模式在旅游业中比较罕见，符合标准的有英国的旅游基金会。该基金会成立于2004年，它同政府、非营利性组织和旅游行业一道，明确提出旅游批发商有义务协助保护旅游景区，并确保旅游业的发展能够切实惠及本地社区。旅游基金会基本上由全行业共同资助，包括一部分冬季体育旅游运营商。

6. 社交媒体

社交媒体内容将在第 8 章集中讨论，但像 Facebook、YouTube 和 Twitter 这些社交媒体平台已经成为创造赚得媒体的重要渠道。在本章开头的聚焦中，苏西·英格里斯提到，媒体从业人员现在经常会通过社交媒体寻求灵感，特别是在 Twitter 上。此外，消费者花在社交网络上的时间变多，他们的购买决定往往受朋友或其他因素的影响。与普通旅行者相比，以滑雪为目的的旅行者们更愿意在社交网络上分享其旅行体验，尤其是那些 35 岁以下的人。

7. 出版物

企业在很大程度上都要依托媒体宣传材料接触并影响其目标市场人群。年报、宣传册、企业简报和杂志等出版物都可以作为宣传企业及其产品的手段，帮助企业打造自身形象，同时向目标市场人群传递重要的信息。2004 年，加拿大山区假日发布了第一份空降式滑雪可持续性发展报告，报告中分享了该行业取得的成功和面临的挑战，提高了企业对员工、客户和股东们的责任意识。该报告分别于 2007 年和 2010 年更新了第二辑和第三辑。

电影和 DVD 也是常见的宣传推广工具。许多目的地营销机构通过视频方式进行宣传推广，有些机构会直接向客户或旅游从业人员寄送宣传视频。这方面一个典型的例子就是阿尔伯塔省旅游局为宣传班夫国家公园地区的滑雪场而制作的 DVD。一批好莱坞明星每年都会到加拿大落基山区出席费尔蒙特班夫春季运动邀请赛，为全球水资源保护者联盟筹措资金。几年前，阿尔伯塔省旅游局抓住这个机会拍摄了一张宣传 DVD，请到了这些好莱坞明星来为滑雪场做代言，其中包含了对小罗伯特 · F. 肯尼迪、亚力克 · 鲍尔温和马丁 · 辛等人的专访，他们每个人都高度赞赏了在班夫国家公园的滑雪体验。

8. 获奖或赞助某奖项

很多行业都会刻意去宣传它们所取得的成就，如汽车行业。《汽车潮流》杂志上刊登的汽车奖项一直以来对潜在的购买客户都有着一定的影响力。而对旅游业和旅游服务行业来说，各类奖项的斩获也变得尤为重要。个体经营者赢得某个奖项既可以作为一次极佳的宣传机会，同时也代表着公众对获奖滑雪场的认同。滑雪行业的大部分奖项设置侧重于客户体验与产品和服务的质量。获奖机构继而可以在其广告宣传中加入第三方的推荐，打造公信力以吸引客户。第 11 章的案例分析中将会介绍斯考特邓恩旅游荣获的诸多奖项，包括斩获 Condé Nast Traveller Readers 2011 和 2014 年度最佳旅游批发商。

1993年，NSAA——滑雪场所有者和运营者商业联盟，设立了金鹰环保奖。该奖项是度假村在环境保护层面能够获得的最高荣誉。《滑雪》杂志赞助了这一奖项，在审核申请过程中，杂志更加注重那些能够引起度假村游客共鸣的项目和举措，如绿色建筑和从农场到餐桌的饮食提案等，游客停留期间可以亲眼看到或亲身体验它们。2014年，《滑雪》杂志设立了一个新的奖项类别，叫作“可持续发展楷模”，它授予那些通过更进一步努力，对企业政策、员工行为或度假村客户行为在环保层面产生影响——无论大小——的滑雪区工作人员。该奖项的第一届得主是犹他州阿尔塔度假村的莫拉·奥利沃斯，阿尔塔随后将这一获奖讯息通过官网、Facebook、Twitter和其他传播渠道宣传开来。总经理阿诺·维耶瑞格表示：“通过不懈的努力，莫拉进一步提高了阿尔塔在度假村经营层面的环保意识，她本人也成为所有部门员工的榜样。”（NSAA，2014）

9. 名人代言

鼓励名人使用或对旅游和酒店产品进行代言可以实现较大范围的媒体曝光，有利于对特定产品进行推广。理查德·布兰森在创办维珍航空时举办了一场大型公关活动，邀请了众多摇滚明星乘坐他的飞机。同样地，旅游目的地也可以利用名人代言来进行宣传推广。范尔度假村集团同奥运金牌得主和世界高山滑雪锦标赛选手林赛·沃恩签署了一份赞助协议。

沃恩会出席在欧洲和美国举办的一些特定的客户活动和滑雪展，为范尔度假村集团著名的 Epic 通卡进行代言推广，该卡可以在集团旗下所有的度假村使用。沃恩还设计了名为“滑雪女孩动起来”的优质滑雪课程产品，面向来范尔滑雪山滑雪的，年龄为 7～14/15 岁的女孩子。在 2014 年的一场公关活动中，沃恩乔装打扮成一位范尔集团的员工，在柜台前向游客出售缆车票，这个视频在网络上迅速流传起来，总浏览量近 20 万次，直到现在它依旧是范尔发布的所有视频中播放量最高的一个。

一项针对英国社交媒体用户的调查显示，33% 的用户都关注了名人的账号（Pozin，2014），而调查结果表明，新兴市场领域的名人代言效用更加显著，会直接影响消费者的购买选择（HSBC，2010）。本书的第 12 章将详述斯洛文尼亚著名女性滑雪运动员蒂娜 · 梅兹，是如何成为一名成功的滑雪形象大使的。梅兹多次在世界巡回赛中取得优异的成绩，先后 5 次获得斯洛文尼亚最佳运动员称号，同时，她还是一位出色的时尚模特和流行歌手——她在 YouTube 上发布的音乐视频在斯洛文尼亚本国的播放次数是最多的。

10. 产品植入或品牌娱乐营销

品牌植入指的是在电影或电视节目中插入品牌 LOGO 或带有品牌名称的产品，也是一种营销策略。另外，品牌娱乐营销是一个较新的概念，它指的是一种更加现代的、复杂的品牌植入方式，其定义为“将广告和娱乐内容整合起来，将品牌融入电影、电视节目或其他娱乐媒介所讲述的故事情节中”（Hudson S & Hudson D，2006，p.492）。在旅游业市场营销领域，从业人员主要还是通过传统的产品植入方式来达到营销目的。同样地，旅游目的地也视产品植入为主要的媒体曝光机会，他们认为在电影或电视节目中植入目的地的形象已经是旅游产品植入的终极手段了（Morgan & Pritchard，1998）。尽管旅游业市场营销人员并没有进行整合性品牌娱乐营销的传统，有迹象显示，一些旅游机构已经开始由传统的产品植入模式逐步转向战略性品牌娱乐营销，以期通过电影和电视媒介渠道吸引更多的游客。

一个典型的品牌娱乐营销案例来自拉斯维加斯：美高梅的阿里亚酒店在 2013 年上映的电影《最后的维加斯》中扮演着重要的角色。美高梅战略性地将电影故事的开端“设计”在它的新酒店里，这一营销策略令阿里亚酒店和影片导演实现了双赢，他们都想展示“新的维加斯”。影片中的酒店形象时髦高档，完全超乎 4 位主角的想象，他们分别由罗伯特·德尼罗、迈克尔·道格拉斯、摩根·弗里曼和凯文·克莱恩饰演（Mlife，2013）。美国旅游推广局——这一机构致力于推广美国成为全球一流的旅行目的地——利用电视、电影和数字内容三种平台对美国进行全方位宣传，通过讲述动人的故事来吸引国际游客（Hudson & Tung，2015），其中包括同麦吉利弗雷 – 弗里曼电影公司合作拍摄的一部讲述美国国家公园的纪录电影《狂野之美：国家公园探险》，可在 IMAX 和巨幕放映厅进行播放，影片总投资 1 000 万美元。

7.3 资料篇：约翰·布莱斯，将公关和R'n'R结合起来

在传统行业从事了多年公关工作之后，约翰·布莱斯在 2009 年转行冰雪运动产业，这样一来他不仅有更多的机会滑雪，雪季期间还可以在山区安顿下来。他的公司“冰雪运动公关”位于加州的圣地亚哥，创立于 1986 年，主要为冰雪运动装备制造商、山区度假木屋、滑雪场、空降式滑雪公司和冰雪运动行业协会等提供公关服务。

“我做了很多年的音乐会推广；担任过鲁比奥的‘墨西哥鱼肉卷之家’的公关代表，17 年来，我让这道菜变得家喻户晓；我还在圣地亚哥举办的共和党人全国代表大会上出任过 AT&T 的代表。但在 2009 年，我决定去追求新的挑战，现在我的工作是向消费者推销冰雪运动装备，鼓励他们去滑雪。”布莱斯将公司从原来的“布莱斯合伙”更名为“冰雪运动公关”。

自从事业重心发生变化之后，布莱斯荣获了犹他州旅游办公室（2011）和加州旅游（2009）设立的“最佳公关活动”奖。布莱斯本人也达成了另一个目标，上一个雪季的总滑雪天数达到了 24 天。“我希望下个雪季可以滑得更

久，还好公司的总部在圣地亚哥，”他说道，“我的家庭情况不允许我在滑雪季期间住在山区里。当我可以这么做的时候，我要先把滑雪时间增加3倍，或者更多。我热爱滑雪，所以我才会把我的公关公司转向冰雪运动产业。我当然也喜欢我的Serius装备：手套、帽子和其他配件——它们无一不是精品！”

然而，他究竟是如何在职业生涯中期完成向冰雪运动领域的转型的？布莱斯表示，就如同学习滑雪的过程一样，在冬季体育行业取得的成功完全得益于热情和坚持。当他18岁刚开始学习滑雪的时候，他甚至从缆椅上滚了下来，然后那一整个雪季都在不停地跌倒再爬起来，只为了减缓他那奇怪的下滑速度；直到一位朋友建议他用卡宾来控制速度和让自己停下来，他的技术才有所提高。“现在，我强烈建议初学者接受专业的滑雪课程指导，”他说道，“我能坚持下来也是个奇迹，或者说，它终将证明滑雪是项多么有趣的运动。”

经过25年的“自我压抑”，他终于告别了传统的记者行业和公关行业，将全部的热情投入到冬季体育运动中来。“我在犹他州南部选中了一家度假村，因为我开车就可以到达那里；我不断地、不断地给他们打电话，只为得到一个机会，”他解释道，“我和他们做了一笔交易，在第一个滑雪季期间，通过本地报纸和《华盛顿邮报》为度假村做宣传。如果没有我此前的公关经验和记者经验，我想这一切大概不会开展得那么容易，当初我曾为凯悦、马里奥特、好莱坞露天剧场和AT&T等品牌工作。”

随着互联网和社交媒体影响的不断加深，无论是外行们的闲聊还是专业人士的竞赛，公关公司都要有所了解。“冰雪运动行业里好的公关非常多，我们谁都不能放松，”布莱斯说道，“我要确保比别人都先一步把信息告知给记者，并且提供的信息要尽可能的清楚和简洁。关于要在报道里谈及的内容，我知道记者们会有很多选择。”

调研对布莱斯的成功至关重要。他通过NSAA的研究了解了冬季体育运动参与者的人口分布和动机。“冬季运动是靠激情驱动的，”他说道，“尽管美国还没有完全从经济衰退的阴影中走出来，2010—2011年滑雪者人数却达到了历史新高，根据NSAA发布的数据，全国接待滑雪者6.054亿人。”尽管滑雪者在滑雪后的娱乐活动上的花费有所下降，他们仍旧会支付缆车票的费用。随着多度假村通行的季卡的不断涌现，以及滑雪装备的进一步发展，无论是学习滑雪还是提高滑雪技巧都变得更加容易，人们对滑雪运动的热情再一次被点燃。

千禧年一代更希望自己的需求能够通过按下一个按钮或者单击一下鼠标就得到即时满足，这一行为模式不仅影响了冰雪运动产业，也改变了布莱斯的工作方法。“现在，新闻周期是 7×24 小时的，即便是冰雪运动这一行，”他指出，“因此，一个冰雪运动宣传人员的工作不再仅仅是给报纸星期天的旅游版面或者是《滑雪》月刊杂志供稿。机会随处可在，就看你是否抓得住。现在几乎每天都有一个新的 APP 或者社交媒体工具上线，让我能够更加有效地了解和找到我需要的内容。当然，你仍旧要向记者们提供准确的信息，否则你们之间的关系会很难维系下去。”

谈到未来的发展，布莱斯提及，随着婴儿潮一代的老龄化加剧，他们不再是山区滑雪运动的主力，而应取代他们的年轻一代往往由于高昂的花费而被滑雪运动拒之门外：“缆车票、装备、课程、旅费、住宿以及更多的娱乐活动选择。”

布莱斯非常注重高质量产品和企业的宣传，如 Seirus Innovation，一家全球领先的冬季体育运动配件公司，生产保暖型手套和连指手套。该公司的拥有者分别为盐湖城的乔伊·爱德华兹和 SIA 前主席（现任 CBS 电视台足球分析师）迈克·凯里。冰雪运动公关还为亚利桑那州的雪碗度假村和滑雪缆车度假木屋、南加州的鹰点度假村和内华达州的鲁比山空降式滑雪体验公司提供服务。

布莱斯还致力于推广滑雪教育，担任“学习滑雪月”（LSSM）和“带朋友来”（BFP）项目的公关顾问，这两个项目在过去 6 个雪季期间向 50 万人介绍了冰雪运动。“由

NSAA 和 SIA 共同资助，LSSM/BAF 是全行业最大规模的组织型招募项目。”

（来源：以上内容整理自约翰·布莱斯的专访，2014 年 9 月；snowsportspr.com；布莱斯的 Twitter 账号：@SnowSportScribe）

7.4 评估公关活动的影响

对公关活动的评估性调研相对较少，很多从业人员表示，究其原因无外乎是缺少足够的预算和时间。然而，麦克纳马拉（1999）认为，就算有充足的预算和时间，很多从业人员可能也不会对公关活动展开评估性调研或结构性调研，因为他们并不知道该如何开始。他提出了公关活动的宏观评估模型，将公关活动分为三个阶段。该模型（图 7.2）包含了社交媒体，认为公关项目或活动通过一系列投入实现产出，继而达到最终的目标。

投入包含内容清单和时事通信或博客、新闻报道需要的信息、推文、活动发言人名单和项目环节以及网站设计和内容。产出指的是实体传播材料或实际举办的活动，如出版物、新闻报道、DVD、赛事活动或社交媒体活动。最后，典型的公关活动结果包括增强意识、改变态度或行为模式。图 7.2 中提及的评估方法仅仅是冰山一角，但这些技巧、方法和调研

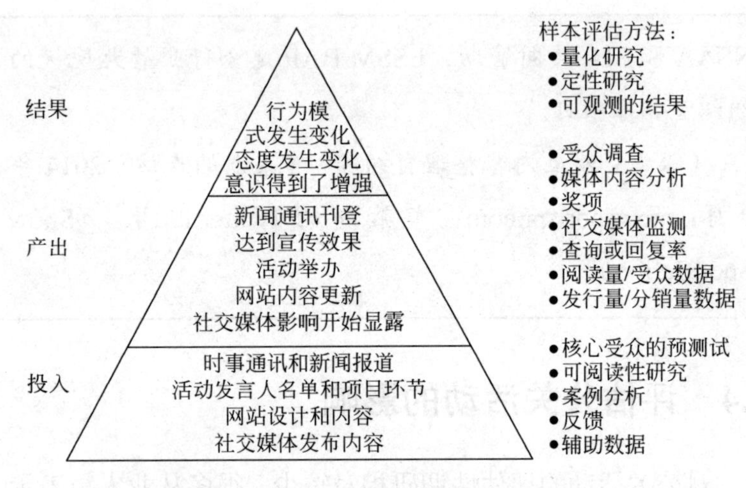

图 7.2　宏观评估模型

（来源：Macnamara，1999）

工具可以协助评估公关活动的投入、产出以及结果。最普遍的一种方式是媒体监测，社交媒体监测领域近来还囊括了对新闻简报和媒体播放的评估。AVE 也经常被用来评估公关活动的价值，尽管 AVE 在近些年一直遭受诟病（Likely & Watson，2013）。塔霍湖游客管理中心（Lake Tahoe Visitor's Authority，LTVA）就是通过 AVE 来评估其公关提案的。2012—2013 年，LTVA 委托怀丁格公关公司策划了一场覆盖全国的全方位媒体传播活动，其等额广告价值为 LTVA 公关预算的 5～10 倍，价值转化额达到 150 万美元，受众约 5 100 万人。表 7.3 列出了 2012—2013 年塔霍湖游客管理中心公关提案（LTVA，2013）。

表 7.3　2012—2013 年塔霍湖游客管理中心公关提案

公关提案	结　果
《日落杂志》8 月刊封面故事："塔霍湖本地指南"	发行量 120 万册
《南塔霍湖男女》视频加深了品牌印象，引发了不少观众的热情	通过 First Track 出品公司的 YouTube 主页播放量超过 58 200 次
Forbes.com 网站内容："地球上最棒的体育盛会？著名职业运动员如是说"	媒体曝光价值达 67 800 美元（每月独立访客达 1 000 万人次）
LTVA 邀请 18 位北美冰雪运动记者协会滑雪记者参加了体验游	相关报道会在下一个雪季发表
《绅士季刊》谈及：哈维斯、奥珀尔、红色小屋和塔玛拉克度假木屋	发行量 82.4 万册
《福尔杂志》杂志关于如何在同一天滑雪和打高尔夫的文章"走上滑雪坡，站在球道下"	发行量 16 万册
1 月 9—12 日举办的塞拉风暴行动气象学家会议。LTVA 及其合作伙伴邀请了 10 余位气象学家在山区进行现场和预先录制播报	全国最精准的雪季初期实时雪质播报，同时加深了南塔霍的品牌印象。2014 年的塞拉风暴行动共计制作 48 条有关塔霍湖的播报内容，媒体曝光价值达到 200 万美元，潜在观众覆盖度达到 4 500 万人次
《加州海岸报》文章"五彩缤纷"；《哈里斯堡》和《布里切尔调查》文章——均为"高尔夫和高山媒体游"活动以及南湾声音举办的"新塔霍湖"活动约稿，内容涉及塔霍西拉度假村、天堂度假村和柯克伍德度假村	《加州海岸报》发行量 17.4 万份；《哈里斯堡》和《布里切尔调查》发行量 120 万册
2012 年 3 月举办的北美冰雪运动记者协会会议	媒体曝光价值超过 16.5 万美元

不过，媒体监测和等值广告法都存在一个问题，就是它们无法评估媒体曝光的质量。因而，我们需要利用媒体内容分析法评估媒体曝光的质量，如是否做到向主要目标受众进行投放，媒体宣传是否强调了核心问题以及是否包含了组织机构想要传达的信息。通常，公关专家们会同时计算公关活动的宣传价值和等额广告价值。宣传价值通常应达到广告价值的 3 倍，同时反映出宣传报道的倾向性是积极的还是消极的。倾向性是指一篇文章的主观评价，一般而言分为 1～10 个等级，5 代表中立，1～4 代表立场从"非常消极"到"比较消极"，6～10 则代表立场从"比较积极"到"非常积极"。

许多从业人员已经意识到赚得媒体的投资回报率问题，尽管计算起来有诸多困难，但仍值得一试。加拿大路易斯湖前公关主任桑迪·贝斯特表示："这是性价比最高的一种营销模式。如果把专栏的每一行内容都转化为美元的话，我要买下整个版面可能要花费 10 倍的价格。"每年，路易斯湖都会举办多场媒体参观活动以及旅游行业的体验游活动。贝斯特在招待记者的时候有一些自己的"小把戏"，如他会用来访记者的母语和他们打招呼。"我用流利的普通话说'你好'和'欢迎'的时候，那些中国记者朋友显得惊讶极了。"

对社交媒体推广活动的评估会在第 8 章做进一步论述，它无疑是一门新的科学。那些通过社交媒体与客户进行有效互动的品牌公司已经尝到了甜头（Cruz & Mendelsohn, 2010），但很遗憾，能够支持这一结论的研究还太少。凯特姆全球研究和分析认为，从公关角度来讲，对传统媒体和社交媒体的评估存在不小的差异（图 7.3）。

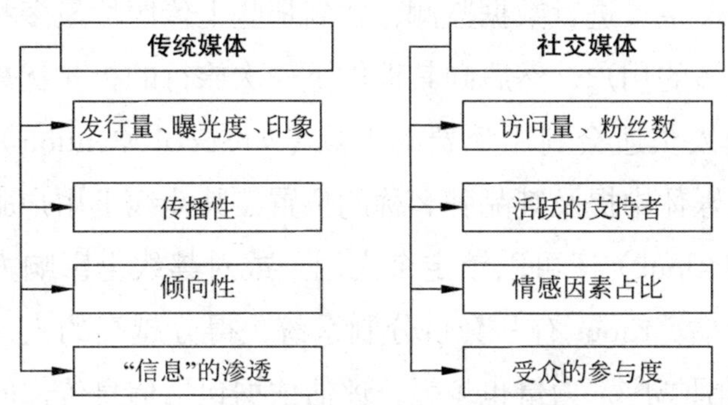

图 7.3 从公关的角度对传统媒体和社交媒体的评估
（来源：Ketchum，2013）

旅行 2.0 咨询公司创始人和咨询师特洛伊 · 汤普森将社交媒体的影响比喻为“二次效仿作用”（Thompson，2010）。他认为，目的地应更注重衡量游客的社会价值，而非简单的经济价值。尽管一些游客花销不少，但他们可能不会通过任何沟通渠道来分享自己的经历。而一个花费不多的游客却很有可能会凭借频繁的沟通直接影响大量潜在游客。活跃游客通过更新信息会在他 / 她的社交网络内引发大范围的效仿。在这一方面，他们的影响作用要比非活跃游客大得多。

一些组织机构会利用工具来监测线上客户的话语影响力。一项针对美国、欧洲和亚洲的公司的调查显示，23% 的公司都会利用社交媒体分析工具来锁定和奖励关键的影响力对象（Birkner，2011）。例如拉斯维加斯的棕榈酒店和赌场，通过搜索整理线上数据，向留下最佳社交媒体足迹的客户提供各种便利和优惠服务。奢侈游轮运营商科斯特探险同样会对其 Facebook 主页进行数据监测，找到那些上传照片最多和正面评价最多的用户，然后向其提供下一次旅行的折扣优惠。市场营销人员还会利用免费的工具（如 Social Mention）来锁定社交媒体中提及其品牌名称的位置，其他线上用户服务工具（如 Klout）还可以锁定个人用户或对其线上影响力价值进行评估。Klout 有一套百分制系统，得分越高的人，其影响力范围越广，力量也越强，评估依据包括信息传递的有效性、Twitter 或 Facebook 的特别关注数量以及信息的转发量。Klout 根据主题的不同，将影响力对象进行分类，这样一来也便于企业能够直接联系那些可以为它们造势的人。

最后，市场营销人员该如何评估产品植入和品牌娱乐营销的效用？一项关于从业人员对上述营销模式所持态度的研究中，尤姆和吉姆（2014）发现，从业人员对于通过单一的品牌娱乐营销模式评估受众影响度的做法抱有质疑。就产品植入而言，学者建议，对信息影响度的评估应建立在回忆、劝说和行为等级层面（Balasubramanian，1994）。而对从业人员来说，产品植入有效性的评估依旧是简单而粗糙的，不提示协助回忆法和品牌认知法依旧是最常见的两种评估方法（Karrh，McGee & Pardun，2003）。然而，汉格（2014）的一项研究认为，单一的品牌回忆或品牌认知法极有可能低估品牌植入的影响，营销人员需要采用更多样化的手段来衡量品牌娱乐营销的效用。

伦特拉克品牌娱乐营销公司是一家美国的品牌娱乐营销专业评估公司，它开发了一套独特的评估工具 Media-Q，能够对公关活动的效用进行实时评估，它将公关活动的效用等同于一条传统的 30 秒广告，在 Media-Q 计量体系中，1.0 相当于这条 30 秒广告的价值。该系统还可以展开“最佳公关活动实践”的定性评估，并就未来公关提案的改进提出建议。尽管如此，还是有不少批评家质疑在品牌娱乐营销上投入过大是否值当。为了提高可信度，建立一个更加正规的评估模型势在必行（Russell & Belch，2005；Um & Kim，2014）。

7.5 案例分析：007和奥地利索尔登

自 1962 年起，詹姆斯·邦德的电影就开始向大家展示全球那些独具魅力的地区，极大地刺激了当地旅游业的发展。奥地利的索尔登就是这方面一个很好的例子：邦德系列电影的第 24 部《幽灵党》曾在这里拍摄。2014—2015 年，摄制组和演员在奥尔登进行了电影部分动作场景的拍摄，随后，这里便成为全世界最著名的滑雪区。

2014 年 12 月举办的松木制片厂新闻发布会上，007 的导演山姆·曼德斯宣布影片的取景地包括伦敦、罗马、墨西哥城、丹吉尔和索尔登。“我们要把邦德先生带回阿尔卑斯地区，带回冰雪之上，带到奥地利的索尔登。”早在

1977 年的邦德系列电影《海底城》中就出现过经典的滑雪追逐镜头，它们就是在奥地利拍摄的，索尔登也因此赢得了大范围的媒体关注。

它同时还是蒂罗尔地区最大的一次电影拍摄活动，不仅带来了直接的经济影响，还包括长期的媒体影响和电影旅游机会。拍摄影片意味着摄制组要在小镇上建立办公室，相关工作人员近 500 人，包括 150 名本地电影人，整个拍摄周期需要 22 天，计划从 2014 年 12 月到 2015 年 2 月。团队之所以会选择索尔登，除了取景方面的考虑之外，还有一个原因就是那家豪华的 ice Q 餐厅。

写给 Cine Tirol（地区电影委员会部门）的一篇文章指出，电影拍摄对地区的经济影响是巨大的："包括拍摄成本、住宿、餐饮，以及蒂罗尔本地电影人的住宿、交通和薪水，整个拍摄团队在蒂罗尔地区的开销达到了 600 万美元。单单是对旅游业的影响已经不可估量：整个拍摄团队的过夜住宿天数将达到 26 000 天，此外，电影的拍摄还会引发国际媒体的关注，为厄兹塔尔和知名度较低的东蒂罗尔地区带来更多的电影旅游机会。"

索尔登的格伦瓦尔德滑雪度假村在宣传方面搭上了邦德这班车，鼓励大家在电影拍摄期间来度假，还特别强调了可能会出现的丹尼尔·克雷格的拍摄场景。其官方宣传语写道："抓紧预订您的滑雪假期，如果足够幸运的话，您或许可以见到这位秘密特工。”网页上还提供了电影新闻发布会的链接以及可能的拍摄时间和地点信息。

索尔登之所以被选为影片的最佳拍摄地点，一个很重要的原因就是ice Q餐厅。索尔登登山索道公司于2013年12月在该地区最初的滑雪山Gaislachkogl上建造了这家餐厅。餐厅同山顶由一条吊桥相连，其本身是一座超现代的玻璃建筑，建筑材料均取自本地；当然，它还提供一流的菜肴。索尔登的官网将ice Q餐厅誉为烹饪的巅峰，“一座位于海拔3 048米处的多功能无障碍美食殿堂”。餐厅的屋顶设有全景阳台，外立面全部由玻璃制成。“整个建筑看上去就好像透明的一样，和周围的自然环境完美地融合在一起。这里还是复线式高山缆车的最高站，如果你来蒂罗尔，ice Q是无可争议的必到之处，它是整个滑雪区的建筑杰作。”

《幽灵党》摄制组选择索尔登的另一个原因是它独特的冰川位置和可进入性。“便捷的物流渠道对地点选择来说非常重要，”蒂罗尔广告股份有限公司旅游市场营销主管克里斯蒂娜·卢法斯说道，“通过公路可以直接到达冰川滑雪场，雪场内提供直升机降落区，大型缆车直达ice Q餐厅。”

索尔登在网站上发布了关于电影拍摄的通告，并向大家致歉，因为在电影拍摄期间某些设施的使用可能会受限，从而影响正常的滑雪活动。它们还发布了一些《幽灵党》的幕后拍摄场景，包括丹尼尔·克雷格开枪射击和在雪中追逐一辆着了火的汽车的画面，页面还可以直接连接Facebook、Twitter和Instagram。这些预热短片连同导演山姆·曼德斯的专访以及关于每个拍摄地点的新闻报道，同时还在007的网站上播放，浏览者还可以通过网站购买《幽灵党》的宣传海报。

2015年2月公开的电影短片引发了一场媒体风暴，英国的《每日电讯报》极力夸赞了缆车上那“惊鸿一瞥”的景致。《每日电讯报》援引了联合出品人格雷格·威尔逊的话：“这是影片的一个主要动作场景，可以说是王冠上的宝石了。相信我，场面是非常壮观的，奥地利几乎提供给了我们所需要的一切。”文章中还附上了标志性的ice Q餐厅和缆车的照片。

然而，在拍摄过程中，相关信息并没有大肆传播，厄兹塔尔旅游局则计划将自身定位为“詹姆斯·邦德之地”，为即将到来的雪季做宣传。“对市场营销和媒体活动来说，这是一个很好的卖点，”拉法斯说道，“除了过夜游数量和附加值的增长，厄兹塔尔旅游局还希望能够借助詹姆斯·邦德系列电影的名声让蒂罗尔的厄兹塔尔山谷成为更多电影的取景地。”Cine Tirol将为电影人提供免费的取景地服务。

2015年11月6日，《幽灵党》公映，这对索尔登来说是一个绝佳的滑雪季前的宣传，此外，能够成为这样一部卖座的系列电影的主要取景地也会令该地区持续受益。

（来源：www.gruenwald-resort.com/news-neuigkeiten-soelden/James-Bond-Soelden/；www.telegraph.co.uk/travel/snowandski/features/11304171/James-Bond-film-locations-Soldengears-up-for-the-new-007-film.html；www.telegraph.co.uk/culture/film/jamesbond/11407578/Spectre-watch-first-footage-of-new-Bond-film-shot-in-Austria.html；www.smithsonianmag.com/travel/marking-50-years-of-luxurious-travel-with-james-bond-115668572/?no-ist；www.cinetirol.com/en/released/james-bond-in-tirol-2503736.html）

参考文献

第8章 科技对冬季体育旅游的影响

聚焦：粉雪马特，社交媒体专家

每当提及滑雪场工作人员的时候，你可能会在脑海里浮现出这样的画面：他们每天滑雪去上班，穿着整套的滑雪装备坐在办公桌前，别人靠吃饭充电，而他们只要滑雪就够了。不过可惜的是，真相并非如此，尤其是对那些大型滑雪场员工来说。他们往往驻扎在类似卡尔加里或丹佛这样的大城市，同本地区的客户一样，离滑雪场的距离并不近。马特·莫斯特勒，外号粉雪马特，在加拿大落基山脉度假村联盟担任市场营销、销售和度假村体验高级副总裁，他也是滑雪场的通勤员工之一。“我们中的大部分人都在 RCR 卡尔加里办公室办公，这里曾经是一个唱片店，”莫斯特勒说道，“不过现在这里唯一播放的歌曲就是迪伦·辛格思和科伦莫·可的电影原声，在他们的影片中你可以看到不少粉雪滑雪者精彩的技巧展现瞬间。”

不过，不需要替粉雪爱好者和滑雪博主莫斯特勒感到遗憾，他工作的流动性很强，并且有足够多的时间在 RCR

旗下的6家度假村滑雪，包括纳基斯卡、芬尼、金伯利、踢马河、斯托纳姆和圣安妮山。为了保证在卡尔加里坐办公室期间身形不走样，他在冬天也经常骑车上班，有时候甚至会滑雪上班。

莫斯特勒对滑雪的热爱从4岁就已经开始了，那时候他就发誓说要用一生来享受和与他人分享冬季体育无可比拟的迷人之处。无论是“作为一种特殊的纽带，还是作为一项户外运动能够给人们带来的益处，以及在加拿大落基山脉地区蓬松的、仿佛没有重量的粉雪道上轻松飞掠而过的快感”，都令人如此着迷。

莫斯特勒毕业于华盛顿大学，主修商务英语，毕业后，他开始在多地滑雪，足迹遍布华盛顿州、爱达荷州、科罗拉多州、蒙大拿州以及他最喜欢的目的地加拿大不列颠哥伦比亚省。在滑雪场实习的经历让他在工作和消遣之间找到了最完美的平衡：“滑雪流浪者的经历教会了我很多东西，如对任何人都要保持尊重和善意，因为你不知道什么时候就会需要他们的帮助，无论是借宿还是吃一顿饭。”其次要学会多笑，对人际交往要保持积极的态度。“无论你做任何事情，都要建立信任，即便一个滑雪流浪汉也可以在银行工作，但如果你犯了错，那就是另外一回事了。所以尽管大胆去尝试好了，人生就在于不停地学习。”不过，在莫斯特勒看来，最重要的一点还是要保持身体健康，尽可能多地参加户外运动，去体验大自然。以上谈及的这些对建立积极的品牌形象来说至关重要，他总结道。

莫斯特勒在滑雪管理岗位上一路晋升，最初他曾任蒙大拿州怀特菲什度假村滑雪学校主任，随后出任加拿大不列颠哥伦比亚省金伯利度假村客户体验经理；1998—2001年，担任RCR房地产部门市场营销副总裁。

这些年来，莫斯特勒将他因为滑雪而产生的对户外运动的热爱、激情和积极性全部投入到社交媒体的多样性利用上。“现在所有的东西都是社交性的，而最关键的是要保证真实性，具有创造性，以及分享、分享、再分享。”他不主张过度承诺，告诫其员工杜绝任何送达不及时的可能性，同时，要不断听取客户的意见，并从中吸取经验。“最大的一个变化就是，现在我们真正有能力去浏览和收集社交信息，了解品牌的影响力、客户的行为模式以及他们的兴趣点。”莫斯特勒利用Facebook、Twitter、YouTube和Flickr等平台发布信息，并收集有价值的反馈。此外，粉雪马特每年都会定期发布博客，内容涉及山区条件、赛事活动和健身等方面的信息，页面还提供多个社交媒体的链接，包括Facebook、Twitter、Linkedin、Google+、邮件、Reddit、Wordpress、Pinterest、Tumblr和StumbleUpon。

莫斯特勒认为，社交媒体的作用不再仅仅是简单的更新雪质报告或分享网络图片，它还对客户关系的维系有所助益。“通过社交媒体，我们可以第一时间听到客户的声音，有助于我们不断完善服务，”他解释道，“客户们通常会根据实时的更新来决定去哪里滑雪，当天、下周或者休年假的时候？因而，社交媒体在我们制订宣传计划时有着重要的作用，营销计划也需要整合社交媒体的力量，提高市场覆盖的深度、广度和有效性。”

有效的社交媒体运营要保证信息的准确性、趣味性，以及最重要的一点：真实性。“我们最早的一个博客PowderMatt.com就充当了传播工具的角色，核心客户可以通过博客了解夏季运营的最新动向，而度假客户则更好奇山区小镇上发生了什么，那些真人真事会成为他们来滑雪的动力。”

莫斯特勒积极的人生哲学甚至影响到了竞争对手，不过在莫斯特勒本人看来，同行业者更应通力合作以推动滑雪事业的发展，而非单纯地彼此竞争。他认为真正的挑战是全球性的，已经超出了滑雪场员工们的日常工作范畴：“航班载客量、汇率问题、全球动荡以及那些你无法控制的东西都会影响到旅游产业。”

莫斯特勒的工作包括在纳基斯卡接待知名影片《盗梦空间》的好莱坞演员组，同莱昂纳多·迪卡普里奥的团队一起滑雪。谈及未来，他希望能够继续保持滑雪运动的原真性，但同时，也要充分利用行业新人的力量和创造力。单板滑雪运动改变了游戏规则，促使滑雪公司不断优化其产品和市场定位。“现在，无论是全地域滑雪、自由式滑雪、极限滑雪还是野雪滑雪的人数，都有所增长。”

多面手莫斯特勒同时还兼任加拿大出版刊物的滑雪专栏作者，著有《冒险家的幸福生活指南》一书，他本人也是一个彻头彻尾的户外冒险家：“2011 年 1 月，我和妻子参加了在有些人看来是世界上最困难的冬季冒险赛的‘育空挑战’，从怀特霍斯到西北地区的图克镇，全长 1 600 英里，挑战内容包括雪鞋健行、狗拉雪橇、跑步和攀爬等 10 个项目。”

（以上内容整理自马特·莫斯特勒的专访，2014 年 11 月；http://powdermatt.com/；https://www.linkedin.com/profile/view?id=88957432&trk=nav_responsive_tab_profile；www.skircr.com/）

8.1 科技对营销传播的影响

眼下，我们正在经历一场由数字科技主导的传播环境的变革。想要举例证明科技的飞速发展，只要回头看看当年史蒂夫·斯皮尔伯格导演的科幻电影《少数派报告》。1999 年，斯皮尔伯格导演召开了一场为期 3 天的智库会谈，邀请了

23位顶尖的未来学家就电影描述的2054年的世界该如何拍摄提供想法和思路。斯皮尔伯格想要创造50年后的真实未来场景。在现有市场营销和媒体科技的基础上，他描绘了一个充斥着广告的社会形态：广告牌能够直接叫出路过行人的名字，麦片盒上可以播放动画广告，报纸通过无线宽带网络实时更新信息，零售店的全息店员直接以名字来欢迎顾客，人们在购买商品时可以直接通过生物视网膜扫描付费（Mathieson，2002）。电影中提及的这些技术并不完全是科学幻想，今天，它们中的一些正在被使用或者被开发，由此可见科技发展速度之快。

科技和互联网从根本上改变了世界互动和沟通的方式。主打大众媒体技术的传统品牌策略的效用越来越低，因为在当今市场环境中，消费者可以通过社交网络获得大量关于品牌、商品和企业的信息，并且在部分案例中，社交网络已经取代了品牌网络的地位（Keller，2009）。在新媒体领域，消费者开始处于掌控地位。他们不仅有更多的媒体渠道可以选择，还可以决定是否以及如何接受商业内容。因此，市场营销人员必须要采取更多样的营销传播手段。表8.1总结了当前几种互动式数字营销传播渠道。

表8.1 数字营销传播渠道

网站	企业的网站设计必须要体现其目标、愿景、产品和历史。设计网站面临的最大挑战就是要有足够的吸引力，让人眼前一亮，并且能够引发人们的兴趣，继而重复访问。专为手机终端设计的网站越来越多

续表

手机营销	手机营销的重要性日渐加深。特别是游客的手机使用率在不断提高
社交媒体	社交媒体能够提高消费者的参与度和协同性，因而越来越多地得到企业的青睐。社交媒体推广可以根据用户的社交活动精准定位受众群，宣传效果更好
展示广告	展示广告是一个小型的长方形展示箱，包含某特定网站上的文本信息或图片信息，这些信息的发布需要企业支付费用。浏览量越高，投放费用就越高
线上广告和视频	消费者和市场营销人员可以通过以用户发布内容为核心的网站（如 YouTube、Google Video 和 MySpace Video）上传广告和视频，数百万的浏览者都可以看到发布的内容
电子邮件	电子邮件的发送成本远低于直接邮寄，而它在刺激购买方面的效果是社交媒体的 3 倍
博客	博客通常由个人管理，并定期更新实况报道、赛事描述或其他图表和视频信息。大部分高质量的博客均提供互动服务，访客可以自由评论，互相之间还可以发送信息
微型站点	微型站点是网页上一块特定的区域，由外部广告商付费管理。微型站点是一个互联网设计术语，指的是独立于现有网站内容的单独或集群页面（通常为 1～7 个），可作为线下活动的补充宣传
搜索广告	付费搜索或点击付费广告占线上广告内容的 40%，其中 35% 的搜索内容都与产品和服务相关。搜索词条通常代表消费者的购买兴趣点，在 Google、MSN 或 Yahoo! 的搜索结果中触发商品或服务的相关链接。只有当浏览者点击相应链接时，广告商才需要支付费用
虚拟现实（VR）	旅行目的地利用 VR 技术开展营销活动的趋势正在兴起
线上品牌社群	许多企业出资建设线上社群，成员可以通过发布内容、聊天讨论组和即时消息等方式互相交流有关企业产品和品牌的相关信息

（来源：Keller，2009，p.147）

VR 技术是相对较新型的传播手段，它通过电脑模拟真实的环境场景，用户通过特制的电子设备，如带屏幕的头盔或内置感应器的手套，实现近乎真实或现实的互动。目的地利用 VR 技术开展营销活动的趋势正在兴起，加拿大不列颠哥伦比亚省就是其中一个先行者，利用 VR 技术开展旅游市场营销——其商业、媒体伙伴和终端消费者通过独特的新型技术在自己的桌椅前就能够领略不列颠哥伦比亚省的美妙风光。“越来越多的消费者开始使用虚拟眼镜，VR 技术可以提供 360 度的全景体验，令用户沉浸在不列颠哥伦比亚省无与伦比的旅行体验中，领略狂野的自然风光和现代化的城市风景，”不列颠哥伦比亚省旅游首席执行官玛莎·瓦尔登说道（Rellihan，2015）。尽管不列颠哥伦比亚省旅游的 VR 体验技术是专为 Oculus Rift 虚拟眼镜设计的，但只要技术层面允许，其他终端也可以使用。三星公司推出的 VR 虚拟眼镜 Gear VR 是第一款面向普通消费者销售的 VR 虚拟眼镜，售价为 200 美元。

英国君主航空公司在 2013—2014 年度的宣传活动上，宣布了一项合作滑雪场的 360 度全景 VR 导航服务。作为由 WDMP 营销公司负责的直效营销方案的一部分，用户将被“送往”一座虚拟的滑雪坡，所有可观看的图像都是高清的，并提供 360 度的全景视角、仿真的雪花和音效。导航操作由来回移动或倾斜手机或平板电脑设备实现，用户可以随意在山区漫游，进入新的地区。通过触摸图标，用户可以跟随君主航空的路线访问沿途的所有滑雪场。用户还可以观看由英国滑雪俱乐部提供的滑雪视频，浏览最新的雪质报告，参加明信片大赛赢取免费机票。用户通过社交媒体向朋友们“邮寄”虚拟的个性化明信片，从而起到宣传的作用。

为了实现有效且高效的传播，旅游业市场营销人员需要真正地贴近消费者，特别是通过互联网。在美国，滑雪者要比一般旅行者表现出更多的数字化特征（Phocuswright，2013）。互联网的存在令市场营销人员越来越多地转向一对一的营销模式。通过网络，商家可以随时与消费者进行沟通，同时消费者也可以进行回复，这一过程有利于企业提供个性化的报价和服务。此外，有了互联网，企业可以提供7×24小时的服务响应。事实上，互联网的一个重要优势就是它可以令消费者舒服地坐在家里，随时完成消费，完全不用担心时差的问题。

8.2 新型消费者决策过程

互联网完全颠覆了消费者和品牌的互动方式，使之呈现出非常复杂混乱的态势（Edelman，2010）。通过新媒体渠道，消费者接触了大量的品牌，不但市场营销人员不熟悉这些品牌，甚至完全脱离了他们的控制范围。过去，市场营销策略的重点在于提高品牌意识和鼓励最终购买。而现在，在购买行为发生之后，消费者与品牌的互动性依然很高，无论是积极推广还是攻击所购买的产品，消费者持续参与到品牌的发展进程中。消费者影响力最大的接触点已经发生变化，市场营销人员需要尽快适应，明确消费者实际把时间花费在什么地方，并据此重新规划营销策略和预算。考特等人（2009）建立了一个新型消费者决策模型（图 8.1）。

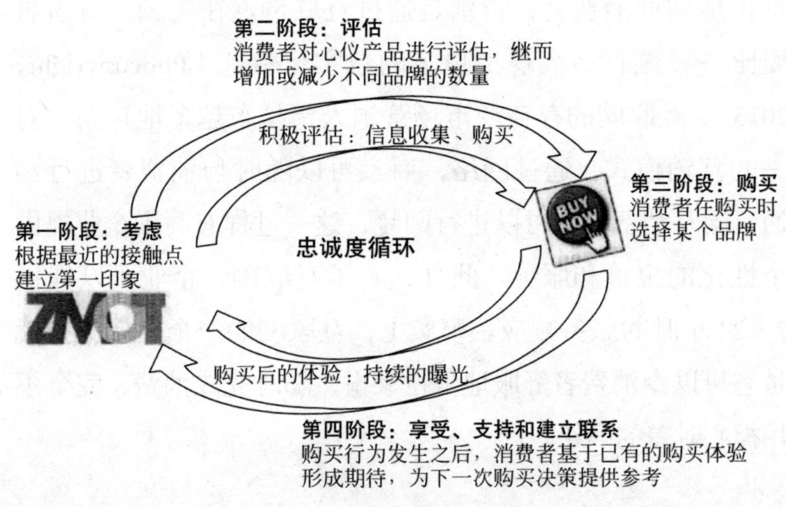

图 8.1　新型消费者决策模型

（来源：Court et al.，2009）

考特等人根据一项针对三大洲 5 个行业的近 2 万名消费者的购买决定研究建立了上述模型。其研究结果显示，相比于系统地缩减选项直到最终决定购买某一特定商品，消费者更倾向于对一批纳入考虑范围之内的品牌进行整体评估继而增加或拿掉某些品牌。购买行为发生之后，消费者通常会与品牌建立一种开放性的关系，通过社交媒体分享他们的购买经验。

消费者决策过程的四个阶段分别是：①考虑；②评估；③购买；④享受、支持和建立联系。新媒体使评估和支持阶段的联系越来越紧密。消费者同市场营销人员的接触以及通过其他渠道获得的信息都会影响其后续决策，前者的鼓动已不再是唯一的影响因素。此外，还有一种现象被称为“即刻体验真相”，线上市场营销人员发明了这一术语来描绘一种新的现实：营销人员要远在购买决定确立前就展开线上竞争，以吸引消费者的注意力（Lecinski，2011）。

滑雪旅行者通常会收集大量信息进行对比从而最终确定合适的旅行产品，在这一过程中，网络信息渠道，包括网站和 APP，主导着整个滑雪旅行的消费过程（Phocuswright，2013）。目前来看，通过电脑浏览网站依旧是滑雪旅行消费的主要渠道，7/10 的滑雪旅行是通过该种方式制定的。企业在网站设计时应注重表达和展现自身的目的、愿景、产品和历史。网站设计的主要挑战在于是否能够从第一眼就吸引浏览者，同时不断引起他们的兴趣以实现重复访问。滑雪场通常会与网站设计专家合作来打造自己的官网。2014 年，佛蒙特州滑雪同 Methodikal 公司和永恒网络合作搭建了全新的官网界面，手机、平板电脑和台式机终端都可以轻松访问。滑雪场和旗下博主可以通过这一平台分享他们的故事、视频和照片，网站还顺利实现了与佛蒙特州滑雪与骑行社交媒体平台的对接。“我们很高兴能够聘用 Methodikal 公司和永恒网络的本地人才来做这件事，网站的响应设计不仅美观，还非常实用。”佛蒙特州滑雪市场营销主管凯尔·李维斯（Kyle Lewis）说道。新官网的一个特色就是包含了佛蒙特州滑雪的家庭滑雪和骑行专家项目——全地域妈妈的相关内容介绍。

尽管社交媒体的作用越来越重要，我们必须要意识到，在消费者整个购买决策过程的早期阶段，电子邮件在刺激购买行为方面的效用实际上是高于社交媒体的——大概是 Facebook 和 Twitter 加起来的 40 倍（图 8.2）。根据麦肯锡公司的数据可知，91% 的美国消费者依旧有每天查看电子邮件的习惯，据估计，电子邮件刺激购买消费的比例至少是社交媒体的 3 倍，而平均订单的价值前者同样高出后者 17 个百分点（Aufreiter，Boudet & Weng，2014）。当然，这并不意味着市场营销人员就要对消费者展开垃圾邮件的狂轰滥炸。麦肯锡公司的 iConsumer 调查显示，随着社交媒体、即时信息和手机信息软件的大行其道，2008—2012 年电子邮件的使用率下降了 20%。不过，麦肯锡公司并不建议市场营销人员仓促地减少电子邮件营销的预算，需要注意的是：①电子邮件仅仅是消费者购买决策过程中的第一个点击动作（字面意义上）；②每一封电子邮件都是了解消费者的一个机会；③电子邮件的内容应更加针对消费者个体，实现个性化营销（Aufreiter，Boudet & Weng，2014）。

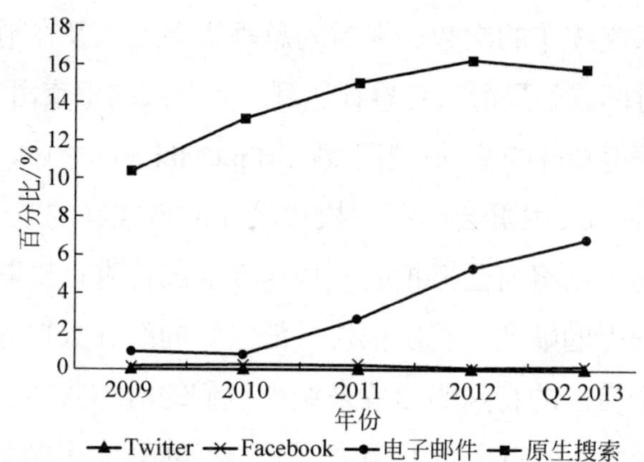

图 8.2　美国不同媒体渠道用户量增长：用户获取的百分比
（来源：Aufreiter，Boudet & Weng，2014）

购买行为发生之后，消费者和产品以及新的线上接触点之间开始派生更深层次的联系。范尔度假村集团充分利用了“享受、支持和建立联系”这一阶段，开展其 EpicMix 项目的宣传。几十年前，范尔科罗拉多度假村的滑雪者在滑雪山购买滑雪票，享受他们的滑雪时间，在他们下一次来访之前和度假村本身并不会产生太多的联系（除了一些直效营销活动）。如今，滑雪者可以在网上购买滑雪票，内置芯片的滑雪卡随后就会直接寄送到家门口。当滑雪者到达度假村的时候，他们就可以加入范尔的 EpicMix 社交媒体体验项目了。EpicMix 通过度假村 89 条缆车线路内置的无线电频率扫描器追踪滑雪者在山区内的活动，包括河狸溪、布雷肯里奇、楔石和天堂在内的范尔集团旗下度假村的缆车线路都安装有类似的装置。这些扫描器会自动识别缆车卡内置的芯片，记录滑雪者乘坐缆车的次数、滑雪的总垂直高度以及在滑雪山上停留的时间。如果滑雪者累计达到 1 万英尺的垂直滑雪高度，他们会获得特殊的奖励：当下载了 EpicMix app 之后，该滑雪者的 Facebook 主页会出现一枚代表完成该成就的电子勋章。用户们还可以将自己抓拍的照片与专业图片进行拼贴，再加上他们获得的勋章、雪质报告或滑雪场的统计数据等，设计一张属于自己的特殊明信片来纪念他们的滑雪假期。范尔度假村集团因此赢得了 2011 年的威比奖。本章末尾的案例分析详述了范尔的 EpicMix 项目是如何随着集团旗下不断壮大的度假村数量而逐步发展演变的。

8.3 冬季体育市场营销人员使用的社交媒体工具

类似范尔集团利用的那些社交媒体平台已经成为占支配地位的数字传播渠道。2013 年，社交媒体广告同比增长了 35%，主要的驱动因素是使用手机人数的增长（Akhtar, 2014）。随着消费者越来越多地把时间花在社交媒体上，他们的购买决定往往会受到来自朋友和其他影响因素的作用。很多消费者在旅行之前都会浏览酒店、景点和餐厅的评价，70% 的游客会在旅行期间通过社交网络上传照片或更新他们的 Facebook 状态（Lab42，2012）。相比于其他游客，滑雪旅行者更倾向于通过社交媒体分享他们的旅行见闻，特别是那些35岁以下的人（Phocuswright，2013）。

包括范尔度假村集团在内的很多企业，都会选择利用社交媒体渠道进行营销，因为它在提高消费者参与度和协同性方面潜力巨大。通过社交媒体，市场营销人员可以快速获得大量一手反馈信息，其他人则认为社交媒体的价值在于它的网络性。Facebook的统计数据显示，平均每个用户在社交媒体上拥有130位好友，当其从好友那里听说了某件产品或服务时，其成为潜在消费者的可能性要比通过其他渠道了解得知高出15个百分点。社交网络的发展很大程度上受Facebook的驱动，美国90%的社交媒体用户和欧洲85%的用户都注册了Facebook账户，同时它也是最受欢迎的社交网站（表8.2）。

表8.2　10家最受欢迎的社交网站

社交网站	预计每月独立访问人数 / 千人
Facebook	900 000
Twitter	310 000
LinkedIn	255 000
Pinterest	250 000
Google+	120 000
Tumblr	110 000
Instagram	100 000
VK	80 000
Flickr	65 000
Vine	42 000

（来源：eBiz，2014）

视频是推广冬季体育运动的重要途径，尽管许多人并不将其归属于社交网站范畴（包括 eBiz），目前最受欢迎的视频分享网站是 YouTube。许多滑雪场也都建有它们各自的 YouTube 视频分享平台，如科罗拉多州的阿斯彭斯诺马斯度假村（https://www.youtube.com/user/AspenSnowmass/featured）。市场营销人员不仅利用视频推广其举办的冬季极限运动比赛，还拍摄了 6 集系列视频“我们的故事”（http://ourstory.aspensnowmass.com）。YouTube 网页提供度假村的官网链接，其他链接内容包括“阿斯彭斯诺马斯现场”——访客可以在该网页看到度假村的实时场景。页面还提供最新的 Twitter 内容、Facebook 发布内容以及本地区的视频和照片，它们全部都是由工作人员和用户们实时进行发布的。

事实上，鼓励用户们发布视频或参与视频竞赛已经成为许多旅游目的地常见的一种宣传手段，不仅能够提高用户的参与度，他们还有机会成为品牌的数字形象大使。用户可以在竞赛网站上上传他们个人拍摄的视频，最终的赢家可以获得免费的梦想假日之旅。相应地，这些幸运儿也会成为目的地的宣传大使，通过 Facebook、Twitter、YouTube、Flicker 和博客等渠道分享他们的感受。2011 年，犹他州的雪鸟度假村在其 Facebook 主页上发起了面向全球访客的“本地英雄视角”视频竞赛，获奖者可以赢得去犹他州滑雪的机会。雪鸟度假村、乐斯菲斯、《粉雪》杂志、《单板客》杂志和沃萨奇粉雪鸟指南共同赞助了该活动。竞赛内容分为单板滑雪和双板滑雪两个类别，每个类别的获胜者都会获得为期 5 天的雪鸟度假村双人之旅，沃萨奇粉雪鸟指南提供的一日空降式滑雪游，乐斯菲斯提供的价值 500 美元的礼品卡和两个免费的《粉雪》和《单板客》杂志的订阅机会。由于提供了免费的度假机会，该类活动极大地提高了参与者的热情、兴趣和忠诚度。此外，通过免费的媒体曝光也提高了目的地的知名度。

视频分享还有另外一种方式。2014 年，新西兰旅游局面向澳大利亚滑雪者开展的一项宣传推广活动采用了无人机设备（一种可以远程操控的飞行照相机），穿行在南岛的滑雪区域上空。该无人机设备允许游客拍摄 8 秒钟的视频并通过社交媒体实时分享给自己的朋友们，唯一要做的就是在分享内容前加上 #NZDronie 的标签。通过无人机设备“自拍”在全球范围内刚刚开始兴起，用户可以通过飞行照相机在空中录制视频。#NZDronie 活动在新西兰的许多滑雪区陆续开展起来，包括卡德罗纳、科罗奈特山、哈特山、库克山、皇后镇和特卡波湖。新西兰旅游局总经理托尼·桑德斯说道：“我们很荣幸能够成为第一个在滑雪坡上展开 #NZDronie 活动的国家，希望它可以丰富人们分享假期记忆的方式。口碑营销是一个很重要的分享途径，游客们可以充分利用社交媒体渠道进一步分享在新西兰的冬季体验。”（Scoop，2004）通过在社交媒体上分享他们的“无人机自拍”，滑雪者有机会赢得双人滑雪票以及其他非滑雪类的冬季活动体验机会。澳大利亚是新西兰最大的国际滑雪游客输出国，大约有15%的澳大利亚游客会在假期选择到新西兰滑雪。

社交媒体的另一种模式是线上品牌社群。品牌社群的定义为“建立在使用某一品牌的消费者间的一整套社会关系基础上的、一种专门化的、非地理意义上的社区”（Bagozzi & Dholakie，2006，p.45）。品牌社群的兴起伴随着消费者赋权的发展，在品牌社群内部，消费者强烈的品牌忠诚度得以表达和培育，同品牌的情感联系得到加强。针对品牌社群的研究显示，企业通过鼓励有相似想法的消费者之间进行互动，在由企业发起或赞助的社交场合中实现群体认同，有利于培育品牌忠诚度，不过品牌社群的主要控制者和管理者还是消费者本人。

随着互联网的普遍使用，线上品牌社群得以有效地刺激消费。一项针对线上品牌社群的研究（Adjei，Noble & Noble，2010）显示，消费者之间有效的交流有助于降低对企业及其产品的不确定程度，他们的即刻购买意图和实际购买产品的数量也会增加企业的利润。研究同时还发现，负面信息的影响远没有正面信息的影响作用大，因而，维护好一个品牌社群的存在对企业来说是有利的，消费者可以通过相互之间的交流对企业有更多的了解，即便他们也会交流一些负面信息。

建立和管理线上品牌社群面临的主要挑战是，消费者经常会认为市场营销人员的努力仅仅是为了追求利润，从而降低其对品牌社群的参与度和贡献度（Algesheimer，Dholakia & Herrmann，2005；Lee，Kim & Kim，2011）。一个可行的解决办法是，建立一个线上品牌社群平台，鼓励消费者自愿分享和交流彼此的经验，而非将企业本身的想法强加给消费者，如派发优惠券或抽奖活动。这意味着市场营销人员在品牌社群的发展过程中应扮演一个相对被动的角色。

被动参与品牌社群建设的一个很好的例子来自范尔度假村集团，2012 年，范尔集团同一群资深家庭旅行作家合作创办了一个网站：www.EpicMoms.com，同上文提及的佛蒙特州滑雪的全地域妈妈网站类似，它的目的是给妈妈们（和爸爸们）在制订前往范尔度假村的家庭旅行计划时提供有参考价值的经验和专家意见。范尔集团非常聪明地设计了一个“社交媒体攻略”页面，告诉妈妈们如何通过 Instagram 来分享她们的旅程。科罗拉多州的阿斯彭斯诺马斯和布雷肯里奇同样在培育线上品牌社群方面有所建树，消费者和度假村市场营销人员都从中获益。

鉴于品牌社群成员对产品和品牌有浓厚的兴趣，他们极有可能提供有价值的创意。对品牌社群成员的一项研究显示，对品牌的认同度越高，越容易建立品牌信任，消费者会越倾向于参与品牌发起的开放性创意活动。这种活动被称为“众包”——《连线》杂志的特约编辑杰夫 · 豪在 2006 年首次使用该说法（Sulivan，2010）——众包型创意意味着企业敞开大门，允许消费者、员工或普通大众一同参与到创新活动中来，有利于提升产品、服务和市场营销质量。消费者可以同企业直接对接，令产品的提供方式更好地满足自身的需求，企业也可以从中获取更多的灵感和意见，并将其转化为可操作的创意理念，这要比开展一个研发项目省钱得多。

2014 年，地中海俱乐部利用众包的方式鼓励消费者参与到法国阿尔卑斯地区瓦托伦斯滑雪度假村的建设中来。这一一条龙式的服务品牌在 Facebook 上开展了由七个不同阶段组成的市场营销活动，鼓励粉丝们为地中海俱乐部度假村的建设贡献力量。活动在 Facebook 上分为三大块，分别是“发现度假村”“参与投票”和有关参与者赢得“奖品”的描述。这一活动不仅仅是为了宣传度假村，粉丝们还可以通过投票功能对新度假村的一系列事务进行决策。例如，针对新的品牌名称，“Val Thorens Sensations”得票数要高于“Val Thorens Titanium”；而在度假村设计层面，多数人想要建造一座攀岩墙——而非一个现代化的天井结构。

地中海俱乐部向参加活动的粉丝们提供新度假村的 7 日游项目，两名获奖者将成为第一批体验者。度假村揭牌的新闻发布会上，北美地中海俱乐部市场营销高级副总裁杰罗姆·伊凯说道：“去年，地中海俱乐部的高山滑雪场接待游客数量达到 20 万人次，我们通过搭建这一创意平台吸引有品位的客户共同打造他们理想的滑雪场。我们十分重视客户，并诚挚地邀请他们加入到新一代滑雪度假村的建设中来。今年 12 月，度假村会正式对外运营，但我们要在这之前把品牌打响，以确保我们的目的地在客户的旅行计划中占有一席之地，同时有助于酒店房间的提前预订。采取这种渗透式的营销模式有利于在地中海俱乐部的‘传播大使’们中间打造良好的网络口碑。此外，我们还将举办为期数月的市场营销活动，通过社交媒体平台推广引人注目的、参与度高的以及最终可被分享的内容。”（tnooz，2014）

对于旅游业市场营销人员来说，线上社交网络的大范围扩散带来的不利影响之一要数丧失了对消费者评价过程的控制权（Kim & Hardin，2010）。合理的批评意见固然可以促使企业改善其服务质量，对于消费者能够轻易借助社交媒体渠道散布不良信息这一点，企业也无能为力，因为消费者们并没有留给它们解决问题的机会。无论如何，市场营销人员仍旧要依赖评价网站——即便上面会发布一些负面评价，因为这些网站的内容对浏览者的决定有着重要影响。Medallia 公司的一项研究显示，主动参与社交媒体评价的酒店入住率是那些没有选择这么做的酒店的两倍（Hertzfeld，2015）。我们很欣慰地看到越来越多的滑雪场，如科罗拉多州的雪硚度假村，在其官网上加入了 TripAdvisor 和 Yelp 的链接（已有外部链接内容为 Facebook、Twitter 和 YouTube）。

另一个问题是，如何衡量社交媒体的投资回报率以及它对企业利润的影响。通过社交媒体渠道实现有效的品牌和消费者之间的互动已经开始得到积极的回报（Cruz & Mendelsohn，2010），不过可提供支持的相关研究材料尚有欠缺。如果某项社交媒体活动只针对特定的报价展开，计算其投资回报率则较为容易。2012—2013 年，加州的斯阔谷高山草原度假村通过一项独家优惠活动将其 Facebook 粉丝量货币化，活动时间为期 3 天，购买滑雪季卡的粉丝会得到一张价值 25 美元的高尔夫球卡。这一优惠活动覆盖了超过 1 800 万的 Facebook 用户，送出的高尔夫球卡超过 2 600 张；度假村新增了 2 535 名粉丝，营销资金的投资回报率高达 337%，其中大部分的购买行为来自新的季卡持有者（Regos，2013）。

8.4 资料篇：乔伊·内文，从苹果到阿斯彭

当一个苹果公司的前行政管理人员转行到滑雪产业时，他自然而然地会带来一些前瞻性的研究成果和应用科技。Bumps For Boomers 的创始人乔伊·内文从人数方面考量，在 2003 年首次圈定了他的目标市场，即婴儿潮一代（他们现在的年龄大概为 50～68 岁）。“1962 年，美国滑雪者滑雪天数为 400 万天，如今这个数字达到了 6 000 万，”他说道，“婴儿潮一代完全主导了这一增长势头。这些人从年轻的时候就开始滑雪，后来他们结婚生子，整个家庭都变成滑雪爱好者，现在他们孩子的孩子也开始接触滑雪运动了。滑雪成为一种家庭运动，充满了美好的回忆，婴儿潮一代哪怕年纪已经不小了，但他们还是想继续滑雪，继续同家人一起创造回忆。”

已经为人父母的婴儿潮一代逐渐变成空巢人士，内文却从中看到了市场机会："年轻的家庭成员离开父母身边，意味着婴儿潮一代不仅有更多空闲的时间来滑雪，他们也会继续同家人一起享受滑雪假期。但这个市场有一个很大的问题，打个比方，婴儿潮一代的身体机能已经开始'流失'，身体的各项指标也开始往不好的方向发展：体重增加，血压增高，视力下降，肌肉松弛，骨质疏松，反应变慢，容易疲劳以及关节痛，等等，他们开始变得害怕受伤。随着年龄的不断增长，想要更好地参与到滑雪运动中来委实有一场硬仗要打。现实的问题摆在这里，婴儿潮一代也心知肚明，正因为如此他们才会寻求解决的办法，以期能够在晚年继续滑雪。"

Bumps For Boomers 就是为了解决这一问题而创立的。"我们发现，障碍滑雪需要的技巧同上了年纪的人滑雪时需要的技巧其实是同源的：更好的平衡性和控制性，以及一些聪明的策略。"内文解释道。

他为加州苹果公司工作的时候，曾在高山草原度假村教授滑雪课程。2003 年退休后，他定居在阿斯彭，在阿斯彭滑雪学校的支持下创办了这一特殊滑雪训练营，为期 3～4 天。"我在苹果公司工作了 12 年，骨子里想的全都是如何将复杂的事情简单化。"

选择阿斯彭是经过深思熟虑的：它是世界上最奢华的

滑雪场之一。Bumps For Boomers 办公室外的走廊全部铺设了地热系统，有效地减少了附着在滑雪靴上的碎冰令滑雪者摔倒的情形。楼梯上的缆车站旁有滑雪管家随时待命，附近还设有售货点提供免费的咖啡。滑雪坡上建有水吧，提供苹果汁，滑雪者们可以直接滑雪进入。山上的度假木屋还提供按摩服务以及适合在寒冷的天气里享用的食物。

在确定了目标市场、滑雪场和产品之后，内文把精力转向市场营销方面，他将互联网作为主要的营销渠道。由于曾在苹果公司工作，内文坚信发布免费内容的重要性。“我们专为婴儿潮一代的滑雪者免费讲解障碍滑雪技巧和粉雪滑雪技巧，”他解释道，“这些技巧侧重控制性，提高了滑雪效率，能够减轻疲劳，并且它们不需要滑雪者做出快速反应。有了这些技巧的帮助，婴儿潮一代可以同他们的孙子、孙女一起滑雪，这些年轻人往往更青睐复杂的地形区，而非重复养护的雪道。”此外，由于80%的滑雪者都扎堆在经过养护的雪道上，碰撞——然后受伤——的机会其实是高于在非常规雪道上滑雪的。

Bumps For Boomers 还会提供两份免费的滑雪健身视频，以确保滑雪者的各项身体机能达标，从而减少受伤的可能。官网还设立专门的“障碍技巧学习中心”页面，显示参与者的反馈和评价。Bumps For Boomers 课程的注册用户会收到通过邮件发送的免费障碍滑雪技巧和粉雪滑雪技巧资料，为之后的学习打下良好的基础。

在即时通信的世界里，利用社交媒体进行商业推广，内文可以说是这方面的先行者了，他通过博客、视频、网站、Facebook、YouTube和Twitter发布其创新性滑雪技巧的信息。内文从一开始就明白，社交网络作为现代社会的一种“口碑营销”，有助于提高公司的知名度。此外，一家总部位于弗吉尼亚州的品牌传播公司BCF也为他的市场营销工作提供了助益。该公司专注于向婴儿潮一代推广产品和体验。

内文对搜索引擎优化、数据库管理和锚文本颇有研究，他还总结了市场营销活动中的相关技术应用。此外，他还是个媒体行家，先后邀请了大批记者参与到公司的媒体项目中来。他在Bumps For Boomers会面地点附近为他们预订了一流的宾馆，招待他们在阿斯彭最好的饭馆享受美酒和佳肴，提供一篇正面报道所需要的全部素材，同时，他还会与他们分享自己的一套生活哲学。内文还经营着一个大型线上媒体室，通过Bumps For Boomers的官网就可以进入。一篇在《纽约时报》上发表的关于Bumps For Boomers的介绍文章给他带来了巨大的成功，根据谷歌的追踪反馈，官网的点击量立刻开始飙升，业务量也随之有所增长。

内文和度假村一起，为媒体从业人员提供额外的住宿和滑雪票。“来之前，我们会向他们简要阐述项目的核心要素，那些新的、与众不同的、有趣的报道角度以及其他他们感兴趣的东西，”内文解释道，“我们会开行前电话会，了解他们的目的，寄送纸质材料，同时建议媒体人员访问我们的网站，了解我们的技术、人口统计数据和客户服务调查结果。”内文还会向媒体人员提供图片，在其停留期间还会协助他们进行排版。“我们尽可能满足他们的一切需求，让他们的工作能够更好地开展，这样也更容易取得成绩。”

主打“滑雪到老”的理念，Bumps For Boomers 已经成为阿斯彭滑雪公司最受欢迎的专业滑雪指导项目之一，每年从 12 月到次年的 3 月，每个星期都有来自全国各地的滑雪者加入进来。最初的训练营增设了“MBA”——Bumps 学院滑雪大师项目，参加为期 3 天的障碍技巧课程的滑雪者将会前往 3 座滑雪山——阿斯彭高地、斯诺马斯和阿斯彭山——体验不同的滑雪乐趣。

（以上内容整理自乔伊·内文的专访，2014 年 10 月；http://www.bumpsforboomers.com/；http://www.aspensnowmass.com/；http://www.bcfagency.com/；http://www.bumpsforboomers.com/mba-program-master-bumps-academy）

8.5 新型移动生活方式

消费者技术的最新进展无疑是手机的广泛使用。南非通信和移动金融品牌 MTN 认为，移动技术的普遍应用创造了一种全新的移动生活方式（Roberti，2011）。移动技术联通了银行、信用设施、旅游线路、保险业务、公共服务和互联网语音技术，革命性地改变了私人交流和商业沟通的时间、地点和方式。

诚然，使用手机的游客数量越来越多，接近 2/3 的美国游客通过互联网安排其旅行计划，他们都使用手机，近 1/3 的人拥有平板电脑。美国滑雪旅行者的手机和平板电脑使用率要高于一般游客（PhocusWright，2013）。3/4 的单日滑雪者使用手机，半数人拥有平板电脑。滑雪旅行者的数字设备使用率相对更高，10 个人当中有 8 个人使用手机，超过半数的人（55%）拥有平板电脑（图 8.3）。滑雪者较高的数字设备使用率在某种程度上代表着这一群体的高收入和高消费水平。移动设备的高持有率改变了整个滑雪旅游的生命周期：滑雪旅游者更喜欢通过手机和平板电脑进行信息搜寻与消费购物，分享他们的滑雪旅行经历。因而，滑雪产业和旅游产业必须要做足准备，通过移动媒体直面这些高消费的旅行者，并对他们的决定和行为模式做出影响。

在使用手机或平板电脑的滑雪者当中，2/3 的人会通过社交网络与朋友进行联系，或者在社交网络上发布信息、照片和视频。11% 的人尚未通过手机参与这些线上活动，但他们计划在未来的几年中做出改变（图 8.4）。人们更多的是通

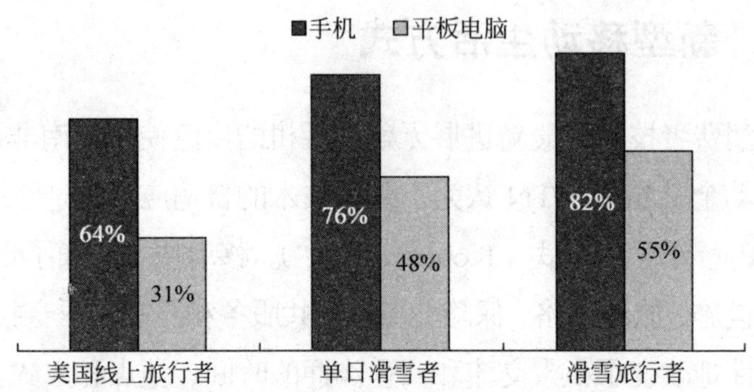

图 8.3 不同种类的旅行者和滑雪者的手机与平板电脑持有情况

（来源：PhocusWright，2013，p.13）

过手机查询天气信息、查看电子邮件和导航。仅有 1/3 的滑雪者通过手机购买缆车票，但 36% 的滑雪者表示在未来几年间他们会选择这么做。在人们未来打算通过手机实现的所有操作中，想要在手机上购买滑雪票的人数是最多的。

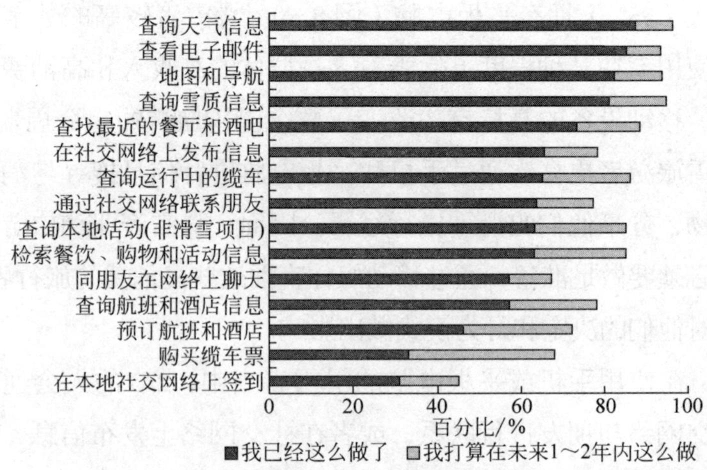

图 8.4 已经使用或计划使用的手机服务

（来源：PhocusWright，2013，p.15）

8.6 滑雪场运营方面的技术变革

正如上文所说，滑雪者对于线上服务（特别是手机服务）的需求越来越大，无论是在滑雪旅行开始之前还是在滑雪坡上。对此，滑雪场也开始采用新的技术提供线上缆车票预订和其他滑雪服务功能（PhocusWright，2013）。科罗拉多州的阿斯彭斯诺马斯度假村在缆车卡内植入了射频识别芯片，滑雪者在通过闸机时系统会自动进行识别。利用同样的技术，滑雪者在通过闸机时还可以自动延长缆车卡的使用时间，因为内置的芯片存储了用户的信用卡信息。滑雪者还可以用缆车卡购买食物或在度假村内享受其他服务。欧洲的滑雪缆车系统在很多年前就已经开始使用这种射频技术，因为同一滑雪地区有太多独立的运营商，该技术能够追踪用户乘坐了哪条缆车线路。此外，追踪技术有利于提高滑雪区的安全性，在知晓姓名的前提下，寻找失踪滑雪者的效率将大大提高。许多滑雪场零售店现在也开始提供线上预订服务，提供电子租赁单。加拿大亚伯达省的马尔莫盆地滑雪度假村出售的马尔莫卡可以用于租借雪具，购买滑雪课程、缆车票、季卡和礼品券。滑雪管家可以将您在网上租借的雪具直接送至酒店，服务范围覆盖犹他州、加州、怀俄明州、科罗拉多州和加拿大的 35 家滑雪场。

其他滑雪场则为用户开发了手机软件。科罗拉多州斯廷博特滑雪度假村 APP 提供雪质报告、天气预报、优惠和交易信息、网络摄像头和汽车时刻表，用户只需动动手指就可以查询到这些信息。斯廷博特还开发了山区监控技术，提供小朋友们在滑雪学校的定位服务，还可以帮助滑雪巡逻救援人员寻找那些到处乱跑的滑雪者。该 APP 还可以给出用户当日的滑雪总结，不过现在大多数滑雪 APP 都有类似的功能。澳大利亚的 AlpineReplay 软件还可以监测用户的滑雪速度、滑雪时间、垂直高度、卡路里消耗情况以及滑雪距离等多项指标。

缆车技术的进步也极大地改善了滑雪体验。高速拖挂式吊厢和 6 座缆椅极大地提高了载客量和运输速度，减少了缆车的数量。魔毯代替了绳索牵引，为儿童和初学者提供了便利。一些滑雪场还建有保暖型缆车，如犹他州峡谷度假村的橘色泡泡线和范尔度假村的一号缆车，佛蒙特州的奥克莫山体度假村新建了一列价值 690 万美元的保暖型 6 座缆椅设施，班夫森夏恩的保暖型 6 座缆椅在 2015—2016 年滑雪季对外运营，其他滑雪场则尝试开发太阳能缆车。瑞士小镇坦纳搭建了世界上第一列太阳能缆车。镇长托马斯·布奇里说道：“当旧的缆车设备需要翻新的时候，我们想到可以利用太阳能，毕竟我们已经在马厩的屋顶上搭建了不少太阳能板。”（Danigelis，2012）该缆车线路于 2012 年 12 月中旬对外运营，它面临的一个主要问题是，缆车站的屋顶面积不足以放置所需的全部太阳能板。为此，他们在缆车上方搭建了一条悬空的“太阳能板翼”，总长度约为 500 码。这些太阳能板可以跟随太阳的方位进行旋转，当积雪覆盖达到一定程度时，它们还可以通过翻转将雪除去。日照充足的时候，缆车系统产生的能量是其消耗量的两倍。滑雪季结束后，缆车则变成迷你太阳能发电设备。这一新型缆车系统的造价约为 150 万美元，每年发电量预计将达到 9 万千瓦时，而整个滑雪季缆车运行所需要的电量仅为 2.1 万千瓦时（Danigelis，2012）。

造雪技术也有所进步。加拿大惠斯勒黑梳山度假区通过先进的技术手段每秒可以将 1.5 万加仑的水转化成雪，而加州的天堂山体度假村则通过 iPhone 遥控造雪。考虑到环保问题，布雷肯里奇出资购入了节能型造雪机和新型压缩机。在加拿大，芬尼每年造雪厚度达 47 英尺，在滑雪季的高峰期通过采用节能型喷头和空气压缩技术造雪，尽可能减轻对环境的影响。未来，无人机摄像技术可以用于搜索新的地形区和监测雪崩，加拿大的马尔莫盆地度假村已经开始尝试在造雪和雪道养护方面应用该技术。

8.7 滑雪服和滑雪装备的技术革新

近些年来，滑雪服和滑雪装备的技术革新给冬季体育运动爱好者们带来了极大的影响。经过近一个世纪的设计创新，最新型的滑雪板令滑雪变得越来越容易，对材质、板型和重量的不断改进最终造就了今天的复合型花式雪板。罗西尼奥尔将香蕉形雪板和传统的弧形板结合起来，入弯时更柔和，机动性更强，适宜全地形滑雪。蜂窝状的空气板头技术降低了末端的重量，令板头可以毫不费力地保持在雪面之上。传统的滑雪靴平衡了功能性和舒适性，如今定制款雪鞋相继问世。滑雪者全时服务和弗尼等专门商店通过内衬和外壳的建模和轮廓描摹等技术制造高性能的北欧雪鞋，与滑雪板完全契合，穿上脚的感觉就像是拖鞋一样。朗格“选择你的尺寸”系列提供适合所有脚型的非定制款雪鞋。罗西尼奥尔的全新 Alltrack 系列男女款雪鞋设计倡导新型滑雪和徒步技术，橡胶鞋底和足弓部位的抓地力强，充分考虑到了舒适度和功能性。

技术纤维，如新雪丽、戈尔特斯、斯潘德克斯弹性纤维和聚酯材料，被应用于多层滑雪服的生产，以提高防水性、防风性、保暖性和防潮效果。天丝是一种环保纤维面料，通过纳米技术将木浆溶解在无毒溶剂中直接纺丝，其纳米纤维结构可以有效地吸收水分，尼尔斯滑雪服将其用于生产速干衣。一些贴身滑雪服甚至还应用了防损伤技术，Opedix 的膝盖防护紧身裤采用 19 块防护板增强肌肉和关节功能，调整关节位置以减缓疲劳、防止受伤。保暖服现在已经很普遍了，沃特的背心和夹克内置可充电的轻型加热器；Seirus 生产保温手套和连指手套；Therm-ic 生产保暖雪鞋。包括尼尔斯滑雪服和罗西尼奥尔在内的许多生产商开发出可以戴在头盔外的兜帽，最大限度地减少风寒影响。头盔最初是比赛专用的装备，现在已经是一般滑雪者的标配了。如今的头盔样式，如 Giro

的 Discord 系列，采用双密度防震衬垫和轻型灵活耐用的外壳设计。经过 60 年的研究，Bolle 的 B-style 系列头盔主打超轻型聚碳酸酯外壳和低过敏性泡沫衬垫，包含可调节发带、可拆卸耳垫和集成音频设备。

当今滑雪产业的主流趋势之一是利用可穿戴技术设备监测滑雪者的健康状况和滑雪表现。AlpineReplay 开发了一种新型技术“追踪”，可以为滑雪者提供实时数据。Trace 运动追踪器重量仅为 1.4 盎司，可以轻松安置在滑雪板上，用来监测速度、距离、转弯、垂直高度、滑雪时间、空气指标和卡路里消耗量等数据。通过收集这些数据，运动员们可以全程追踪自己的进步，及时发现需要改进的地方。此外，“追踪”相机功能可以同步所有的蓝牙视频设备，包括 GoPro、iPhone 和 Android 等，用户可以通过高质量的视频技术即时重现他们的滑雪瞬间。调研团队国际数据公司（International Data Corp.）表示，2014 年可佩戴技术设备的销量是上一年的 3 倍，到 2018 年，整体市场需求量将扩大 5 倍，超过 1 亿台（Hamlin，2015）。

8.8 案例分析：范尔度假村集团，全方位的科技融入

以前的客户服务推广乏善可陈，就像不起眼的滑雪缆车票一样，并没有留给经理们太多发挥的空间。它就是一

张带有金属或塑料芯片的纸片，外面有一层卡套，你经常会看到它们挂在树枝上或其他什么障碍物上随风飘荡，仿佛只有检票人员才能辨别出来。如今，有了智能卡片技术，全世界的滑雪场都在利用缆车卡提供各类便利服务，它可以被滑雪者妥帖地收纳在口袋里，持卡人可以自动通过缆车的检票口，滑雪缆车卡几乎已经成为一张度假村信用卡了。

美国范尔度假村集团可以说是这一方面的先行者了，即便是今天，它们仍在致力于研究智能卡片技术的每一个细微差别。“我们最重要的变革之一是在2014—2015年滑雪季期间推出了快速购票服务，”范尔度假村集团首席信息官罗伯特·乌里耶说道，“客户可以随时随地通过手机购票。如果他们有卡包程序，电子票会直接下载到用户的手机设备上。如果没有的话，我们在购票窗口会设有专门的快速购票取票通道，用户仅需出示他们的二维码购买凭证就可以领取电子票。”快速购票服务不仅有效地缓解了实体购票窗口的排队问题，同时度假村可以获得购票者更加完整的信息——传统的窗口售票模式是做不到这一点的。“快速购票和其他先进技术的应用有利于客户更多地了解度假村，改善度假村的管理；除此之外，我们也在不断丰富公益营销模式，提高预测性分析的能力，”乌里耶补充道，“通过传播渠道与目标客户群进行更有侧重性的互动。我们一直在不断寻求如何通过更好的方式将信息在适合的时间和地点，传达给新老客户以及未来的客户们——这无疑会推动业务量的增长。”

EpicMix智能滑雪卡搭载的射频技术解放了持有者的双手，通过绑定信用卡，持卡人可以在山区进行消费。实体卡片可以重复使用很多年，不需要在每个滑雪季都更换一次。所有实体卡片都可以与免费的EpicMix APP关联，用户可以将他们的山区体验通过Facebook和Twitter分享给亲朋好友，还可以通过EpicMix查询其滑雪的垂直高度、滑雪天数、获得的勋章、排行榜信息、由专业山区摄影师拍摄的照片、获得的比赛奖牌以及在滑雪学校取得的进步。2014—2015年滑雪季期间，EpicMix进一步推出了两个革命性的品牌，EpicMix Guide和EpicMix Chanllege。前者根据用户的所在地、滑雪能力和偏好的停留时间为其推荐适合的雪道，后者则允许用户同自己或他人进行比赛。“EpicMix有6个主要的升级版本，分别专注于数据统计和勋章、照片、比赛、滑雪学校、向导服务，以及最新推出的挑战项目，”乌里耶解释道，“加入挑战，用户可以为自己设立目标，如每日目标、度假期间目标或者一整个雪季的目标，然后在社交网络上分享他们的目标完成度。”

EpicMix APP用户可以通过社交网络免费分享他们个人或团队的目标完成情况。它带来了几大好处：“整体而言，我们希望通过记录用户们在山区的活动，将 EpicMix 打造成为滑雪和骑行活动的数字伴侣，”乌里耶说道，“用户可以通过 EpicMix 将其山区体验进行数字化的重现，然后在社交网络上分享。归根结底，它有助于在社交媒体上形成对范尔度假村集团的规模品牌支持，通过进一步了解用户行为也将推动我们的公益营销管理。”

EpicMix 自 2010—2011 年滑雪季期间推出以来，其创新理念受到了广泛关注，知名旅游和滑雪记者在杂志与报纸上发表了许多相关文章，包括家喻户晓的《洛杉矶时报》旅行版面、《滑雪》杂志和丹佛的《赫芬顿邮报》。此外，EpicMix 还令集团得到了不同领域的关注，包括全球之声、科技资讯网（CNET）、《连线》《大众机械》《快公司》和其他一些技术类刊物——它们看上去可不像是滑雪公司的合作伙伴。范尔度假村集团数字体验主管史黛丝·普尔认为，截至笔者截稿前，最成功的一代 EpicMix 是主打照片的版本，无论是目的地游客还是本地游客的评价都非常高。“我们会观察用户们都在使用哪些社交平台，继而想办法让他们可以在这些平台上分享 EpicMix 的内容。”公司社交媒体策略的制定要求相关人员对人口统计、目标市场以及适合的内容信息了然于胸。“我们希望内容可以直接对话客户，鼓励他们采取行动，无论是在社交平台上与我们互动、同他人分享我们的内容还是访问我们的网站。”2015 年，社交媒体策略的重点放在了Twitter、Facebook和Instagram上。“随着不同平台的发展，一些新兴社交平台已经开始推出实时的流媒体播放功能，我们的策略要渗透到客户旅行过程中每一个可能出现的媒体缺口中。”

科技的应用已经融入了公司的灵魂，就全世界范围而言，范尔度假村集团可以说是社交媒体营销的先驱了，它将以客户服务为核心的非直接营销与增加产品和服务价值结合起来。滑雪场通常不会在滑雪山上提供免费的照相服务，也不会进行动态拍摄。范尔却看到了推广免费照相服务的潜在价值，鼓励滑雪者在Twitter和Facebook上发布更多的照片。范尔也是第一个将APP技术应用到缆车票系统的公司。他们创建了自己的博客主页，专门介绍EpicMix的相关信息并提供用户的评价。“作为一个公司而言，我们很幸运能够拥有一位技术能人担任执行总裁，他热衷于利用先进技术提供更好的客户服务，从而推动整体业务的发展，”乌里耶总结道，“我们的核心价值包括不断对业务的各个方面进行创新。有罗伯（卡茨）和整个执行团队的帮助，我们将进一步打造先进的公益营销模式，提高分析能力，提供跨平台的数字体验，提升运营过程的科技含量，植根于互动周期的每一个阶段，为每一位客户打造‘难以忘怀的体验’。”

乌里耶谈到，在范尔集团旗下的度假村内，包括河狸溪、楔石、布雷肯里奇、帕克城、天堂、北极星、柯克伍德、埃弗顿和布莱特山，EpicMix 的用户不仅仅是年轻的滑雪者，上了年纪的滑雪者同样热衷于追踪各项数据以及寻求滑雪技巧的提高，旅行结束后，他们会不断向办公室的同事们谈及自己的滑雪经历。无论是本地滑雪者还是外地游客的使用反响都很好。Epic 通卡已经成为一种性价比非常高的滑雪季卡。本地滑雪者在帕克城度假村预购 2015—2016 年的滑雪季卡，仅需支付 579 美元。它的广告词是这样说的：仅 4 天就可以回本，范尔集团旗下 9 家度假村通用。2014—2015 年滑雪季推出了季卡的自动续费功能，保证持卡人享有下一个雪季的最低价格，用户只需在春季支付一笔 49 美元的预付款，尾款将在秋季进行支付。

（以上内容整理自罗伯特·乌里耶和史黛丝·普尔的专访，2015 年 4 月）

参考文献

第9章 冬季体育旅游活动的作用

聚焦：非裔美国人的滑雪方式

场景：滑雪山上的全新餐厅，滑雪后放松娱乐的好去处，前卫的餐桌装饰性篝火旁放置着香醇的普罗塞克美酒。来宾：活力四射的单板滑雪者们和双板滑雪者们的全套行头都出自知名设计师之手，他们品尝前菜，大口痛饮啤酒和意大利香槟，跟随着专业 DJ 的曲调热舞——在全球任何一家时髦的滑雪场都会看到类似的情形，不过依这种狂热的势头更像是在欧洲。但实际上，这是 2013 年 2 月阿斯彭斯诺马斯滑雪度假村诶尔克营内的场景，全国滑雪者兄弟会（NBS）将非裔美国人积极热情的生活态度带到了这个时髦小镇。

这一粉丝集会活动是为了庆祝第 40 届 NBS 年会的召开，NBS 成立于 1973 年，那时黑人滑雪者是不折不扣的少数群体。在一整个星期里，全美超过 3 000 名黑人滑雪者将会集聚在斯诺马斯山的滑雪坡上，他们出没在时髦的商店里，可供滑雪进出的度假村酒店、公寓和私人住宅中也都可以看到他们的身影，这一场景完全颠覆了惯常的滑雪者种族分布数据。参加者来自猛犸象滑雪度假村、大熊滑雪度假村和塔霍湖滑雪度假村的 11 个加州俱乐部，包括奥克兰的全年滑雪俱乐部、沙加缅度的凯梅丽亚城滑雪俱乐部、圣何塞的冰与火滑雪、帕萨迪纳市的破冰者，以及洛杉矶的冬狐和银翼杀手。

总部位于洛杉矶的冬狐滑雪联盟会员主管里诺尔·伯努瓦于 1990 年加入该俱乐部，那时她刚从纽约搬过来。“我和新公司的一位女同事成了好朋友，通过她我才知道了冬狐。她说这是一个很好的认识朋友和学习滑雪的机会。”她非常喜欢俱乐部组织的各项年度活动，包括露营、乘居住船游览、水上运动、漂流、音乐会、品酒会，当然还包括滑雪。“我之前从来没有来过阿斯彭，这里的景色和雪道简直令人流连忘返。”不过，活动的社交性对她来说更为重要，“每一次聚会我都能碰到许久未见的朋友，在 NBS 我们就像是一家人一样。我们因为滑雪相识，并一直保持联络，这是件非常美妙的事情。”

艾达·科克兰 1980 年加入俱乐部，是俱乐部的前主席，也算是老成员了。作为 NBS 的元老，她见证了多年来年会参与人数的起起伏伏，1993 年范尔年会的参与人数最高，有 4 000 名注册人员和 2 000 名参观者。每届年会都有“脱离组织”的人，还有不少单纯为了参加派对的非会员。科克兰平均每年会抽出20天来滑雪，她在NBS举办的活动上与来自全美的友人会面，包括滑雪搭档乔治娅·奥多姆，后者现居住在得州的得克萨肯纳，她们每年都会在冬狐的聚会上重逢："我没有错过任何一次聚会，我担心一旦我停止了就再也没法重新开始，"她在其中的一次雪道野餐中说道，"我的座右铭是：只要我还能走路，我就可以滑雪。"

奥多姆曾先后在意大利、法国、奥地利、瑞士阿尔卑斯地区、新墨西哥和加拿大的滑雪场滑雪。在北美、意大利和法国接受训练后，她现在已经是一名经验老到的滑雪者了，每一届年会期间，她都感觉到自己仿佛重新焕发了活力。"我会参加所有的欢乐时光聚会，享受其中——你会以为我只有30岁。"她先后6次来到阿斯彭斯诺马斯滑雪，这是她最喜欢的度假村之一："交通非常方便，而且住宿地区可以滑雪进入。你不需要开车或者找什么其他的代步工具，雪道也很宽。"

NBS年会的一整个星期里，你几乎无法抗拒派对的诱惑，无论是斯诺马斯本地人还是游客都渴望加入滑雪后的欢聚活动中来。"有一天晚上我担任安保人员，发现许多非会员都想来加入我们的活动。"来自新奥尔良的马特兹爵士与滑雪俱乐部的达瑞尔·乔瑟夫说道，"度假村的工作人员比我们跳得还疯！"NBS赞助商迪阿吉奥请来了新奥尔良州的DJ Ike T和B-sharp作为现场的活动主持。除了雪后的欢聚活动，乔瑟夫更看重年会中的运动安排："手术成功之后，我继续滑雪。我已经滑了3年了，伤痛并不能阻止我。我觉得斯诺马斯是一个非常棒的地方，人们都很热情，无论是滑雪山还是天气状况都无与伦比。"不过他尤其欣慰的是来参加年会的人数。"平常我在滑雪的时候根本看不到这么多非裔美国人，所以一年之中能有那么一两次的机会可以和大家一起滑雪真的非常难得。"

NBS的创始人本·芬利和亚瑟·克莱在这一周中无疑是人群的焦点，他们在斯诺马斯威斯汀酒店主持盛大的开幕式。克莱自1965年开始滑雪，那时他经常是整座滑雪山上唯一的黑人。后来，他从13个黑人滑雪俱乐部召集了350名滑雪者在阿斯彭举办了第一届NBS年会，经过一步步的发展壮大，NBS成员现已覆盖了25个州、43个城市的60家滑雪俱乐部。"它是一次盛大的家庭聚会，"克莱表示，为了能够让NBS一直存续下去，他中间也经历了不少困难和阻碍，"这些年，很多人都曾劝我放弃这件事，但坚持下去是值得的，尽管要管理的东西非常多。"

队伍不同的颜色、欢呼声、舞蹈、祷告、国歌、滑雪火炬传递和焰火表演——开幕式拉开了一系列多姿多彩的雪上活动和雪下活动的序幕，年会时间为期一周。除了滑雪比赛、雪道野餐、欢乐时光、音乐会和喜剧表演，年会还为不滑雪的参观者安排了其他内容，包括电影放映、福音日集会和购物狂欢等。

很多人以为非裔美国人不滑雪，而他们参与冬季体育运动的人数也的确不多。不过就像其他娱乐和职业运动一样，随着黑人群体的经济地位的不断提高，黑人运动员也开始出现在各类冰雪运动领域中，相信用不了多久，我们就可以在奥运会和世界杯的领奖台上看到他们的身影。

NBS 已经向美国国家锦标赛、冬季残奥会以及温哥华和索契冬奥会输送了不少滑雪者。NBS 成员超过 3 000 人，相关事务全部由志愿者打理，是行业内最大的非营利性滑雪组织之一，NBS 年会则是美国最大型的滑雪者集会活动。年会期间也会商讨一些滑雪相关的严肃议题（如向贫困的内陆城市年轻人介绍滑雪这项运动），但对大部分参与者来说，它的主题还是滑雪和社交。

（以上内容整理自对第 40 届 NBS 年会参与者的采访，两位笔者均亲临现场；2013 年 2 月）

9.1 活动的发展

鉴于对游客的影响以及自身的社会功能和文化功能，活动对当今社会和旅游目的地来说意义重大（Getz，2007），同时，它在本地和地区的发展中也扮演着重要的角色（Wood，2005）。首先，活动有利于吸引游客，为游客进一步了解本地文化和体验地区精髓提供了绝佳的途径。游客可以通过参与活动与本地社区进行互动，加深对地区环境、习俗和文化的理解。其次，活动还有助于提升地区形象，创造积极的媒体曝光渠道。最后，对于本地居民来说，活动也为他们感受自身文化、开展与社区之间的交流提供了一个特殊的场合。

杰克逊（2013）认为，以下三个行业对活动的发展有着突出的影响（图 9.1）。

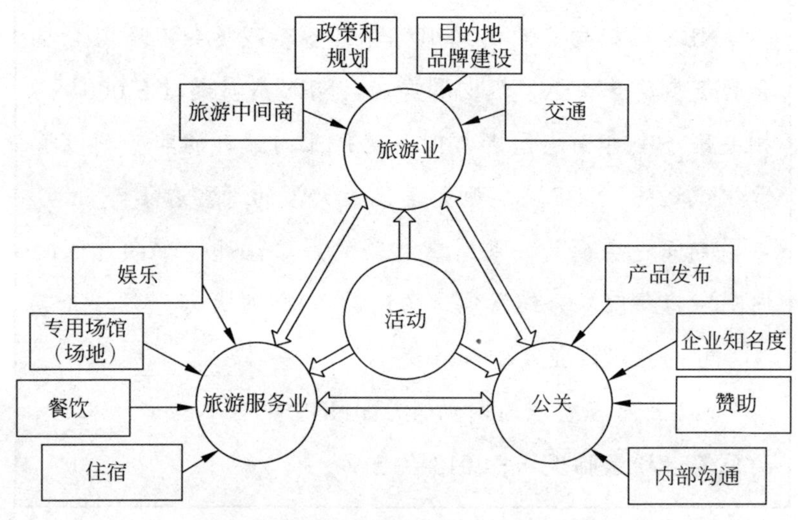

图 9.1　影响活动发展的三个主要行业

（来源：Jackson，2013，p.7）

首先是旅游服务业：无论是酒店、餐厅还是场馆，都认为举办活动是吸引新客户和刺激老客户消费的一种有效途径。例如加拿大惠斯勒每年 4 月举办的世界双板与单板滑雪嘉年华，其目的就是提高雪季末尾的酒店入住率。嘉年华期间的酒店房间全部被预订出去，整个时间跨度长达两周，为的就是最大化提高入住率。

其次，旅游行业的利益相关方（如DMOs）、地方当局或贸易协会则认为举办活动是一种吸引游客和延长其停留时间的有效手段。土耳其计划通过举办冬季运动赛事来发展和推广其冬季旅游产品。“土耳其有3 000多座山，但它们的潜在价值并没有被完全开发出来。”土耳其滑雪联盟主席埃罗尔·亚拉说道（Mollman，2014）。2015年2月，一家位于开塞利（Kayseri）的高级滑雪场举办了欧洲单板滑雪冠军杯。不过，土耳其的目标是举办更多的赛事活动，为此，政府计划在未来12年间投入480亿欧元。联盟计划申办2026年冬奥会，尽管前5次申办夏季奥运会均以失败告终。东部的埃尔祖鲁姆是目前土耳其冬季体育运动巡回赛事的明星举办地，曾举办过2011年世界冬季大学生运动会，2019年将举办冬季欧洲青年奥林匹克嘉年华。TFK副秘书长内贾蒂·卡普兰说道：“我们的目标是在未来12年内吸引400万滑雪者到土耳其来滑雪，无论是专业人士还是休闲游客。通过在全国范围建立滑雪设施，我们会逐步实现这一目标，推动冬季体育旅游的发展。”（Mollman，2014）

最后，市场营销和公关从业人员通过举办活动可以达成既定的目标。下文资料篇中即将介绍的红牛赞助活动就是一个很好的例子。本章提及的其他冬季体育运动赛事赞助商包括斯沃琪、乐斯菲斯、ESPN（娱乐与体育节目电视网）和宝马。

9.2 活动种类

体育赛事旅游包括专业类竞赛活动和非专业类竞赛活动（Hinch & Higham，2004）。专业比赛中，观众的人数要远远多于比赛选手；而非专业竞赛中，选手的数量占相当大的比重，观众的数量则可以忽略不计甚至有时候根本没有观众。例外情况也是有的，如非专业比赛选手邀请了大批亲朋好友作为观众，或者在某些场合下（如马拉松比赛），专业选手和非专业选手同台竞技。

专业冬季体育旅游赛事的一个典型例子就是冬奥会。1924 年，第一届冬奥会在法国的夏蒙尼举办，最初的竞赛种类分为 5 个大项 9 个分项，包括舵雪橇、冰壶、冰球、北欧滑雪（分为军事滑雪射击、越野滑雪、北欧两项和跳台滑雪）和滑冰（分为花滑和速滑）。1924—1936 年，冬奥会每 4 年举办一次，而后被第二次世界大战打断，直到 1948 年才恢复，依旧是每 4 年举办一次。直到 1992 年之前，冬季奥运会和夏季奥运会都在同一年举办，国际奥组委在 1986 年做出一项决定，将两项赛事划分进不同的四年周期，在偶数年交替举办。这样一来，继 1992 年冬奥会之后的下一届冬奥会在 1994 年举办。电视机作为一种全球传播渠道的兴起大大增加了奥运会的知名度，1960 年举办的斯阔谷冬奥会第一次进行了赛事转播权的交易。授权费再加上广告的收益，令 IOC 尝到了甜头，同时也给外部利益集团提供了机会，包括电视机公司和企业赞助商。

随着冬奥会的举办，冬季运动项目本身也在不断发展演变。许多大项和分项加入进来，像高山滑雪、无舵雪橇、短道速滑、自由式滑雪、俯式冰橇和单板滑雪等项目已经成为冬奥会的永久比赛项目，而其他项目有的一度被除名之后又恢复（如冰壶和有舵雪橇），有的则被永久除名（如军事滑雪射击，但现代冬奥会的冬季两项运动却是由此演变而来）。表 9.1 列出了 2018 年韩国平昌冬奥会的比赛项目。其中，自由式滑雪项目的首次亮相是在 2014 年的俄罗斯索契冬奥会。自由式滑雪现在已经受到越来越多人的欢迎，被奥委会列为正式比赛项目，无疑将会进一步提高其国际知名度。

表 9.1　2018 年韩国平昌冬奥会的比赛项目

冰上运动项目	高山滑雪和单板滑雪项目	北欧滑雪项目
雪车（男子双人，女子双人和男子四人） 无舵雪橇 俯式冰橇 花样滑冰（男子单人、女子单人、双人、团队和冰舞） 速度滑冰 短道速滑（500 米、1 000 米、1 500 米和接力） 冰壶	高山滑雪（滑降、超级大回转、大回转、回转、全能） 自由式滑雪（空中技巧、雪上技巧、趣味追逐赛、U 型池、坡面障碍技巧） 单板滑雪（平行大回转、U 型池和越野赛以及坡面障碍技巧）	冬季两项（个人赛、短距离、追逐赛、集体出发和接力） 越野滑雪（个人和团体竞速、自由技术、追逐赛、传统技术和接力） 跳台滑雪 北欧两项（跳台和越野滑雪）

与冬奥会这类专业体育赛事相反，非专业比赛活动吸引的观众较少，而参赛者的数量或许还更多一点。许多业余赛事都可以被归结为非专业运动赛事的范畴中来。例如纽约州

普莱西德湖村举办的帝国州冬季奥运会。34 年多来，它为北美各年龄段的运动员们提供了参与大型冬季业余多项目比赛的机会。2014 年，有超过 1 400 名运动员参加了比赛。1977 年开办之初，它是由纽约州资助的，后来则演变成为一个由社区支持的赛事，它的成功举办离不开诸方的努力和合作，包括环保旅游地区办公室、北艾尔巴镇、哈里斯镇、布莱顿、威明顿、塔伯湖和杰伊地区、普莱西德湖村、塔伯湖和萨拉纳克莱克湖、埃塞克斯和富兰克林郡、纽约州奥林匹克地区发展规划局和州议员贝蒂·利特尔。

节日同活动一样，也可以吸引游客去到目的地，许多冬季度假村经常会举办各种类型的节日活动，邀请度假村游客和本地居民参加，寓教于乐。例如，佛蒙特州的斯托山体度假村定期举办各类现场活动，包括戏剧、音乐、舞蹈、杂技和电影。2014 年 12 月，5 届艾美奖得主歌手詹姆斯·泰勒为斯托镇新建的普鲁斯表演艺术中心举办了一场公益音乐会。一些目的地可能仅因为一个节日而出名，如中国北部的哈尔滨市，每年 1 月会举办国际冰雪节。作为哈尔滨市仅有的几个旅游景点之一——这一略显萧条的工业城市人口约为 400 万，冬季气温在零下 30 摄氏度以下——即便是 2005 年的环境灾害也未能扑灭组织者举办冰雪节的热情。由于有毒化学气体的泄漏，城市供水系统被切断了一个星期，而冰雪节却如期举行了，成千上万的本国游客和国际游客来到哈尔滨。冰雪节为期一个月，其中最出名的要数那些令人眼花缭乱的冰雕作品了，其中包括一些世界历史遗迹的复制品，如埃菲尔铁塔、长城和埃及木乃伊。

举办会议和展览也可以列入活动的范畴，对于目的地来说也是有利可图的。过去 20 年间，这一领域取得了前所未有的发展。几乎全球每个城市都有几座高质量的会议和展览中心，而越来越多的滑雪场也在通过举办会议和展览应对季节效应。例如瑞士的格斯塔德度假小镇，斥资 1.1 亿美元修建了全新的格斯塔德艺术中心——一座栩栩如生的现代音乐厅和展览中心，以期促进度假区全年的经济发展（Eaton，2014）。

谈及举办国际会议的数量，根据国际会议协会的数据显示，美国位居世界第一。科罗拉多州定期举办 SIA 的冰雪展，该展览是一项非营利性的会员制活动，在超过 60 年的时间里，行业内有近 2 万人参加了该展会。在为期 4 天的贸易展中，1 000 余家品牌公司会向来宾展示它们来年的产品，超过 80% 的零售商为下一个雪季挑选产品。自开办起，SIA 的冰雪展就是全球最大的冰雪运动展。此外，冰雪展期间还将举办一场为期两天的雪上展示和滑雪 – 骑行嘉年华活动，滑雪行业代表们齐聚一堂，一起滑雪和骑车；而零售商和媒体则对展会上看中的滑雪器械和配件进行测试，包括双板滑雪板、单板滑雪板、AT、野雪产品和越野滑雪产品等。2015 年雪上展示和滑雪 – 骑行嘉年华在铜山度假村举办。

还有一种新型的冬季体育赛事活动被称为“虚拟比赛”，如乐斯菲斯公园和管道线上公开赛。世界各地的 U 型池和坡面障碍技巧滑雪者可以在网络上进行“虚拟”竞赛，参赛者上传他们在公园和管道上滑雪的视频。2015 年的竞赛奖品包括有机会同职业自由式滑雪运动员汤姆·瓦利施在其新电影 *Good Company* 中一同滑雪，由乐斯菲斯和 GoPro 照相机提供的价值 1 万美元的现金奖励与滑雪装备礼包。滑雪者可以对视频进行剪辑，并将其在公园或管道上最好的技巧展示出来，但路线的设计必须符合正规赛道的要求。U 型池的长度和尺寸不受限制，坡面障碍技巧路线的入口设计必须使用 8 种道具，包括 4 个栏杆和 4 个跳台；同样的栏杆和跳台画面可以在视频剪辑中重复使用。

通过一轮公众投票，评委会根据投票结果和自身的专业判断选出进入决赛的选手。评委通过分析入口路线设计与专业赛道的相似程度给出一个整体印象分（1～100）。最终得分决定了总冠军的归属。另外还设置了其他特别奖项，如最佳 GoPro 镜头、最佳动作、栏杆和大跳台、个人魅力奖、观众票选最佳和瓦利施奖（Wallisch Select）。

9.3 资料篇：冰上竞速

极具激情而又引人注目、充满危险而又极度狂野的冰上竞速运动很有可能成为下一届奥运会的比赛项目之一。它是一种结合了滑冰和在高速障碍赛道上进行跳台的运动，蒂姆·希莫在 2014 年将其命名为“冰上竞速”。希莫本人是一名加拿大企业家，同时也是一名冰上竞速选手。

2008 年，希莫第一次观看了红牛转播的冰上竞速比赛，他希望自己也能够成为其中的一员。4 年之后，机会找上了门，他报名参加了在萨斯卡通举办的尼亚加拉瀑布杯比赛。作为冰球队中速度最快的人，加上他还是一名越野摩托车赛车手，希莫本以为奖杯已经是囊中之物了。“我有不少竞赛和滑冰的经验，我本以为万无一失了，”希莫说道，“可在平面上滑冰和在赛道上完全是两个概念。我在混乱的赛道上的初次亮相，真的和一个 2 岁的孩子没什么不同，好像第一次接触滑冰一样。”

这次失利之后，希莫开始接受一系列密集的核心训练，2013 年，他成为第一批可以在欧洲参加红牛冰上竞速比赛的北美人。“我在艾罗洛取得了资格，然后去到瑞士的洛桑参加比赛，到了那里我发现，赛道的起点竟然是一个巨大的跳台，他们叫它 Spine。Spine 的难度系数非常高，尽管如此，我还是选择坚持下去。”

作为一个商人，希莫开始研究如何让这一新兴的冬季体育运动官方化。他咨询了其他的运动员和不少商业伙伴，并于 2013 年 3 月制订了推广冰上竞速的创新型商业计划。“我知道这面临着不少的挑战，但必须要降低搭建赛道的成本。”他继续想办法，提出了更加简单、便捷且性价比高的赛道搭建方式——包括室外赛道和室内赛道。

2014年，他终于有机会将想法付诸于实践。在芬兰的斯屈莱参加红牛的比赛时，他遇见了前世界冠军阿图·菲莱恩，后者正在附近的一家滑雪场——拉伊斯拉雅芙欧里修建一条练习赛道。2014年年初，地面挖掘和赛道规划的相关工作就已经启动了，秋天开始造雪和搭建防护板。"制冰和浇冰用了好几周，我们甚至有好几晚都在通宵作业，"Laajis Laajavuori 滑雪场总经理兼销售经理拉斯·尼沃瑞说道，"这不是什么一蹴而就的事情，甚至可以说是这项运动最为耗时和复杂的部分了。"

距离比赛只剩下3周的时间，尼沃瑞终于同意了希莫的建议，请他帮忙完成练习赛道的搭建。"对于希莫的那套竞赛模式，我们并没有提出任何异议，"他说道，"比赛得以如期进行，实际上我们只有两周的'游戏时间'来让这场比赛看起来的确像那么回事。希莫无疑是幕后的策划者和动力源。"为了节约时间和成本，希莫利用 Laajis 雪场的雪地履带车和雪道养护机协助开凿了过山车式的赛道，并设立障碍物。鉴于赛道长度有所增加，它现在不仅仅可以作为练习赛道，甚至已经达到了正规赛道的标准。"2015年，第一届骑手杯举办。我想如果没有希莫的话，冰上竞速作为一项独立的运动项目是不会取得如此大的发展进步的。所以往大了讲，希莫无疑是那个给冰上竞速插上了双翼的人，他会让奥运梦想变为现实。"

在芬兰的经历给了希莫——外号勇敢的牛仔——将冰上竞速打造为一项冬季体育运动的自信。“对于所有人来说——无论老少，它都是一个巨大的成功，观众超过了5 000人，”希莫回忆道，“后来，在春天的时候，相关的协会、国际联盟以及其他致力于推动冰上竞速运动官方化的机构相继成立。”2014年2月，希莫创立世界冰上竞速有限公司，并担任总经理和董事会成员，致力于运动的推广、运动员的培养和赛事的举办。由于在冰上竞速中投入了大量的金钱和时间，希莫同时还被任命为加拿大和美国冰上竞速协会以及国际冰上竞速运动联盟理事和董事会成员，自2014年起出任世界冰上竞速联盟主席和首席执行官。

目前，冰上竞速赛事一共有4场，分别在美国（圣保罗）、芬兰（赫尔辛基）、爱尔兰（贝尔法斯特）和加拿大（埃德蒙顿）举办。2014—2015年，4场“骑手杯”竞赛被纳入日程，举办地分别在美国、奥地利、芬兰和加拿大。2009年，加拿大还曾举办过一场女子冰上竞速比赛。每年3月，冰上竞速巡回赛的最后一站将在加拿大的埃德蒙顿举办，截至2015年，这已经是加拿大举办同类型比赛的第十个年头了。埃德蒙顿城市中央赛道包含多个急转弯和高速下坡道，吸引了成百上千的观众们。红牛表示，每年的赛道都会进行重新设计，力求给运动员们带来前所未有的刺激挑战，无论是忍耐力、技巧，还是神经。2015年的赛道全长415米，垂直落差45米，包含9个弯道，由一支50人组成的国际专业团队经过3周的时间搭建而成，同时还设有视听媒体设备用于大规模的现场直播。

下一步，希莫计划发展室内冰上竞速，利用标准规格的冰球场（带冰面）举办赛事和进行训练。2015年的规划还包括：开放冰上竞速赛事的其他国际赞助渠道和媒体渠道，为支持和推广下一个奥运项目做准备。

（以上内容整理自蒂姆·希莫和拉斯·尼沃瑞的专访，2015年3月）

9.4 计划和开展活动

活动组织者实际上面临着许多特殊的问题和挑战（表9.2），包括活动的时效性问题，如果活动门票或者住宿位没有售出的话，这部分损失基本上是无法弥补的。此外，环保和环境责任也是活动组织者现在不得不考虑的重要问题之一。

表 9.2 举办活动面临的特殊问题和挑战

问题和挑战
复杂的、高风险性的前期活动准备和安排
人群的情绪和行为
缺乏一次性活动的组织经验
高峰期需求以及从场馆同时进出的问题
活动的时效性问题
环保问题

（来源：Getz，2007，p.275）

不幸的是，能够为举办新活动提供指导的书面材料非常少。尽管一些研究人员试图评估已有活动的经济影响（Dwyer，Forsyth & Spurr，2006；Della Lucia，2012；Andersson & Lundberg，2013），或重复参与人员的活跃程度（Shani，Rivera & Hara，2013），但关于新活动的可行性研究和评估新建设施需求的必要性的相关文献却寥寥无几。欧图尔（2011）的研究是一个例外，他认为活动的可行性及其发展是变化最快的（p.xvi）。他的研究回答了活动策划者和组织者的两个基本问题："我该如何吸引客户参加活动?"以及"我们为什么要在这个活动上投钱?"

在活动的筹备阶段需要考虑的一个重要问题是人力资源的管理。举办一场活动面临着特殊的人力资源需求和挑战，因为大部分活动都需要依靠志愿者的帮助（Getz，2007）。威廉姆斯、多莎和汤普金斯（1995）研究了加拿大冬季体育活动志愿者的动机、行为和认知，强调在筹备和管理特殊活动时要充分考虑志愿者的需求和意见。汉隆和斯图尔特（2006）针对某大型体育活动的人员管理做了研究，建议进行有针对性的人力资源管理，图 9.2 对这些建议做了总结，左侧内容代表着人力资源管理的 5 个主要阶段，中间部分列举了主要体育活动组织机构的 9 个特征，右侧内容则是根据 5 个不同的人力资源管理阶段提出的相应策略。笔者建议管理人员应备有成文的指导原则和流程材料，清楚地描述具体运动的流程安排，以应对各类挑战。

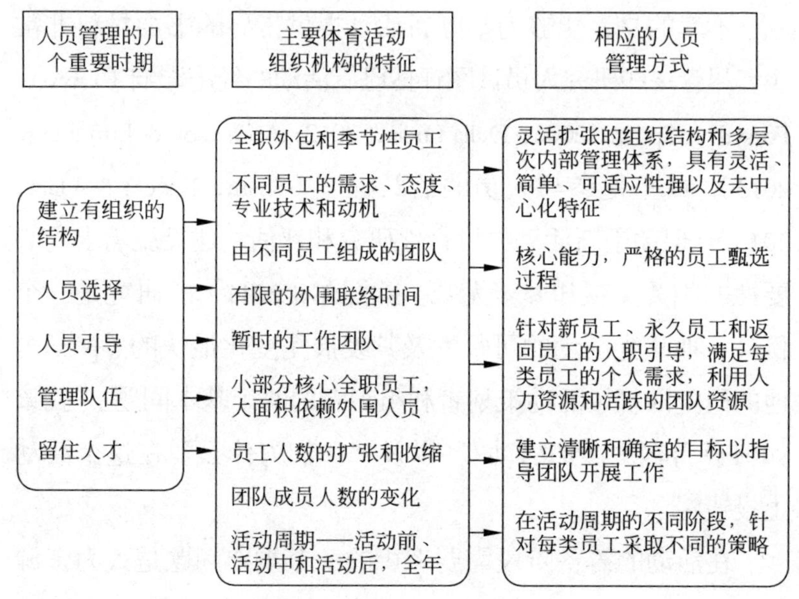

图 9.2　活动组织者的管理实践

（来源：Hanlon & Stewart，2006，p.83）

许多大型活动的重要管理内容之一是商务招待。商务招待是组织机构为了自身利益，自掏腰包招待客户或工作人员以及潜在客户的活动（MDB，2009）。它有利于寻求合作机会以及巩固客户关系。通常而言，有专门的咨询公司来组织这类招待活动，特别是在大型活动举办期间。

冬奥会最大的活动招待方是 Jet Set 体育，这一美国公司自 1984 年萨拉热窝冬奥会起就开始提供相关的招待服务。创始人希德·迪兹德威是一名克罗地亚人，他看到了奥运会举办之前这段时间的商机，利用自身的语言优势和对该地区的了解，为美国奥运赞助商们设计了专门的旅行套餐。他的新公司在萨拉热窝招待了 5 000 名客户，包括上一代奥运赞助商美林集团、美国运通公司、体育画报和卡夫食品公司。多年之后，迪兹德威和他的 Jet Set 体育招待的客户人数已经增加了 10 倍，提供冬夏奥运会的招待服务。2014 年，Jet Set 在索契招待客户约 3 万人。除了安排住宿和交通服务之外，Jet Set 还买下了索契的一间餐厅，从全世界邀请了 5 名米其林大厨。

9.5 活动营销

豪尔（1997，p.136）将活动营销定义为“与活动参与者和参观者保持联系，了解他们的需求和动机，开发能够满足他们需求的产品以及建立能够体现活动目标的传播渠道”。活动营销包含了很多方面的内容，表 9.3 列举了一系列活动营销的主要方式以及它们的目的。

表 9.3 活动营销的主要方式以及它们的目的

营 销 活 动	主要营销目的
市场调研	评估是否要举办活动 确定潜在市场 评估用于吸引参与者和观众的宣传手段 评估活动的成功与否
营销管理	制定营销策略 开展有竞争性的活动 制订和采取市场营销计划
供应链管理	通过分销和票务信息分析访客是如何“消费”活动的 管理场地、供应方（技术和参与者）和设备 电子商务管理

续表

营 销 活 动	主要营销目的
品牌管理	确定活动想要传达的企业信息 确定企业使命、活动 LOGO 和企业形象 赞助商的目的要与整体品牌形象吻合
营销传播	与潜在消费者建立外部沟通机制 媒体曝光管理 创造销售机会 利用数字营销手段
内部营销	与工作人员和志愿者沟通
客户关系	建立充分理解消费者需求的机制 建立相关标准和系统以满足上述需求 商务宴请和 VIP 管理
市场和营销评估	建立有效的评估机制 评估活动是否达到了预定的目标 吸取经验，提出改进措施

（来源：Jackson，2013，p.41）

体育赛事活动通常都有冠名，一般来说是度假村或者目的地的名字，不过要确保冠名名称与赛事活动的类型相一致。最早的一个例子要数韦尔比耶极限运动赛了，它是一场在瑞士韦尔比耶举办的冬季体育比赛，现在已经更名为斯沃琪－韦尔比耶极限运动比赛。作为自由式滑雪世界巡回赛的其中一站，韦尔比耶极限运动比赛每年吸引了来自世界各地的顶尖自由式单板和双板的滑雪高手，在比赛项目设置上，既有个人赛，也有不同性别和不同分项的比赛，优胜者都可以获得世界冠军的头衔。比赛地点通常在“野外”“高山”或“极限”地形区——本质上来说就是那些陡峭的、充满危险的、没有经过养护的粉雪坡道。韦尔比耶极限运动比赛现在由斯沃琪和乐斯菲斯联合冠名，这也是活动赞助的一种常见方式。

名人们也可以自己当“主持人”，通常是为了宣传某慈善活动。例如，费尔蒙特班夫春季运动邀请赛：每年，一批好莱坞明星都会来到加拿大落基山区参加该活动，为全球水资源保护者联盟筹措资金，资助改善受污染水道的项目。活动由小罗伯特 · F. 肯尼迪主持，明星们会在森夏恩待上两天的时间，滑雪或者参加一些趣味竞赛，而随后在班夫举办的一场盛大演出将筹款活动推向高潮，每年筹款额大约在 100 万美元。参加 2013 年筹款活动的名人包括：莱尔 · 劳福特、明妮 · 德福瑞、理查 · 哈里森、米高 · 基顿、谢丽尔 · 海恩斯、苏珊 · 萨兰登和皮尔斯 · 布鲁斯南。

对重要的活动来说，确定总冠名商非常关键。总冠名权指的是“通过向某不动产、赛事或活动的当前所有人（负责人）支付一定费用，继而获得分享该不动产、赛事或活动的官方名称的权利”（Clark，Cornwell & Pruitt，2009，p.170）。通常来讲，总冠名权会影响企业未来的现金流，能在消费者心中建立品牌形象和意识、加强员工的归属感以及培育良好的企业信誉。国际有舵雪橇和平底雪橇联盟举办的 FIBT 世界锦标赛的总冠名商为宝马公司。2013—2014 年度的 FIBT 世界锦标赛在 17 个国家播出，观众达 4.97 亿人，总计播出时间 707 小时。在德国、俄罗斯、瑞士、加拿大、拉脱维亚和英国等国的电视收视率表现突出。通过镜头可以清楚地看到，宝马公司的广告出现在横幅上和所有运动员的头盔上，而比赛专用的雪橇外部也有宝马的 LOGO。不仅如此，几乎所有的宣传材料上都体现了该 LOGO；针对特定的赛事，宝马公司还出车提供接送服务。

正如上文所言，活动组织方一个很重要的市场营销手段就是实现媒体曝光，而在活动举办的过程中如果有播出机构的参与，那么就事半功倍了。例如冬季极限运动比赛，自 1997 年起，每年由美国体育频道 ESPN 组织筹办。2002 年是极限运动比赛和 ESPN 的一个重要年份，整个赛事第一次实现了电视的全程直播。根据尼尔森媒体调查的数据显示，通过三大网络——ABC 体育、ESPN 和 ESPN2——收看比赛的观众数量同比增长了 30%。为了迎合第一次媒体直播，比赛还加入了夜间项目，创造了阿斯彭斯诺马斯的参赛人数纪录。2002 年比赛最值得纪念的画面是整个美国自由式单板滑雪国家队出现在赛场上的瞬间，他们要参加的是冬季极限单板超级管道项目，而就在几周之后，他们还要代表国家参加盐湖城的冬奥会。冬季极限运动比赛通常在每年的 1 月或 2 月（多数是 1 月）举办，2019 年冬季极限运动比赛的举办地点是科罗拉多州的阿斯彭。

当活动结束后，主办方和营销人员需要评估活动举办得成功与否。相对简单一点的评估方式就是计算投资回报率，不过，目的地开始逐渐意识到，举办活动的影响作用其实是长期的，如增强品牌意识，因而，同样应该评估媒体曝光对活动举办地的影响。此外，越来越多的人开始认同活动的社会影响价值，组织机构可以通过建立生活质量评估体系来确定活动对当地居民生活质量的影响。不幸的是，相对于活动结束后的研究，人们关注的重点往往还是前期的筹备和组织工作。诚然，多数后期影响是很难测定的，但组织机构仍然有必要留出一部分预算用于相关的评估工作。

9.6 活动的杠杆作用

活动的杠杆作用虽不易察觉，但却是扩大活动有形和无形的收益范围的重要方式，利用活动投资和发展的势头获取或增加额外的有形遗产或无形遗产（Faulkner & Tideswell，1999）。近些年，越来越多的政策制定者利用大型体育赛事活动为本地社区创造经济遗产、社会遗产和环境遗产（Faulkner et al.，2000）。大型体育赛事活动的举办有利于促进城区改造和重建项目的实施，实现品牌调整，以及为本地企业引入公共和私人投资（Essex & Chalkley，2004）。主办方可以通过活动的杠杆作用实现经济、社会和环境层面的收益。

1. 经济杠杆

通过举办大型活动，东道主可以借助多种渠道实现短期经济效益或长期经济效益（Chalip，2004）。举办活动不仅可以增加观众在目的地的消费，还可以增加游客的来访频率和停留时间，无论他们是出于休闲目的还是商业目的。1988 年卡尔加里冬奥会结束后的第一年，旅游收入增长了 12%，之后的 5 年时间里，年平均增长量也达到了 3.25% 左右（Ritchie & Smith，1991）。关于举办大型赛事活动（如奥运会）的不少研究都发现，这些活动对主办城市的即时影响较小，其中一个原因是，由于赛事活动的举办取代了原本要来旅游的人。利兹（2008）的研究显示，2002 年犹他州冬奥会的举办令科罗拉多州滑雪场的收入有所增长。出于溢出效应的考量，利兹建议某城市或州可以支持其附近目的地申办赛事活动。

举办活动，特别是大型活动，是目的地建立或巩固其品牌形象的重要方式。2010 年，加拿大旅游委员会（CTC）同温哥华奥组委（VANOC）通力合作，在冬奥会期间和冬奥会之后充分发挥了奥运媒体品牌知名度的影响力，这一奥运影响力战略的总投资金额约为 2 600 万美元。其中就包括策划赛前的火炬传递，火炬手包括来自不同国家的知名演员、运动员和社会名流，这些国家都是加拿大特别挑选的潜在游客输出国。CTC 和 VANOC 将这一活动剪辑成 14 条视频，在全球针对特定市场进行重复播放。

目的地往往会通过举办活动来应对季节效应，在淡季期间增加旅游业收入。1995 年 4 月，惠斯勒举办了第一届世界双板和单板滑雪嘉年华，以期在雪季末尾增加度假村的入住率。现在，该嘉年华已经成为北美最大的冰雪运动和音乐盛事，吸引了来自全世界成千上万的发烧友。除了滑雪比赛、电影放映、游行和晚间的现场派对活动，还会举办超过 50 场户外系列音乐会，这些音乐会通常会吸引近万名观众。根据嘉年华主办方的一项独立调查研究显示，2006 年嘉年华为不列颠哥伦比亚省创造的经济影响高达 3 770 万加元，度假区收入近 2 130 万美元。嘉年华期间，超过 28 000 个过夜房间被售出，其中 86% 的住客是为参加嘉年华而来。举办重要赛事对惠斯勒来说不是什么新鲜事，尽管它未能成功申办滑雪世界杯比赛（主办方为路易斯湖），但惠斯勒与温哥华一起成功申办了 2010 年冬奥会。联合申办冬奥会的费用约为 2 000 万美元，而冬奥会的成功举办却给惠斯勒带来了 13 亿美元的收入，包括门票、赞助和电视转播权。

2. 社会杠杆

注重生活质量和平等原则的活动策划是环保旅游的一个重要组成部分，主办方尤其希望通过举办特殊活动增强游客体验，提高目的地的吸引力（Madrigal，1995）。大型活动最重要的社会效益之一就是活动设施在活动结束后可以向本地民众开放（Gursoy & Kendall，2006；Bramwell，1997）。不过，冬奥会的一些赛事设施，如滑雪跳台和雪橇赛道，在国际赛事场合之外的用途有限。为 1968 年格勒诺布尔冬奥会修建的滑雪跳台现在就处于荒废状态，一来是因为位置不佳，二来是因为运营成本太高（Essex & Chalkley，2004）。好在活动策划在近几年间已经取得了长足的进步，2010 年温哥华冬奥会筹备组拨出大约 1.1 亿美元用于捐赠或作为遗产基金，用于奥运设施的后续维护。里士满速滑场地在冬奥会结束后改建成更符合普通民众需求的社区设施，而由政府合作出资修建的温哥华翠峰园奥运冰壶场馆取代了原有的老旧溜冰场，场馆内还建有新的游泳池、社区中心和图书馆。

通过举办活动造福本地居民的另一个途径是提高社区参与度，无论是参与组织活动、观看活动或者参加比赛。参与活动有助于培养社区的公民意识，从长远来看，也有利于旅游产业的发展（Misener & Mason，2006）。批评家经常指出，本地居民往往被排除在体育赛事的组织和管理之外，而他们的需求也完全被忽视。体育运动有助于居民培养本地、地区和国家的归属感（Bale，2003），因而，必须在本地层面为居民创造条件提高参与度，从而提高公民意识。2010 年，惠斯勒市开展了志愿者寄宿项目，鼓励本地居民为冬奥会志愿者提供寄宿服务，从而建立社区联系。冬奥会还开展了“资助一名运动员（adop-an-athlete）”项目，为国际运动员大赛前期的训练提供支持，以及“资助一个家庭”项目，加拿大运动员的家人在冬奥会期间可以寄宿在惠斯勒的本地家庭里。

还可以开展一系列以活动为中心的延伸项目以提高冬季体育运动的知名度。2014 年索契冬奥会期间，NBC Olympics、美国奥林匹克委员会和其他一些国家管理机构，包括美国双板和单板滑雪协会一道开发了“奥运金牌地图”，帮助新人了解奥林匹克运动，已有合作伙伴也可以通过它寻找具有竞争力的项目。此外，如果访客是受冬奥会的吸引而来，金牌地图会指引他们如何观看自己喜欢的运动项目比赛。浏览者可以通过点击 NBCOlympics.com/GoldMap 了解更多的关于滑雪运动的信息，选择一家滑雪场亲身体验，或者找到一家 USSA 竞赛俱乐部。NBC 关于索契冬奥会的媒体报道中对这一项目有所介绍。

3. 环境杠杆

当人们沉浸在成功举办一场活动而带来的经济和形象收益的欢呼声中时，主办方往往会忽视活动对环境造成的影响（Essex & Chalkley，2004）。对于决策制定者来说，经济层面的合理性已然高于一切，令他们几乎对其他方面的影响视而不见（Hiller，1998）。不过政策制定者现在越来越多地意识到，除了经济影响之外，他们还必须要考虑举办活动可能产生的环境影响（Collins et al.，2007），并采取相应措施评估这些影响（Collins，Jones & Munday，2009）。相较于夏季奥运会，由于山区环境的脆弱性，冬奥会的环境影响长期以来一直是困扰组织者的一个核心问题。20 世纪 70 年代，丹佛在接到入选 1976 年冬奥会举办地的通知时，毫不犹豫地放弃了候选资格，一部分原因就是担心组织者会忽视给环境造成的影响。1994 年利勒哈默尔冬奥会的筹办工作第一次践行了可持续发展原则。受其影响，IOC 将环境承诺添加进奥运宪章中，同时也激励了悉尼——2000 年夏季奥运会的主办地，将可持续发展作为筹备工作的一个核心主题。

尽管活动组织者在提高环保意识方面面临越来越多的压力，想要实现环境的杠杆作用则需要改变知识结构和行为态度，而光是活动本身做到这一点还远远不够。因此，我们面临的挑战是如何通过一场活动诱发这些改变。大型活动可以作为提高环保意识的催化剂，鼓励人们保护被忽视的自然景观和地区遗产（Deccio & Baloglu，2002）。2008 年夏季奥运会期间，北京的空气质量得到了有效提高，这要归功于政府采取的一系列环保措施，包括清理重工业以及限制道路上的私家车数量。

活动采取的环保政策和措施会对环境管理工作产生影响。例如，鼓励公交出行有利于培养绿色行为模式。VANOC 通过多种途径抵消了自身所有的碳排放，包括购买 11 万吨碳作为补偿，建造节能型场馆，制定相应的地区交通方案，鼓励公交出行和奥运专用线路出行，尽量减少私家车的使用。公交系统采用了最先进的低排放和零排放技术，奥运车队全部使用混合动力、电动和丙烷汽车。加拿大环境局出资 1 340 万美元支持 2010 年冬奥会的环保举措，包括推广最佳范例，如绿色建筑项目——新建设施全部符合 LEED（能源与环保设计领先）标准，确保达到最大限度的节能效果。

9.7 案例分析：2018韩国冬奥会筹备计划

毫无疑问，冬季奥林匹克运动会是冬季体育运动的一场盛会。从最开始的申办、建造竞赛场馆和奥运村，接待世界顶尖的冬季体育运动员到全程的媒体聚焦，不得不说是一项异常艰巨的任务，不过某种程度上，它也为人们留下了永久性的遗产，至少对得起那些在基础设施上的投入。

据报道，2014 年索契冬奥会筹备资金达到了 510 亿美元。但这一笔巨款花得是否值当？诚然，多数冬季旅游目的地的回答应该是肯定的，尤其是韩国平昌的滑雪场，想必非常愿意承担这种风险。为了申办冬奥会，平昌先后做了 3 次尝试，最终成功申办了 2018 年的比赛。所有这一切都是为了令韩国首屈一指的冬季运动场地能够在世界滑雪版图上占据一席之地，同时向日本的亚洲绝对优势地位发起挑战。韩国首尔在 1988 年曾举办过夏季奥运会，2002 年与日本联合举办了世界杯，并先后举办了 3 次亚运会，包括 2014 年的仁川亚运会。每场赛事的举办都是韩国国力以及其国际地位的一次彰显。不过，公众对举办大型体育赛事的态度已经不再是一面倒的支持了，究其原因主要是出于对成本问题的担忧，如在奥运会结束之后，赛事场馆的维护可能会产生不小的经济负担。

2018 年冬奥会室内滑冰项目在江陵举办，江陵是韩国东北部的一座海滨城市，人口约为23万。然而，国际媒体的关注焦点却落在了人口密度相对没那么大的平昌县，这里是山区项目的举办地，同时开幕式和闭幕式也会在这里举行。平昌留下来的长期奥运遗产有望实现商业化运营，新建的国际滑雪中心可用于训练以及在未来举办其他自由式滑雪赛事。

无法同索契的大手笔相比，平昌计划利用已有的场馆打造相对低调但更加真实的奥运氛围，就像1994年的利勒哈默尔冬奥会一样。利勒哈默尔的滑雪场覆盖了几个阿尔卑斯地区的中心城市：Skeikampen、Kvitfjell、Gålå和Sjusjøen。尽管利勒哈默尔并没有像温哥华或索契那样为筹备冬奥会动用大笔的财政支出，但它现在是知名获奖电视剧《莉莉海默》的拍摄地，该电视剧由史蒂文·凡·赞特主演，它为这个充满古典美的挪威山区小镇带来了持续的市场营销和广告投资回报率。利勒哈默尔的奥运跳台滑雪也因为其中一集经典的剧情而变得家喻户晓。

保罗·马修的山体度假村环保设计者受雇设计平昌自由式滑雪场地，此前该公司也曾参与2010年温哥华和2014年索契冬奥会的相关设计工作。此外，环保设计者在韩国已经设计了不少滑雪场，包括昆池岩滑雪度假村、通纳村的现代星宇滑雪度假村和龙谷滑雪度假村。“2018平昌冬奥会组委会要求我们为宝光凤凰公园自由式滑雪区进行整体的建造规划设计。”马修说道。总设计规划图于2013年敲定，包括了各项建筑设计细节。

建设奥运场地（场馆）的过程总会面临一些意想不到的问题。就拿平昌来说，在最初申办冬奥会的时候，根据组委会的要求，平昌只需要提供12个自由式滑雪项目的场地。“然而，就在2011年的夏天，国际奥组委决定增添8个自由式滑雪项目，这意味着索契冬奥会和平昌冬奥会的自由式滑雪项目总数增加到了20个——10个男子项目和10个女子项目。”马修说道，而韩国的最初预算并没有包含这一部分内容，更没有预留多余的滑雪场地。

马修坦言，有争议的问题还不止这一个。“他们‘自认为’宝光凤凰公园足以举办所有的冬奥会项目，”他解释道，“但实际上，宝光凤凰公园的确有雪上技巧赛道和空中技巧赛道以及U型池，但它们没有一个符合国际滑雪联盟的冬奥会技术标准；奥运会、世界杯、欧洲杯、洲际杯和地区赛事的技术标准各有不同，显然，冬奥会的标准是最高的。”

场地的位置要便于运动员和工作人员乘坐缆车到达，并配备相应的技术道路和基础设施，这一切工作的复杂程度远远超过韩国奥组委的想象。“之后我们参加了一个比赛，为6个不同的项目场地进行建筑细节设计，包括空中技巧、障碍技巧、障碍追逐、U型池、坡面障碍和平行大回旋，”马修回忆道，“这项工作需要精准的设计，整个赛道在施工过程中入土的厚度不得超过20厘米，但我们需要预测最终的雪面高度。这是一个非常复杂的项目，不过我们现在已经完成了它，之后的事情会由一家韩国工程公司接手，准备2015年夏季的最后一次招标工作。”

平昌冬奥会最终的投入预计在100亿美元左右，无法与俄罗斯总统普京的大手笔相提并论，毕竟后者几乎将黑海地区的夏季景观整个改造成了冬季。对于韩国人来说，与曾经首尔的“亮相式派对”不同，平昌冬奥会的举办代表着韩国已经得到职业运动联盟的认可。“30年前，世界看到的还是一个正在发展中的韩国，”组委会主席、前江原道省省长金秦宣说道，“一代人之后，世界将会看到一个真正的发达国家。”江原道是韩国气温较为寒冷的省份，也是平昌冬奥会的核心举办地。

［以上内容整理自山体度假村环保设计者总裁保罗·马修的专访，2015年2月；Clarey（2014）；Powers（2015）；Tong-Hyun（2015）］

参考文献

第10章
经济、社会和环境影响

聚焦：戴夫·巴特勒：一份空降式滑雪工作

在空降式滑雪公司工作可以说是野雪爱好者梦寐以求的事了。但如果你的工作是负责一家空降式滑雪公司的环保项目，它可没有听上去那么轻松。戴夫·巴特勒就在从事这样一份工作，他是加拿大山区假日（CMH）空降式滑雪以及夏日探险项目的环保主管。他最初曾担任过加拿大班夫国家公园园长，后来为政府部门工作，主要负责处理探险游的相关事务，1997 年开始在 CMH 工作。

享受自然美景和保护脆弱的高山生态往往难以两全，而空降式旅游可以说是反映两者之间冲突的一个典型代表。旅游业运营商们往往不愿意去考虑环境责任问题，但 CMH 的态度却刚好相反。

CMH 公司总部位于班夫，经营范围覆盖了不列颠哥伦比亚省东南部的 11 个山区，年收入约为 6 000 万加元，重复预订率高达 70%。CMH 持有不列颠哥伦比亚省政府授予的经营许可权，范围包括普赛尔、卡里布、塞尔扣克和莫纳西山脉在内的超过1.4万平方公里的边远地区，可提供空降式滑雪的地区面积是其最主要竞争对手的许多倍。公司共有30架直升机和8个位于边远地区的度假木屋，大部分仅在冬季开放，乘坐直升机到达是唯一的交通方式。公司的主营业务包括三个方面：空降式滑雪、冰川徒步和登山。

作为公司的高级管理团队，巴特勒的环保项目主要包括管理、执行和汇报等方面的内容。“公司的努力已经得到多方的认同，先后获得省级、国家级和国际奖项，”巴特勒说道，“我负责多功能团队的协调，将财务、环境和人文因素融入我们的业务中来，我需要确保公司的经营符合其长期的可持续发展规划。”巴特勒还要负责协调政府和社区关系，处理所有关于土地和资源的使用权以及管理问题。“我还要担任经营发展协调员和远距离燃料运营经理的工作，不过这些都是季节性的职位。”

作为空降式滑雪服务的元老，自1965年成立起，CMH就致力于环境保护。“我们十分重视环境管理，它对公司实现可持续发展来说至关重要。”巴特勒解释道，财务责任和社会、文化管理同样也不能忽视，“CMH的创始人汉斯·哥默舍一直致力于保护我们和客户共同活动的特殊区域，这个承诺直到今天还有效，它指导我们如何处理与野生动物之间的关系、能源和废弃物管理以及燃料管理等问题。事实上，哥默舍也是全行业第一个针对向导和飞行员提出一整套具体的野生动物保护流程的人。”

这些年来，CMH的培训一直要求向导对野生动物时刻保持警惕。向导在计划飞行和滑雪路线时要尽量避免同野生动物产生接触，任何野生动物的踪迹都会上报给不列颠哥伦比亚省政府（以每年为单位），以便进行统一管理。他们利用电脑软件标记野生动物出现的地点，时间久了就会形成一种直觉，关于动物们会在哪里、在每年的什么时间出现。CMH还会专门向外部的生物学家咨询，当他们身处这些野生动物的栖息地范围内时，该如何表现才是最好的。

公司的目标之一是提高各项业务的能源利用效率，降低经营成本以及实现减排。“与其把钱花在抵消交易上，我们更愿意去寻找提高能源利用效率的方式，”巴特勒解释道，“包括我们如何给木屋供电和供暖，我们使用直升机的方式以及我们接送客户到达木屋的方式。”

环保人士经常会对空降式旅游给鱼类和野生动物带来的环境负面影响表示担忧，除此之外，还有直升机的废物和燃料储藏地点以及噪声污染问题。植被问题也是一个颇有争议的环保议题。夏天，直升机会利用已有的起降路径，这些路径的环境耐受力较高，并且分散在不同的运营区域，有效避免了多次重复使用，最大限度地减少了对脆弱的山区环境的影响。CMH表示，冬季运营对山区植被的影响几乎可以忽略不计，因为游客只会在雪面上留下踪迹。CMH

的向导们都接受过最新的高山地区环保旅游技术培训，他们会将经验分享给游客。CMH 还会同地区林业公司协调其作业的时间，尽可能使滑雪者不受干扰。直升机起降地点也会尽量挑选对森林造成影响最低的地区。另外，减少废弃物也是 CMH 要考虑的一个重要问题。例如，在塞尔扣克山的埃德蒙特度假木屋，食物残渣（口蹄疫病大肆传播之前，这些食物残渣通常会用来喂猪）经由一套标准堆肥系统进行处理，该系统的发明者是维护经理杜安·杜卡特。2002 年，CMH 设立了“环保举措奖”，鼓励员工在工作过程中寻求可以保护环境的方法。第一届环保举措奖的得主就是杜卡特，因为他在提升环境管理水平方面做出了卓越贡献。博格步度假木屋目前也采用这一系统。除此之外，公司还采用了先进的废水处理技术，使用的香皂和纸张都是环保型的。

直升机加油站利用最尖端的科技，防止燃料泄漏到附近的土地和水中。防泄漏系统包括特殊设计的隔离防护围栏和顶尖的泄漏应急反应装置。公司尽可能减少直升机的使用次数，毕竟它们占据了大部分的直接运营成本。直升机燃料储存在度假木屋中，边远地区的度假木屋采用的是最尖端的贮藏设施。

为了宣传其坚定的环保立场，CMH 会定期在官网上发布报告。针对潜在客户和回头客户的营销信息中也会包含环保内容和环境政策。与客户或媒体打交道的工作人员都会接受培训，他们负责介绍 CMH 的环保措施，并给出有力的案例。“包括媒体采访，在大学举办特别会谈或介绍活动，向特殊利益群体，或者是在旅游行业会议上进行宣讲。”巴特勒补充道。

2014 年，CMH 设立了一个全新的内部环保建议小组：“它是一个智库，负责确保我们在追求短期目标的同时，也要考虑更长远的公司变革图景。该小组 11 月才正式成立，与此前的第二自然团队的定位完全不同。”巴特勒说道。

（以上内容整理自戴夫·巴特勒的专访，2014 年 12 月；www.canadianmountainholidays.com/）

10.1 冬季体育旅游的影响

旅游业前所未有的发展给目的地带来了一系列经济影响、环境影响和社会影响（Wall & Mathieson，2006）。旅游业的相关研究多数侧重于经济影响，不过现在越来越多的人开始注意到旅游业给目的地社会和环境带来的影响。许多技术手段可以监测这些影响，常见的分析框架包括环境监测、环境影响分析、环境承载量和社区评估技术。恕本书无法将这些手段一一进行介绍，但旅游业管理人员需要对最新的模型有所了解。此外，他们还必须要了解环保旅游的原则——“某地区的旅游业发展要通过特定的方式、在特定的范围内，以维持长期活力，同时不应破坏或改变环境（人类生活环境和自然环境），否则，超出特定范围的旅游业发展将不利于其他活动的成功推进”（Butler，1993，p.29）。正如上文聚焦中提及的 CMH 就是一个很好的例子。

对环保问题的不断强调同时也影响了冬季体育旅游，本章将会着重探讨可持续发展的三大支柱：经济、环境和社会。过去，冬季体育旅游更加看重经济利益，忽视对环境的影响。但这种趋势已经开始发生改变。想要发展环保旅游，我们必须要先了解它可能会产生的影响，从而将其纳入规划和管理中。表 10.1 列举了专家提出的部分冬季体育旅游的积极影响和消极影响，本章将对其中大部分内容进行详细阐述。

表 10.1　冬季体育旅游的积极影响和消极影响

积极影响	消极影响
直接和间接的工作岗位与收入	对旅游业的过度依赖
地方、地区和国家政府的税收收入	过高的房价超出本地年轻人的支付能力
吸引高消费社会群体	造成交通拥堵
对健康有益	本地居民对游客抱有敌意
提高生活质量	对野生动物的不利影响
促进积极的社会变革	污染
提高本地房价	水土流失
提升旅游业服务质量	由于土地占用造成的被迫迁移
应对季节效应带来的问题	造雪造成的过度用水
改善本地社区的娱乐设施	对土地资源造成压力

10.2 经济影响

正如上文所言，早期关于旅游业的研究主要侧重于经济方面，而其中大部分又立足于国际和国家层面。不过，现在越来越多的研究开始着眼于旅游业对地区和本地经济的影响，本章将会提及其中典型的几个例子。同样地，对具体活动的影响力研究也逐渐增多。在瓦尔和马西森看来，对经济影响分析的重视以及相关研究的质量主要受以下四个因素的影响。

首先，相较于环境影响和社会影响，经济影响相对容易衡量。就经济影响的评估而言，已经有不少方法论获得大众的认同，而对社会和环境的影响力研究才刚刚起步。其次，旅游业的经济影响有大量可靠和可计算的数据支撑，政府机构通常会定期收集这类数据。再次，相关研究促进了经济评估工具在旅游业研究中的应用。经济学家惯常使用的方法是收入－产出（IO）分析法，而线性规划、一般均衡模型和成本效益分析法在近几年间也得到了频繁的使用。经济学家还会用到乘数效应分析法，它指的是当游客在某特定地区消费后，这笔钱还会被收款方继续花出去，从而使总量得到扩大（参考第 6 章聚焦“真实的新墨西哥”案例）。在这一过程中，游客开销的增加正是由于乘数效应的影响。佛蒙特州的一项研究显示，滑雪的间接收益是正向的，每一美元的花费其乘数效应高达 1.94（旅游业的乘数效应一般为 1.69）（Lin et al., 1999）。最后，强调旅游业的经济影响，特别是经济效益，反映出机构人员的一种普遍自信：旅游业可以带来快速和大量的投资回报，解决经济问题。

然而，旅游业的影响不仅仅是带来经济增长那么简单，它还对地区环境和文化有所助益，并有利于解决贫困问题——特别是在发展中国家。旅游业可以作为发展市场经济的立足点，实现小中型企业的发展和繁荣。在贫困的山村地区，旅游业通常被认为是正在衰退的自给农业的唯一替代品。大型新兴市场，如巴西、印度、土耳其和越南，都认为旅游业的发展潜力巨大。而冬季体育旅游在经济发展过程中也扮演着重要的角色，不少新兴目的地正在发展和丰富其冬季旅游产品，力求吸引更强势的外国货币，刺激经济增长。本书最后一章将介绍土耳其是如何通过在全国新建设施和举办大型赛事活动来推动冬季体育旅游的发展的。通过修建基础设施，引入高质量的度假村建筑商和运营商，类似土耳其这样的国家也可以凭借吸引国外游客来达到促进经济增长的目的。

今天，冬季体育旅游吸引了全世界数百万计的游客，为全球经济创造了数十亿美元的收入。仅在美国，冬季旅游行业总价值约为 122 亿美元（NRDC，2012），提供的工作岗位超过了 20 万个，而支付给他们的薪酬总额约为 70 亿美元，相应地，旅游活动创造了 14 亿美元的州税收和 17 亿美元的联邦税收。滑雪场提供的工作岗位最多，雇用人数为 75 900 人（占冬季旅游相关行业雇用总人数的 36%），创造的经济附加值也最多，约为 29 亿美元（占冬季旅游相关行业经济附加值总量的 23%）。餐饮（包括酒吧和餐厅）是收入的第二大贡献体，提供了 31 600 个工作岗位（占总数的 15%），创造经济附加值 9.42 亿美元（占总量的 8%）。

越来越多的政府机构和独立州都在研究冬季旅游对自身的经济影响。一项新罕布什尔州滑雪的研究显示，2012—2013 年滑雪季期间，本州的冬季度假村共计创造了 11.5 亿美元的直接销售额和代理销售额，旗下 33 个度假村成员累计吸引游客 326 万人次（Ski Area Management，2014）。过去 10 年间，这些度假村的资本投资超过了 1.21 亿美元，其中 3 840 万美元用于造雪设备，3 140 万美元用于缆车，2 220 万美元用于新建和翻新度假木屋，1 560 万美元用于雪道养护设备，760 万美元用于非雪季（夏季）设施，590 万美元用于修缮雪道。

旧金山州立大学的帕特里克·蒂尔尼的一项经济影响研究显示，塔霍湖地区 9 家最大的滑雪场为地区经济贡献了 5.64 亿美元的收入（Morales，2014），接待游客总量为 272 万人次，所有到该地区旅游的游客中，75% 的游客目的地都是这 9 家滑雪场。这些游客在滑雪和滑雪相关的活动上的直接消费达 4.27 亿美元，主要包括缆车票、餐饮和住宿。间接消费，如餐厅从食品批发商处采购原材料，带来的经济影响达 5.645 亿美元。地方和州政府税收收入达 3 300 万美元。度假村共计提供了 8 290 个全职和兼职的岗位，改良性资本支出达 2 100 万美元，缴纳房地产税 500 万美元。本书

第 1 章已经提及，滑雪产业实际上是非常脆弱的，它不仅受消费模式的影响，糟糕的雪质状况也会给滑雪场的经济带来灾难性的打击。NRDC 一项调查显示，由于糟糕的雪季状况，2000—2010 年，美国的滑雪产业总体收入损失超过 10 亿美元（NRDC，2012）。表 10.2 和表 10.3 显示了在雪质不同的年份里，国家就业水平差异和经济附加值差异的模型预测。

表 10.2　雪质好的年份和雪质差的年份里，国家就业水平差异的模型预测

2010 年就业人数		替代性消费者支出		无替代性消费者支出	
		就业人数差异（职位数量）	百分比变化 /%	就业人数差异（职位数量）	百分比变化 /%
直接	125 300	-16 455	-13	-16 455	-13
间接	31 400	-3 775	-12	-3 775	-12
联动就业	55 200	7 256	13	-6 600	-12
总额	211 900	-12 965	-6	-26 830	-13

（来源：NRDC，2012，p.15）

表 10.3　雪质好的年份和雪质差的年份里，国家经济附加值差异的模型预测

2010 年经济附加值（单位：十亿美元）		替代性消费者支出		无替代性消费者支出	
		经济附加值差异（单位：百万美元）	百分比变化 /%	经济附加值差异（单位：百万美元）	百分比变化 /%
直接	4.90	797	-16	797	-16
间接	2.90	447	-15	447	-15
联动就业	4.40	434	10	690	-16
总额	12.20	810	-7	1 934	-16

（来源：NRDC，2012，p.15）

欧洲的滑雪场也发现了由于冬季变暖所造成的收入降低。世界野生动物基金会发现,阿尔卑斯山脉南部地区(如意大利)的降雪量下降了 18.7%。未来预测的情形也不容乐观，截至 2050 年，全球气温预计将至少会上升 2 摄氏度。更高的气温和更少的降雪意味着滑雪人数的缩减。2014—2015 年，受影响最严重的意大利弗留利地区的滑雪者人数不仅在雪季初期表现平平，同比甚至下降了 30%。从长远来看，全球变暖势必将会影响大部分阿尔卑斯山脉地区国家，它们都将遭受同样的损失。这可能意味着 3 600 万游客的流失，同时会对地区就业水平和经济状况造成毁灭性打击（Affaris Today，2014）。

10.3 社会影响

旅游业的社会影响属于“人”的影响，与旅行者、目的地本地居民以及二者之间的相互联系有关。与旅游业的经济影响研究不同，社会影响研究的结论往往是消极的（Wall & Mathieson，2006）。旅游业社会影响研究可以用到以下一些理论框架，首先是多克西在 1976 年提出的，根据目的地的不同，本地居民和外来者的互动随着时间的推移会转化为不同程度的本地居民敌视。随后不久，霍斯特 · 里本道夫（1994）将瑞士阿尔卑斯地区的本地居民对游客的敌意归咎于大众旅游业的发展，这种敌意大部分来自年轻人。他认为季节性员工与游客之间产生了过度的互动，而这种过度互动的症候迟早会爆发出来。压力过大的员工继而会表现得更加易怒和具有进攻性。表 10.4 列出了随着时间的推移，本地居民的敌视情绪积累程度。

表 10.4　本地居民的敌视情绪积累程度

发展阶段	本地居民对旅游业的态度
欢迎	发展的初期阶段，开发商和游客都受到欢迎，几乎不存在任何规划和控制机制
冷漠	习惯了游客的存在，本地居民和外来者的联系更加官方（或商业化），规划多涉及市场营销层面
烦恼	达到饱和点，本地居民对旅游业产生疑虑，政策制定者的做法是增加基础设施建设，而非控制旅游业增长
敌意	公开表示敌意，游客被认为是所有问题的根源，尽管开始着手补救，但相应的宣传推广却在增加，以抵消目的地声誉的恶化

（来源：Doxey，1976，p.26）

很多情况都会招致本地居民的敌意甚至是对游客的仇视。最严重的情绪通常出现在以下三种情形（Wall & Mathieson，2006）。

（1）游客在目的地出现，特别是以大规模形式出现。人流量过高是经常被提到的问题。

（2）示范效应。本地居民经常会对游客的物质优越性产生敌视心理，他们或许会尝试模仿他们的行为和消费模式。

（3）外资所有和就业问题。管理岗位和专业岗位的招募并不向本地人开放，这一点非常容易招致敌意。

在一些国家，以上提及的问题成为反对开展冬季体育旅游的有力佐证。第 5 章提到了在法国饱受争议的关于禁止国际运营商提供滑雪向导服务的问题。法国人坚持所有的滑雪向导必须具备专业的资质，而众所周知，法国的专业资格审查考试相当难通过。英国旅游批发商针对这一禁令提起了上诉，认为它是对欧洲法律的违背。而瑞士的做法也同样令英国的旅游批发商无所适从。过去几年间，大批英国度假木屋运营商从瑞士市场撤出，原因是瑞士对旅游服务业人员的雇佣法做出了修改，关于度假木屋经营者支付给其员工的最低薪酬要依照瑞士的标准执行（而非英国的标准）。度假木屋员工此前签署的是一份英式的雇佣合同，但在新法令的规定下，他需要签署一份瑞士合同，每月最低工资标准为 3 407 瑞士法郎（3 790 美元），而根据瑞士的薪酬计算体系，每年的最低薪酬总额合计为 51 000 美元，但英国的平均年工资仅为 40 300 美元。英国酒店计划公司首席执行官安迪·佩兰表示:“目前的情况在商业层面是无法存续的，可以说是两败俱伤，无论是对我们来说还是对度假村来说。许多游客会发现，来瑞士滑雪的开销大大增加了。”（Morris，2014）酒店计划公司旗下拥有英厄姆、Ski Total 和埃斯普利。

分析游客和本地居民互动关系的另一个理论框架是由瓦尔和马西森（2006）提出的，他们参考了比约克隆和菲尔布里克（1975）的研究，认为个人或群体对旅游业的态度或行为可以是积极的或消极的，肯定的或否定的。这种复杂的状态导致了对于旅游业的态度或行为通常表现为下图中的一种或多种形式（图 10.1）。

态度/行为	积极的	消极的
肯定的	有利的： 积极推广和 支持旅游活动	有利的： 基本接受和 支持旅游活动
否定的	不利的： 强烈反对旅游活动	不利的： 基本接受旅游活动 但持反对态度

图 10.1　本地居民对于旅游活动的态度和行为反馈
（来源：Wall & Mathieson，2006）

在任何群体中，以上四种形式可能会在同一时间同时出现，但每个类别的人数并不是一成不变的。例如，参与旅游业活动的企业通常会采取积极宣传的态度或行为，而相对小型却善于发声的团体有可能对旅游业的发展表示强烈的反对。哈德逊和米勒（2005）表示，越来越多的人开始对加拿大空降式滑雪运动持反对态度，如一个名为 EKES（东库特奈环保社团）的小规模行动群体，就强烈反对在不列颠哥伦比亚省边远地区开展旅游活动。他们声称，不列颠哥伦比亚省的边远地区是世界上现存的 75% 的北美野山羊的栖居地，同时又是濒危的高山驯鹿的最后庇护所。EKES 认为空降式滑雪对这些野生动物的栖息地和生存环境造成了严重影响。

在加拿大的阿尔伯塔省，环保人士、滑雪者、政策制定者和滑雪服务运营商就班夫国家公园是否应作为滑雪目的地已经持续了多年的论战（Hudson，2002）。1930年的《国家公园法》将人们对公园的使用权和从中获得的享受放在了第一位，这也就直接推动了1932年第一家高山滑雪场（森夏恩）的建立。20世纪60年代末，森夏恩与路易斯湖和诺奎山组成联盟，班夫地区至此成为大众的滑雪乐园。然而，随着全球环境运动的快速发展，1996年，加拿大文化遗产部部长指派了一支班夫－弓山谷（BBV）特别小组，对旅游业给公园环境造成的影响进行评估。评估报告包含了400多条建议，包括严格限制旅游发展、创建新型游客管理机制、旅游业的重心调整和产业升级、加强教育、提高意识以及设立面向游客和本地居民的宣讲活动等。针对滑雪场，评估报告建议其削减接待滑雪者人数，并禁止夜间滑雪。

作为对BBV报告的回应，渥太华在公园未来的发展方面发挥了更积极的作用。1998年，政府对班夫镇一侧的商业发展进行了限制（尽管这一做法颇具争议）。2000年春季，文化遗产部部长希拉·卡普思在议会上引入了一项新的立法，对班夫和其他国家公园的发展实行更加严格的限制政策。这些新政将缩减滑雪场的运营空间，削减每日接待的滑雪者数量并严格限制其未来在班夫和贾斯珀国家公园内的扩建。新法案将生态整合放在公园管理的首要位置。不过，公园内滑雪场的所有者却并不怎么买账，甚至针对具体的政策向加拿大公园管理局提起诉讼，认为政府的行为并没有咨询他们的意见，也没有根据《加拿大环境评估法案》的相关要求进行环境评估。他们声称，30 年的租赁协议允许其建造缆车、伐木和开辟林中空地，但政府现在却禁止他们这么做。冲突还在继续。

当然，有时候反对团体也会联合起来寻求解决与旅游业发展相关的社会问题。米谢·布什（2006）曾谈及科罗拉多州斯廷博特斯普林斯关于联合保护公共和农业土地的努力。她认为，当社区内的团体面临对土地和城镇文化的共同威胁时，它们会暂且搁置争议，合作寻求解决问题的办法。在斯廷博特，她发现各行各业，包括农场主、滑雪者、环保人士和旅游业相关的领导，都具有统一的地区认同感。这一地区认同感来自古老的农场传统和滑雪文化，以及对“美国滑雪城镇”的身份认同，它对公共空间的维护至关重要。当人们感觉到所珍视的家园受到威胁时，他们就会坐下来，平等地探讨解决问题的办法，同时也有助于各方建立长期的合作关系，达成环保共识。

勒夫汀和维克托（2006）研究了法国维拉德兰斯地区的滑雪场发展所带来的社会影响。参考了海德格尔（1971）关于“居住”和“现代化”的概念，他们描绘了滑雪场的发展和随之而来的旅游业发展如何改变了人们的生活方式，打造了这一小型山区社群的“地区认同感”。笔者建议，本地人在追求现代化的同时，应该了解到游客（包括他们自身）都更加偏爱维拉德兰斯中世纪的风情，无论是地区面积、特色还是本质，都值得人们去保护。无论是本地居民还是游客都希望看到一个注重“居住”体验的山村、山谷和度假胜地。勒夫汀和维克托认为，欧盟提出的关于保护现存阿尔卑斯地区景观的倡议唤醒了本地居民对其传统遗产的自豪感。

一些研究人员还指出，人们普遍认为度假区内的房价过高，以至于他们不得不向外迁出。克拉克（2006）认为，如何在排外的山体社区内妥善解决经济适用房问题，是北美许多乡村地区发展的关键性政策考量。里本多夫（1994）认为，冬季体育旅游给山体度假区的房地产市场造成了负面影响。他用“未被支付的社会成本”指代那些参与到旅游业发展中的本地人口（p.49）。本地居民先是以较低的价格将土地出售给非本地居民，丧失了对经济发展的控制权。当地价开始上涨的时候，本地居民却得不到半点好处，因为获利的是其他人。最终，本地居民无法支付生活成本，更别说修建一栋房子了，因为地价和租金都已经被非本地居民炒了起来。许多瑞士山体旅游区都面临着类似的困境，而经济适用房问题同样也困扰着北美的众多冬季体育旅游目的地。

不过，冬季体育旅游还是有一定的积极作用的。有限的研究显示，本地居民认为冬季体育旅游给目的地带来的有利影响大于不利影响（Brida，Osti & Faccioli，2011）。对本地居民来说，体育运动既有利于健康，同时也是一种休闲。上文提及的班夫国家公园就是阿尔伯塔省本地居民的主要休闲去处，去往阿尔伯塔省落基山脉度假村的游客中有一半都是本地人士。享受滑雪假期可以促进生活品质的提高，一些研究表明，度假有利于游客的身心健康，他们会将这种好的状态带入之后的工作中去。以往的研究结果还显示，休假期间，人们的睡眠质量更好，极少会存在紧张或者抑郁的情绪。他们患慢性病的概率也较低，如心脏病、高血压和2型糖尿病。旅行有利于促进大脑活动和新的神经突触的生长，提高创造力，甚至可以预防老年痴呆症。此外，度假也是一种家庭团聚的主要方式，并有利于维系婚姻。度假还可以减轻工作压力，缓解职业倦怠感——它们经常会导致旷工，而旷工会造成重大损失和业务中断。

健身专家和研究人员发现，在寒冷的天气里进行户外运动有着意想不到的好处。多晒太阳有利于预防季节性情绪失调——一种同季节变化相关的抑郁症。芬兰的一项研究表明，户外活动要比室内锻炼更加有利于心理健康和睡眠质量的提升（Howard，2015）。滑降滑雪每小时消耗363卡路里，越野滑雪和雪鞋健行每小时消耗508卡路里，滑冰速度达到9英里/小时以上的卡路里消耗为580大卡/小时。滑雪场无疑给人们提供了锻炼身体的机会，一些滑雪场还会积极地对其进行宣传。例如，马萨诸塞州的沃楚西特山滑雪场与法隆社区的医疗计划合作，允许会员使用他们的健身补助（2015年为400美元）购买缆车票和滑雪课程。

滑雪场还可以给本地区带来好的社会影响。对于许多大型滑雪场运营商来说，社会责任已经成为企业文化的重要组成部分，他们致力于慈善事业，积极与本地社区进行互动。范尔度假村集团就是这方面一个很好的例子，2014 年，范尔宣布了一项超过 130 万美元的绿色承诺社区捐赠，用以奖励萨米特镇和瓦沙契镇的 30 家非营利性组织。该捐赠用于支持青少年项目和环保举措，包括提供基本的需求，鼓励儿童参与户外运动，翻新受欢迎的雪道以及增加儿童的教育机会。

10.4 资料篇：保持惠斯勒的野性魅力

自 1998 年至今，惠斯勒黑梳山的环保项目已经斩获了 30 多项奖项，其环境基金资助了 46 个地区项目。员工拼车项目每年减少二氧化碳排放量 200 吨，通过采购新型雪道养护设备，每小时可以节省 18% 的燃料。通过与不列颠哥伦比亚省海德鲁公司合作，每年节约用电量 450 万千瓦时。整个度假区内的 11 000 个电灯泡被替换为节能型产品。

上述环保项目的发起人是亚瑟·德容，惠斯勒黑梳山环境团队负责人。作为团队的一分子，德容表示，每一个人都非常优秀："我们的能源经理阿兰娜·威廉姆斯对这些环保举措做出了重要贡献，她同时也负责能源保护项目，当然还少不了惠斯勒黑梳山其他同事的帮助。我很荣幸能够与这么多同事一起致力于构建我们的生态文化。"

德容在不列颠哥伦比亚省的度假村工作了30多年，他所担任的职位包括黑梳山度假村滑雪巡逻救援经理和山区运营经理，不仅与山区建立了一种和谐亲密的关系，同时对于山区生态系统也有着深刻的理解。由于在环保规划方面走在前列，德容随后出任山区规划和环境资源经理。“惠斯勒自有一套方法应对气候变化，但最终，我们都要受全球经济的制约，”德容说道，“这也是为什么我们要建立一种生态文化，从而迫使外部一般经济体也照做。”他每天的工作就是开发各类环保规划技术，在不损害自然环境的前提下提高客户体验。

在德容的2015年度环境减排报告中，他表示，惠斯勒黑梳山山体运营的首要环保目标是尽可能实现零排放。“商业层面，我们要更加注重成本效益，减少燃料和水电的投入以及废弃物的产出，”他解释道，“有利于增加营业收入。”“同时，我们也肩负着道德责任，”他补充道，“我们的经济和社会都迫切需要实现可持续发展的经济模式案例，特别是通过减排以应对环境变化。”

他提出，大型品牌公司往往同时肩负着这两项责任，不仅提高了企业的经济价值，同时也为社会做出贡献。“减排就是其中的一项举措。”他总结道。例如，蒙斯溪可再生能源项目会将惠斯勒黑梳山消耗的电力进行回收，实现零排放。该水电项目发电量每年可达3 300万千瓦时，足以支持度假区冬夏两季的运营，包括为38座缆车、270台造雪机和17家餐厅供电。项目的研究和规划经历了6年多的时间，现在的负责人是蒙斯溪水利合伙有限公司，而惠斯勒黑梳山是其战略合作伙伴之一。2010年NSAA全国会议和行业展上，惠斯勒黑梳山凭借该项目赢得了最佳环保项目金鹰奖。

另外，德容认为，合作关系的建立——同社区、非政府组织和政府机构——对可持续发展的成功来说至关重要。作为惠斯勒社区的活跃成员之一，30多年来，德容坚信有效的规划来自开放的态度和社区的参与。此外，德容还是多个社会和环境组织成员，积极参加危机咨询和国际援助项目的志愿工作。

就山区发展而言，德容已经学会如何在不改变生态环境的前提下，在其中打造娱乐休闲体验。“这就是我们建立交响乐缆椅的初衷。”他解释道。这条高速缆椅于2006年12月6日对外开放，将1 000英亩的滑雪区域纳入其“交响剧场”的覆盖范围，而此前这片地区只能够经由艰难的徒步进入。设计团队包括一名黑熊研究员、一名专业的护林人员以及规划和工程专家，他们将要协力建造一条具有2 400小时运营能力的缆椅线路，同时要保护好野生动物和鱼类的自然生态系统。

减少环境足迹的途径包括仅移除位于树岛中间的树木

以及那些患病的树木。移除树木和缆车塔及装配件的运输全部通过直升机。这一有选择性的林地规划也被称为“造林处方”，有利于提高青苔和浆果的产量，它们分别是鹿和黑熊的主要食物。洞穴和湿地地区会保持原样。2006 年 4—5 月完成了缆车的地基修建——由于是修建在雪面上，最大程度上降低了对土地的影响。通过采取一系列环保措施，整体环境足迹从最初预计的 40% 降低到了 5% 以下。

在德容管理的期间，惠斯勒黑梳山还开发了大规模循环回收系统和有机废弃物堆肥处理系统，减少一次性纸杯的使用，在公共场所和员工区域张贴禁止随意丢弃垃圾的标语，以提高人们的环保意识。通过减排、重复利用和回收——特别是餐饮方面，自 1998 年至今，废弃物排放减少了 60%，建筑改造项目减少了 860 吨以上的碳排放。

惠斯勒黑梳山的员工文化也有利于坚持度假区的环境目标。通过参与栖息地改善团队和绿色经营项目，以及滑雪季末尾每年一度的山区清理日，员工们也可以参与到环境管理中来。

归功于这些环保努力，2009 年，《麦克莱恩》杂志提名惠斯勒黑梳山为加拿大 30 家最佳环保企业之一。

（以上内容整理自亚瑟·德容的专访，2015 年 3 月；http://ww1.whistlerblackcomb.com/media/environment/department.asp）

10.5 环境影响

环保人士和滑雪场开发商之间的矛盾几乎存在于世界上的任何一个滑雪区，但有些人会尝试创造性地解决这些问题，如下文案例分析中将要介绍的澳大利亚布勒山和斯特灵山滑雪场。

阿尔卑斯山区是欧洲遭受环境威胁最严重的野外区域，究其原因，主要归咎于滑雪运动的快速发展。森林砍伐和改变阿尔卑斯地区土地的传统利用方式用于建造堤坝、滑雪设施和酒店，以及倾倒垃圾都对环境造成了严重影响，后者还会污染附近的湖泊（Hudson，1995）。不少人开始意识到，阿尔卑斯的西部地区，如法国、瑞士和奥地利的土地资源受到旅游业的严重威胁，特别是在高海拔地区建造度假村。野生山区、阿尔卑斯行动、世界野生动物基金（WWF）和瓦莱州自然保护联盟（LVPN）以及其他许多组织机构开始致力于提高人们对环境问题的意识，避免进一步对环境造成破坏。由于这些团体的反对，滑雪场开发商想要进一步扩大发展变得十分困难。

在日本，尽管滑雪场的建造和扩建带来了严重的环境问题（Tsuyazaki，1994），但环保人士的力量不足。如同 20 世纪 60 年代和 70 年代的欧洲和北美，日本新建的滑雪场是为旅游业服务的，而非为了本地居民的休闲娱乐，因而其建造的主要动机是经济性的。在津屋崎看来，环境恶化趋势包括景观破碎、水土流失以及噪声和空气污染。更重要的是，环保问题在滑雪场的建设过程中经常会被忽视，任何关于限制滑雪场建设的法律法规也收效甚微。

在北美，反对滑雪场扩建和发展主要是出于环境因素的考虑。对于滑雪场发展的环境抗议至少可以追溯到 1963 年，当时华特·迪士尼曾试图（并没有成功）在西拉南部的一处高山盆地 Mineral King 建立滑雪场，但他低估了国家公园那近乎神圣的地位（Tejada Flores，1999）。20 世纪 70 年代，批评家将滑雪场开发商们称为“喜马拉雅雪人”，指控他们造成了水土流失和水污染，在原始的山区景观上强加了一些“滑稽可笑的比萨店、汽车旅馆和加油站”（Smith，2013）。资金充足的环保人士现在几乎在同所有规模的滑雪场进行抗争。除了少数的例外，几乎任何形式的滑雪场建设和扩建都会引发他们的质疑，即便是更新缆车和修缮山区度假木屋都遭到了强烈的反对。

很大程度上，滑雪产业也已经意识到它们的经营会给环境带来潜在的影响（Todd & Williams，1996）。2000 年 6 月，约 160 家美国滑雪场联合签署了《环保滑雪坡宪章》。随后，各类滑雪行业领袖、环保团体、联邦、州、县和地区机构、户外娱乐团体、滑雪行业供应商和其他利益相关者都加入进来（现在的成员已扩大到 190 家滑雪场）。它是一套非强制性的指导原则和工具，协助滑雪场有效地将环保概念纳入滑雪场的设计、维护和运营的方方面面。它还就滑雪场的管理和新设施的修建设立了一系列规章制度。该宪章呼吁采取高密度发展模式，控制无计划的扩张；减少造雪用水以及减少度假木屋、交通工具和滑雪缆车的能源消耗。

此外，滑雪场已经意识到自己在二三十年甚至40年前曾经犯下的错误，现在它们也采取了新的管理模式和新的责任机制确保滑雪和环境能够共存。梅尔和雅格（2010）提出了可以应用于滑雪行业的企业环保概念模型。该模型显示，组织机构为开展环保行动提供支持，但同时组织机构也面临一系列动机因素（包括来自内部和外部的）会给环保实践造成压力，以及一系列障碍（如资源）阻止环保实践的进行。而就算考虑到所有的动机因素和障碍，特定时期的环境问题凸显（通常是由于媒体曝光造成的）也会给组织机构的环保意图带来或积极或消极的影响，导致组织机构的环保实践效果有所区别。

过去几十年间，全球的滑雪场都在致力于解决与旅游业和环境相关的问题，它们声称已不再需要刻意追求滑雪人数的增加，而是将重点放在巩固和改善现有设施的质量上。阿斯彭滑雪公司在展现滑雪目的地如何提高环保意识方面做出了表率。阿斯彭滑雪度假村是第一个设立环境事务主任职位的，度假村的环保项目也曾多次获奖。它还是第一个发布了环境可持续发展报告的滑雪场，这些年来，度假村推行的环保措施包括：建立风力发电的缆车系统，利用先进的电脑系统监测和调控缆车与造雪泵的能源消耗，建立了全行业第一家环保网站，并在公司内部定期发布环境简报；度假村还禁止餐厅提供剑鱼，以保护数量不断减少的北美剑鱼。阿斯彭的环保意识几乎反映在每一个部门的工作中：员工每周会捐出 1 美元作为环境基金，该基金设立于 1999 年，是员工利用企业资金进行环境保护的重要举措。有了阿斯彭社区基金、阿斯彭滑雪公司家庭基金、克里格绿色山区有限公司和太古集团可口可乐公司的加入，截至 2015 年，该基金共捐赠了 260 万美元用于清洁能源立法、雪道维护、公共区域保护和能源的有效利用。

在面对环境责任的问题上，欧洲没有任何一家滑雪场置身事外。不过，有证据显示，一种新型环境管理方式正在兴起。瑞士的克洛斯特斯滑雪度假村汇集了各利益方的建议，包括缆车公司、森林服务业、滑雪向导和猎户等，在森林的敏感区划出一定的空间用于保护植物群和动物群。这些区域有明显的标识，度假村还印发了专门的手册介绍这些地点，告知滑雪者滑雪可能会对森林造成的不利影响。此外，为了缓解交通状况，奥地利的莱赫滑雪度假村现在对单日缆车票的销售做出限制，上限为 14 000 张。当度假村满员时，从德国方面来度假村的高速公路上会有标牌提示，建议司机选择其他的度假村。度假村外建有生物能供暖设备，为 100 多家酒店提供能源和热水，供暖设备的燃料来自附近林区的可再生木材。

一小部分关于滑雪者及其环境责任意识的研究得出了相

反的结论。20 世纪 90 年代的洛普调查发现，滑雪者要比其他类型的游客更加关注发展和增长带来的环境问题（NSAA，1994）。同样地，《滑雪》杂志在过去 10 年间所做的一系列独立调查也显示，滑雪者要比其他运动员更加重视环境（Castle，1999）。然而，弗莱伊（1995）却发现滑雪者对于环境问题并没有特别强烈的看法，而更有经验的滑雪人士实际上是支持滑雪场扩建的。一项奥地利的环保意识研究显示，大部分滑雪者（59%）愿意支付“环境”税——如果这么做有助于度假村开展环保实践的话（Weiss et al.，1998）。但是，即便奥地利滑雪者有较高的环保意识，他们却并不准备对滑雪运动进行任何限制，哪怕是出于保护郊区的目的，也并不赞同限制缆车票的销售。针对班夫滑雪者的一项研究中，哈德逊和里奇（2001）发现，滑雪者普遍缺乏对与滑雪相关的环境问题的了解。大部分人认为滑雪其实是一种环保型运动，但应对可滑雪的区域做出限制，避免干扰野生动物的栖息地和迁移路线。近半数的滑雪者支持限制国家公园内的滑雪者人数以达到保护环境的目的，但加拿大的滑雪者（不像美国或英国滑雪者）并不打算为“更环保”的滑雪场支付额外的费用。

10.6 气候变化对冬季体育旅游的影响

不少研究都提及和讨论了气候变化对旅游业和户外休闲活动的潜在影响（Hall & Higham，2005；Becken & Hay，

2007)。史密斯(1990)关于旅游业和气候变化的开创性研究预测，旅游业会因此面临一个赢家和输家并存的复杂组合局面。更多的研究结论则认为，这些赢家和输家很可能出现在同一个地区(Brouder & Lundmark，2011)。而冬季体育旅游和气候变化的大部分研究都将重点放在了潜在的“失败者”身上。欧洲(Breiling & Charamza，1999；Burki et al.，2005；Elsasser & Burki，2002)、加拿大(Scott，McBoyle & Minogue，2007)、美国(Dawson & Scott，2013；NRDC，2012)和澳大利亚(Pickering，2011)的研究倾向于将这些“失败者”的产生归咎于气候变化，它们通常是那些建造于低海拔地区的滑雪场，无论在气候还是地理位置上都不占优势(Brouder & Lundmark，2011；Scott & Steiger，2013)。

相反，艾格纳和普雷滕塔勒(2011)则认为，过去25年间，气候变化带来的消极影响在某种程度上已经得到缓解，一部分原因可以归结于造雪技术的进步。美国东北部的研究结论也证实了这一点(Dawson，Scott & McBoyle，2009)，他们的气候变化模拟分析显示，滑雪产业自身的适应性(如造雪技术的开发)以及全年旅游业产品的多样化(如新增了高尔夫球和自行车运动)多少已经缓解了由于冬季平均气温升高而带来的负面影响。庞斯 - 庞斯等人(2012)在研究了气候变化对安道尔滑雪产业的影响之后，也得出了同样的结论，但同时他们也提出警告，考虑到高昂的成本和对生态系统的潜在破坏，造雪应仅仅被视为一种短期的适应策略。

预测气候变化对冬季体育的影响有很多种方法。为了评估瑞典滑雪产业的经济损失，摩恩和弗雷德曼（2007）将地区气候变化预测与阿尔卑斯冬季旅游业的发展趋势结合起来，预测了气候变化将会对滑雪者天数产生的影响。在澳大利亚，皮克林（2011）收集了过去 6 年间的雪质情况和接待游客量的数据信息，用以评估潜在需求方对自然降雪量较低这一现状的反馈。特格罗夫等人（2011）利用气温和降雪量数据，分析了 185 家滑雪场在过去 34 个冬季的雪质状况。庞斯－庞斯等人（2012）提出了一个以地理为参照的模型，分析气候变化对安道尔和西班牙滑雪产业的影响。该模型考虑了滑雪者对雪质的反馈以及造雪技术在未来滑雪季期间有限的适应作用。斯考特和斯坦格（2013）介绍了一种敏感性分析法，利用滑雪产业相关的指标，如滑雪季长度、造雪要求和 SkiSim 2 ™滑雪运营模型，对美国和奥地利大范围地区的未来气候状况进行跨区域的气候脆弱性对比。

其他研究人员试图询问主要利益相关方的看法——关于气候变化对冬季度假村可能产生的影响，从而评估其对行业自身的潜在影响。布劳德和兰德马克（2011）访问了芬兰的 63 位企业家，发现行业普遍认为，气候变化在未来 10 年间并不会给旅游业带来颠覆性的影响。沃夫瑟格、高司令和斯考特（2008）以及沃夫瑟格（2005）发现，大部分低海拔的奥地利滑雪场运营商并不认为气候变化是一个很大的威胁，他们相信通过自适应性，如造雪技术，可以有效克服气候变暖的问题。哈德利、克什罕姆和亨德森（2013）发现，伊朗蒂津滑雪场的股东们更加注重制定应对气候变化的适应性策略，如开发其他全年户外活动项目，作为滑雪的补充。霍普金斯（2014）针对新西兰昆士城滑雪行业的利益相关方进行了一项认知性研究，发现他们更加注重短期的经济可持续性发展，主要利用造雪技术应对目前的天气变化以及未来中长期的气候变化。

显然，滑雪场不能再继续忽视气候变化的威胁。道森和斯考特（2013）的滑雪产业运营商气候变化管理决策制定流程图显示，如果社区已经开始流失滑雪旅游业务、收入和相关的工作岗位，那么，经济多元化发展势在必行——如果它们还没开始这么做的话。那些适应力较差的度假村，在某种程度上，需要尽快做出决定，是要加大适应性方面的投入，如造雪技术和设施扩建，向多季节目的地转变，还是干脆结束运营。由于积雪层厚度不达标而关闭的滑雪场并不少见，加拿大阿尔伯塔省的鸽子山滑雪场就是一个典型的例子。

滑雪产业作为一个整体，也开始意识到需要制定环保政策和采取相应的措施。一些独立的旅游业协会，如班夫路易斯湖旅游局、安大略冰雪度假村协会（Rutty et al.，2014）以及加拿大和美国的独立滑雪场，通过自愿设立温室气体（GHG）减排目标，在应对气候变化方面做出了表率。滑雪行业还积极开展关于气候变化的大众教育宣传活动，支持政府关于气候变化的立法（联合国世界旅游组织，2007）。尽管这些政策和举措的目的性看起来非常崇高，旅游业从业人员解决气候变化问题的政治意愿是否真的可靠却还有待商榷（Weaver，2011；McKercher，Mak & Wong，2014），而即便如此，他们的行动也还不足以延缓到2050年的气温上升态势。

北美其他的滑雪场联合签署了环保滑雪坡宪章（2000年被美国滑雪行业所采纳），该宪章就滑雪区的可持续发展和进一步加强环境保护提出了总体框架。作为宪章内容的一部分，NSAA设立了自愿应对气候挑战项目，协助项目成员减少温室气体的排放，降低能源使用的成本，从而提高营业收入。对于某个单独的滑雪场来说，这些举措尽管看上去有流于表面之嫌，自然资源保护委员会（2012）却指出，如果不采取任何干预措施的话，到了21世纪末，冬季气温有可能再升高4～10摄氏度，随之而来的便是降雪量的大幅度缩减和滑雪季的缩短。根据预测，2050年后的气候变化形势将越发严峻，滑雪旅游在21世纪后半叶很有可能变成一种小众产品（Steiger，2013）。

10.7 案例分析："下层"雪循环

布勒山和斯特灵山滑雪场位于澳大利亚维多利亚中部地区，推行生态旅游多年，是该领域的佼佼者。不过，与其他滑雪地区一样，它同样也受到来自全球气候变化的威胁，也需要利用造雪技术弥补自然降雪量的不足。

通常来说，造雪需要大量的水资源，而这些水资源一般取自附近的湖泊和河流。但该度假村的网站上写道：“布勒山和斯特灵山高山滑雪场管理委员会最为重视的，就是保护源头位于雪原和高山雪坡上的高原溪流与河水。狄拉泰河和豪夸河提供了附近农场和城镇的用水，同时也是人们休闲享受的好去处，尤其受丛林徒步爱好者、独木舟爱好者、垂钓爱好者和野营爱好者的青睐。保护和维持水质与水量对本地区有着重要的意义，也是度假村环保管理的一个核心目标。”

因此，尽管造雪用水基本上取自沼泽溪——狄拉泰河的一条支流，度假村依旧花费了大量的时间和金钱寻找其他的供水渠道。造雪和废水循环试点研究尝试利用经过本地废水处理厂净化过的污水来造雪，该污水处理厂是由布勒山和斯特灵山高山度假村管理委员会经营的。这一做法有两个潜在的环保优势：首先，减少了向环境中排放的污水总量；其次，减少了从沼泽溪的取水量。在使用污水进行造雪作业之前，出于健康和环保考虑，污水需要被进一步净化以达到A级的标准（适用于人类粮食作物灌溉、公园绿地和高尔夫场地的洒扫）。

经过造价100万美元的净水系统实现超过滤和臭氧化处理，度假村可以提供干净的水源用于造雪。每天可过滤污水80万公升，度假村最初计划在3年的时间里（自2008年起）通过污水处理提供10%的造雪用水。而新建的A级污水处理厂现在每天可提供200万公升的循环水资源用于造雪，布勒山的造雪量因此提高了30%。该系统设有自动防故障装置，确保在出现问题的时候系统会自动停止运行，防止任何未经处理的污水排入太阳谷水库。为保证水质纯度，系统需要进行24小时监控，项目总造价达343万美元。

布勒山和斯特灵山高山度假村管理委员会凭借该项目荣获了2002年世界环境日奖，提名方为澳大利亚联合国协会。

布勒山的环保政策符合AS/NZS ISO 14001：1996——环境管理的国际通行标准。度假村致力于实施环境管理规划，确保在实现可持续发展的同时保护自然环境。该规划综合考虑了动物群、植物群、生态系统、环境价值以及气候和地理因子。鉴于度假村建立在王室土地上，本地社区应设立相关委员会对环境事务进行统一管理。

由于进入度假村需要在山脚的米利姆巴缴纳费用，这也就意味着，一部分用于支持环保项目的资金其实是从度假村游客身上收取的。这笔费用——相当于进入两处山区的门票——将用于重要基础设施的维护和服务，包括公路和污水处理。未来，循环水资源将用于人们日常的多种新型用水形式和公共场所的洒扫。

（来源：http://www.skiclub.co.uk/skiclub/skiresorts/greenresorts/resort.aspx//Mount-Buller#.VMeuW1uGhSU）

参考文献

第11章
发展服务型文化

聚焦：安德鲁·邓恩，从培根到鱼子酱

25年间，一家英国奢侈旅游公司不断为其客户带来新的惊喜。自从第一个滑雪季，公司的所有人邓恩亲自开车将培根运往法国，只为提供一顿完美的英式早餐开始，斯考特邓恩旅游在服务和质量上就已经走在了行业的前列。“从第一天开始，我们就要做到最好。”创始人安德鲁·邓恩如是说道。公司创办于1986年，最初主要运营滑雪度假木屋业务，在瑞士韦尔比耶拥有两个度假木屋。尽管第一年公司亏损，22岁的邓恩还是坚持了下去，在附近的度假村继续建造度假木屋，并提供差异化的舒适服务，包括提供羽绒被和可以在床上享用的早茶。1988年，邓恩在伦敦建立办公室，并向其员工和保姆开放了他在瑞士和法国的产业。因其更加注重奢华和私人服务，斯考特邓恩很快便成为阿尔卑斯度假木屋经营的典范。那时候，大多数竞争者提供的依旧是基本的住宿和餐饮服务，就连酒水通常也是最廉价的。

20世纪90年代，贾尔斯·汤纳加入了斯考特邓恩的团队，与此同时，全世界范围开始兴起定制冒险假日游——在加入适度冒险元素的基础上又保证了舒适性。在发现高端旅游市场有利可图之后，邓恩也开始提供可长期停留的奢华地中海别墅，配备有厨师、管家、保姆和专门的儿童俱乐部。刚开始创业的时候，祖母就建议他："邓恩，永远不要想着去卖便宜的东西，人们总会愿意为最好的花钱。"

邓恩毕业于牛津布鲁克斯大学，主修心理学和生物学，他对消费者行为很有一套研究。"我很清楚地意识到，一个客户背后代表的不仅仅是一次交易，他们很有可能会进行重复消费，你或许一辈子都要和他们打交道。"他希望能从最开始就吸引客户的注意力，然后通过了解他们生活的各个阶段，如结婚、生子以及之后的人生，来想办法留住这些客户。"我们身上的责任重大，如果你搞丢了这一单生意，很有可能意味着你同时丢掉了未来几年内的6单生意。"他的教育背景在员工招募和培训方面也起到了积极的作用。"我总有办法找到适合为我工作的人。这取决于我是否欣赏他/她，眼缘很重要。我需要知道他们'是否在意'，'是否想要为客户提供最完美的体验'，还是他们只想环游世界。"与许多旅游公司不同的是，邓恩的全年员工数量非常多，主要是为了保证工作的连续性和高标准，其英国的管理团队一直比较稳定，而在度假村工作的通常是季节性员工，每年，他们当中的 1/3 都会回来继续工作。

“没什么能难倒我们——这就是我们的特别之处，”邓恩解释道，“这句‘咒语’在今天依旧适用，就像 25 年前一样。如果你担心、在意，以及希望你的客户享受一段美好的时光，那么他们就一定可以。”斯考特邓恩在官网许诺每一位客户都可以得到一份精心准备的礼品，这种一对一式的服务为公司赢得了 70% 以上的回头客生意，他们多是出于对品牌的忠诚度或是经由熟人介绍。斯考特邓恩的服务哲学包括“意料之外的善举（UAKs）”——邓恩率先提出了这一说法——当然这背后也是有支出的，但这种额外支出的价值从未遭到过质疑。“我们当然会尝试去降低运营成本，但这些都不会影响到客户的体验。如果你真正了解公司文化的精髓，你就应该明白客户的重要性。”邓恩坚持道。

应对两次经济危机对斯考特邓恩来说不是那么容易的事。不过，由于对外部压力快速做出了反应，邓恩在职业生涯的早期成功规避了 1992 年经济危机可能给公司带来的影响。他拿出公司 1% 的股份换取了更多投资人的支持，并为他们提供免费的假期安排。1992—2008 年，公司利润增长了 20%。通过减少假日游数量，保证质量，精简住宿选择，留下那些性价比最高的产品，邓恩再一次成功应对了 2008 年的经济危机。2011 年公司销售额达到 4 000 万美元，实现零债务和七位数的利润额，每年接待游客数量约为 1 万人，人均预订消费 1.9 万美元。公司的业务量还在增长，2013 年，斯考特邓恩成为竞争对手想象旅游的主要控股方。2014 年，公司年收入达到 1 亿美元，年利润约为 900 万美元，吸引了不少股权投资者。同年，私募基金 Inflection 收购了公司大多数股权，总价值超过 1 亿美元。

在经济不景气的时候，邓恩的一大优势就体现了出来，他的客户多数都是高消费群体，这些人通常不会受经济危机的影响："当我们和度假村谈价格的时候（度假木屋和酒店），我们会向他们解释，为什么比起那些通过艾派迪预订的人来说，我们的客户更加有价值——不单单是因为他们的开销大，更重要的是，这群人不怕花钱。"当被问及斯考特邓恩是如何在过去 25 年间打败了诸多竞争者时，邓恩解释道："我们做事是持之以恒的，我们的产品定价不高，我们的服务物超所值，这样一来，你就主导了客户的期待，而当你超出预期的时候，他们无不交口称赞。除此之外，就是找正确的人一起共事。"他认为大多数旅游公司都过于注重营业额而非如何留住客户："他们的眼里只看到了钱。"

近些年来，尽管高层管理一直在发生变化，邓恩一直把控着公司的整体发展理念，注重客户忠诚度和品牌的提升。2011 年，斯考特邓恩荣获 Condé Nast Traveller Readers 旅游奖，在可靠性、员工和服务方面得分非常高。"我们称之为贵宾接待，而非顾客服务。"在邓恩看来，这种模范式服务正是公司存活的原因，而其他那些“肤浅的模仿者”则失败了。2014年，公司再次获得该奖项，并荣获首届baby&me Style最佳家庭旅游批发商，以及由*Ultratravel*读者评选出的最佳奢侈旅游批发商第二名。邓恩很看重优秀新闻报道的价值，“对我们来说，公关要比广告重要。”一项公关成果是《星期日泰晤士报》旅游版一篇长达三页的专题报道，“它营造了一种温暖而朦胧的感觉。”

邓恩在一篇博客中讲述了滑雪世界发生的翻天覆地的变化。“你几乎没有办法想象，当我在1986年创办斯考特邓恩的时候，那时的滑雪度假木屋说起来挺吓人的：没有经过正规培训的木屋工作人员只会做一些难以下咽的主食，提供劣质的酒水，早餐的粥都是糊的，毛毯盖在身上会令人发痒，墙面非常薄，浴室是公共的。木屋的主人就好像在办寄宿制学校一样，拼命地想往屋子里塞床。更糟糕的是，似乎没有人在意这些，因为他们没有见过更好的。”之后，邓恩开始致力于改变整个度假木屋产业的现状。“我们把每一处木屋的卧室数量都缩减了一半，安装了智能浴室系统，力求提供最好的服务。现在，几乎每间卧室都有独立的浴室，近半数的木屋都有私人游泳池。”

邓恩还明确指出了当前家庭市场的重要性。“过去10年间，儿童市场迅速发展，我们的儿童俱乐部知名度很高，也非常受信赖。许多客人从小就和我们在一起滑雪，他们长大之后也会带着他们的孩子来，我们见证了这一完整的传承。他们知道我们会照顾好他们，而我们之所以会称呼其为‘贵宾’，是因为比起20世纪80年代那些忍受老旧度假木屋的滑雪者来说，他们无疑更加独具慧眼。自我创业至今已经过了25个年头，我无时无刻不在庆幸这一点。”

［以上内容整理自安德鲁·邓恩的专访，2011年，2015年；O'Connell（2011）；http://www.scottdunn.com；http://blog.scottdunn.com/the-dunn-thing；http://www.thesundaytimes.co.uk/sto/public/roadtorecovery/article661649.ece］

11.1 卓越服务的重要性

服务质量逐渐成为打造差异化旅游服务产品和竞争优势的一个核心要素。消费者对购买行为的评估，决定了其满意程度以及是否会进行再次消费，这一过程对市场营销人员来说至关重要，尤其是服务行业的营销人员，与制造业市场营销人员不同，前者所拥有的能够客观衡量服务质量的指标较少。服务质量指的是消费者对于产品服务的认知，而这些认知基于以下五个维度：可靠性、确定性、情感共鸣、响应能力以及可感知性（Parasuraman et al.，1988）。

许多研究人员认为，服务质量的副产物即为消费者的满意度，而满意度的多少则取决于消费者的期待与实际享受到的服务质量之间的差距（Reichheld & Sasser，1990）。尽管旅游业一直注重满足消费者的需求，但当下对其的重视程度却是前所未有的。这个时代充满了不确定性，随着竞争愈发激烈，知晓如何去赢、去留住消费者是每个从业人员都要学习的唯一重要商业技能。消费者满意度和忠诚度是企业长期获利的保障，令消费者满意也是每位从业人员的责任。企业想要获得成功必须要以消费者为中心，满足消费者的期待。

知名研究结果显示，企业只要能够保留住其5%或以上的客户，就可以获得25%~5%的利润增长（Reichheld & Sasser，1990），研究同时还指出，建立忠诚度已不能再单单依靠“满足”消费者的意愿（Heskett et al.，1997）。这意味着企业不能光顾着取悦消费者，而是要保证消费者对与企业接触过程中的方方面面都持满意态度，从而产生依赖性，认为在别处进行购买行为是无法想象的。

从全世界范围来看，消费者通常都愿意为优质服务埋单。一项研究发现，10个美国人中有7个愿意向提供更加优质客户服务的企业多支付13%的费用（AMEX，2011），同样的情况也出现在其他国家（澳大利亚和加拿大：12%；墨西哥：11%；英国：10%；法国：9%；意大利：9%；德国：8%；荷兰：7%）。在印度，人们则愿意多支付22%的费用。另一项调查研究发现，在美国，优质客户服务的价值每年高达2 678亿美元（STELLA Service，2010），这一数字是基于每人每年在各领域的平均消费额计算出来的。价值指的是消费者为得到更好的服务而愿意支付的额外费用。根据消费者调查结果显示，如果他们得到了满意的客户服务，70% 的消费者会再次购买该公司的产品，50% 会向亲朋好友推荐该公司。而在旅游服务行业，研究表明，消费者为获得优质服务愿意多支付 11% 的费用，这个数字要高于大多数其他行业。

服务利润链（图 11.1）显示了员工满意度和忠诚度与消费者满意度和忠诚度（以及最终的获利）之间内在的逻辑联系：内部服务质量、员工满意度与生产力、客户服务价值以及最终的消费者满意度、留住消费者和获益之间有着重要的联系。如果企业能够在这些方面有所建树，那么它们势必要比那些没有建树的企业更加成功，也获利更多。

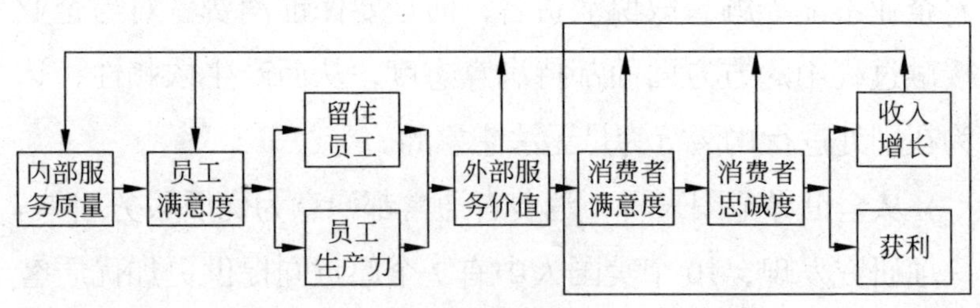

图 11.1　服务利润链

（来源：Heskett et al.，1997）

这一链条始于内部服务质量，人力资源对于旅游行业来说至关重要。企业要努力提升内部员工的专业技术，激励他们去满足客户的需求，达成他们的意愿。员工满意度的提升会促进生产力的提高，留住员工，进而提高客户服务价值，确保客户的满意度和忠诚度。消费者外部价值的产生来自优质的服务。满意的客人会成为回头客，并向其他潜在的客户分享他们的优质体验，给企业带来更高的收益。忠诚度越高意味着企业的市场占有率越高、回头客数量越多，企业的资产负债情况良好，至此形成一个完整的利润链条。

为了评估建立长期客户关系的经济价值，企业通常会计算终身价值，正如上文聚焦中提及的安德鲁·邓恩的案例。消费者终身价值考虑的是消费者在整个生命周期中能够为企业带来的潜在收入和利益，它受平均寿命的长短、整个生命周期内企业的平均收入以及企业在这段时间内额外售出的产品和服务的影响。2012 年，SIA 的预测数据显示，从 10 岁开始滑雪的人为滑雪产业贡献的终身价值为 72 758 美元（表 11.1）。

表 11.1　从 10 岁开始滑雪的人为滑雪产业贡献的终身价值

项　　目	零售价格 / 美元	数量 / 年	年	总额 / 美元
滑雪板	358	0.2	35	2 506
雪鞋	283	0.2	35	1 981
固定器	164	0.2	35	1 148
滑雪服	218	0.1	35	763
配件	34	1	35	1 190
缆车票	71	10	35	24 850
餐饮	34	10	35	11 900
住宿	203	4	35	28 420
总额				72 758
年均金额				2 079

（来源：SIA，2012）

11.2 建立服务型文化

为了能够提供一流的客户服务，冬季体育旅游需要建立强有力的服务型文化。服务型文化指的是通过政策、措施、奖励系统和实际行动支持客户服务的文化。如果一个企业的整体文化不支持客户服务，那么它的任何服务型市场营销都不会成功。服务型市场营销需要管理层的强力支持，如果管理层希望员工对消费者持有积极的态度，那么管理层自身首先要对消费者和他的员工持有同样的态度。所有企业领导在传递和维系企业文化的过程中都有着不可忽视的重要作用（Ford & Heaton，2001）。如果企业没有建立一个强有力的服务型文化，向以消费者为中心的模式的转型则需要在诸多方面做出改变，包括招聘、培训、奖励系统、客户投诉应对机制以及员工的授权。管理者需要花时间同消费者和直面消费者的员工进行沟通。

标准的旅游业和旅游服务业机构都会投入时间和金钱指导员工建立一套文化价值体系，当某个与消费者相关的具体情况出现时，如果训练手册和书本都没能提供标准的应对措施，凭借该体系员工就会知道该如何去做，并且他们会想要去做正确的事，而公司也会授权他们这么做（Ford & Heaton，2001）。在犹他州鹿谷度假村的蒙太奇酒店，经过大量培训，一种独特的服务型文化逐渐渗透到员工们的日常工作中并得到维系。在经历数天的课程教学后，酒店的全部 720 名员工还要继续接受一段长时间的培训，它被称为“蒙太奇惯性”。酒店公关负责人丹·霍华德表示：“没有任何两家蒙太奇酒店是相似的，但它们在‘感觉上’却是相同的，传递相同的信息，提供同类型的服务。我们的目标是营造舒适的奢华体验——我相信这是美国所特有的。”

诚然，在某些国家建立一种服务型文化相对较为容易。例如在日本，高标准的客户服务是一种行业规范。日语将“客户”翻译为“受邀请的人”或“贵宾”，以示其对客户的尊重。建立服务型文化不是靠开展某个项目或课程那么简单。在客户服务培训之前，新员工应先接受最基本的培训，奠定基调，为今后的服务工作打好基础。在员工充分了解了公司的价值体系之后，他们可以根据具体情况来参加进一步的培训。科罗拉多州斯廷博特布劳德莫滑雪度假村餐厅的新员工要参加为期两天的入职培训，紧接着他们会进行一系列实践性学习，包括如何接电话、欢迎客人、倒酒和收拾餐桌等。随后，他们还要接受具体的客户服务培训。布劳德莫根据五星标准和五钻标准设立了16项基本的客户服务准则，所有的员工都要遵守（Simons，2005）。这些标准，如“称呼客人的名字”、要说“我会帮您解决”而不是“我不知道”，将客人带到他们要去的地方：对卓越服务做出了具体的定义，并通过课程、考核和表彰不断进行重申。

丽思卡尔顿的员工培训同样遵循某些特定的标准。新员工会接受一系列高水准的培训并收到培训的反馈，了解丽思卡尔顿的黄金标准。它们被打印在一张卡片上，由员工随身携带，黄金标准体现了企业信条、员工承诺和对待宾客和同事的行为准则。这些准则规定了员工在同宾客打招呼时应使用的具体词句，以及员工的个人形象。此外，它们还在公司和每位员工之间建立了一种社会联系。丽思卡尔顿的座右铭是“我们以绅士淑女的态度为绅士淑女服务”。它倾向于进行内部培训，而有些度假村和目的地会雇用外部的客户服务培训机构。本章末尾的案例分析将介绍科罗拉多州的斯廷博特·斯普林斯度假小镇，它聘请了专门的咨询公司对整个小镇进行客户服务培训。

11.3 将客户变为“信徒”

知名研究结果显示，企业只要能够保留住其 5% 或以上的客户，就可以获得 25%～85% 的利润增长，但忠诚度的建立已不能再单单依靠“满足”消费者的意愿。满意（区别于非常满意）的消费者和顾客维系之间的关联已经不大或者根本不存在任何关联。这意味着企业不能光顾着取悦消费者，而是要保证消费者对与企业接触过程中的方方面面都持满意态度，从而产生依赖性，认为使用竞争者的产品是无法想象的。从某种程度上来说，这些消费者成为他们所钟爱的品牌的“信徒”。哈佛商学院提出的信徒模型反映了客户服务的多种行为结果。基于满意度和忠诚度，它将消费者划分为四个象限：

拥护者、人质、佣兵和背叛者（图 11.2）。

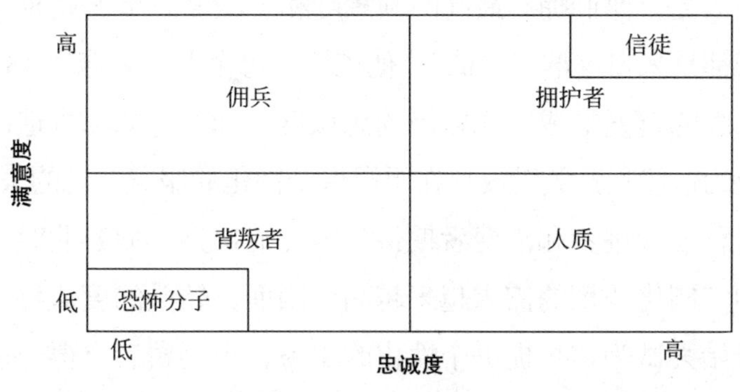

图 11.2　信徒模型

（来源：Jones & Sasser，1995）

背叛者指的是那些满意度和忠诚度都很低的客户，它还包括了恐怖分子这一类别，这一群体的满意度和忠诚度是最低的。除了失去这些客户会产生代价之外，他们只要一有机会就会表达对某个品牌的不满。人质指的是那些尽管满意度很低，但对品牌的忠诚度却依旧很高的客户，这主要是由于缺乏竞争或转移目标的成本太高，这一类别的客户会觉得自己是被“绑架”了。而属于该类别的旅游品牌之所以能够胜出，很大程度上取决于它们的地理位置（附近没有其他更合适的选择），或者归功于强大的品牌俱乐部。不过，这些客户所表现出的仅仅是一种“虚假忠诚”，尽管忠诚度很高，可一旦有机会他们就会“跳槽”。佣兵是指那些满意度高但忠诚度低的客户，他们通常对价格非常敏感，如果有机会的话他们会轻易改变目标。

拥护者是那些满意度和忠诚度都较高的消费者，其中就包括信徒，他们拥有最高的满意度和忠诚度。星巴克 80% 的收入都是来自这群“信徒”，他们平均每个月会来店里 18 次。对品牌的喜爱形成了比较高的忠诚度。那么，如何打造滑雪产业的信徒呢？关键或许在于提供个性化的服务。总的来说，随着科技的进步和消费者期待与眼光的提升，旅游业对个性化和定制化假期的需求越来越高。因而，领头的度假村和酒店开始尝试为客户提供个性化的服务，令消费者觉得他们是独一无二的，继而形成一种感觉——酒店在为其进行单独的特别服务。

在科罗拉多州，范尔度假村集团一直致力于提供超出预期的服务，培育客户的忠诚度。“我们有一个项目叫作 Epic Wishes,”高级联络经理艾希莉 · 勒韦介绍道，“员工在社交媒体上寻找那些提及要来度假的客人，然后我们会为其打造一场独特的度假体验，如准备生日蛋糕，小朋友们可以乘坐雪地履带车，如果女性客人在第一天滑雪时不小心受了伤，酒店会向其提供免费的 SPA 服务和晚餐。”勒韦认为这些举措的推进应该是从上至下的。她提到了布雷肯里奇雷鸣山度假木屋的一位总经理乔纳森 · 弗里曼，他经常会为客人准备手写的小贴士，并鼓励员工也这么做。一位客人在 TripAdvisor 上评论说这是他第七次住在雷鸣山木屋了，他非常喜欢这里，弗里曼找到了他，彼时对方刚好还没有离开，弗里曼便询问他关于住宿服务还有什么可以改进的地方。“那位先生说他明天准备去 14er（海拔 14 000 英尺以上的高峰）爬山，所以就问弗里曼知不知道该怎么过去。弗里曼回答道：‘我知不知道怎么过去？我会带你过去的。’第二天弗里曼早上 4 点去接他，然后他们一起去爬山了。”

在犹他州，鹿谷度假村的蒙太奇酒店公关负责人丹·霍华德同样认为，提供高质量的个性化服务是留住客户的重要途径。“我们收集关于客人们偏好的信息，这样一来就可以为他们提供定制化的住宿体验，”他说道，儿童也不例外，“我们的绘画部为 5～12 岁的儿童提供半日和全天的活动，包括‘科学日’‘艺术日’和‘烹饪日’等，此外，在小朋友们的房间门外，还会挂上写好他们名字的手绘标牌，以示欢迎。他们还可以挑选一份动物拉雪橇的玩具，这些动物都是犹他州本地的物种，他们可以把这个‘新朋友’带回家，作为在鹿谷度假村蒙太奇酒店的旅行纪念品。”蒙太奇的餐饮团队同样会提前了解客人在饮食方面是否有特殊需求，在客人点餐之前有所准备，后者也会因此觉得他们是被重视的，厨房在准备食物的时候也会考虑到他们的偏好需求。“我们会根据客人的需求准备每一顿饭。”霍华德说道。

蒙太奇酒店的 SPA 服务中最有名的一项内容叫作“SURRENDER”，开始的 45 分钟里，理疗师会同客人进行一对一的沟通，了解后者的健康状况、锻炼情况、饮食习惯和遗传病史，之后会根据每个人不同的情况制定相应的 SPA“诊疗方案”。客人的所有信息都会储存到蒙太奇 SPA 的数据库里，等到下一次客人下榻其他蒙太奇酒店时，他们仍旧可以继续这套方案，而不用从头开始把自身的状况重复一遍。“这类高度个性化的餐饮以及SPA服务，有利于吸引客人再次光临，他们不仅熟悉、认同我们的酒店，更重要的是，他们的需求在这里能够得到最大限度的满足。”

在位于同一条路上的斯坦恩埃里克森度假木屋，员工充分利用每一条个人信息力求为客人们打造难以忘怀的住宿体验。“每位客人都由专门的领班陪同至他/她的房间，”经理丹·布勒特说道，“这有利于员工和客人建立私人联系，获取更多的信息，以便酒店可以提供更好的服务。例如，一位客人提及他最喜欢的电视剧是《唐顿庄园》，我的员工们会为他精心准备一张卡片，上面列明了该电视剧的播出时间和频道号码。同时我们还提供免费的薯条和洋葱酱，客人可以一边看电视一边吃。”

位于阿尔塔滑雪区脚下的阿尔塔度假木屋首席执行官马库斯·迪普十分重视客户的忠诚度，他希望员工能够时刻关注客人的需求——从他们到达的那一刻起，直到他们离开为止。阿尔塔度假木屋吸引客人再次入住的一个秘诀就是把他们当成朋友来对待。木屋有一位88岁的女性客人，从1951年起，每年都会来，一开始是和家人，后来是和孩子，再后来她连孙子和孙女都有了。另一位来自圣巴巴拉的客人每个月都会来住上一周的时间，木屋每年都会为他准备生日派对。

不过，单单是靠这种定制化服务就能培育“信徒型”客户吗？就能让他们感到满意继而与他人分享他们的经历吗？加拿大山区假日拥有 8 套位于边远地区的度假别墅（每套别墅都有 44 个床位），它的市场营销手段主要依靠“口碑宣传”。为了鼓励重复预订，其 90% 的市场营销预算都用在了客户服务上，客户忠诚度大约在 65%。CMH 很少做广告，但社交媒体是其市场营销策略的一个重要渠道。前媒体经理萨拉·皮尔森表示：“社交媒体在我们的营销策略中所起的作用越来越大，如果我们能够吸引更多的浏览者访问我们的网站，并让这些人带头进行消费，就说明我们的营销策略是成功的。通过社交媒体，我们可以与潜在客户和现有客户建立联系，提高知名度，维系客户关系，传播 CMH 的企业文化。”

CMH 还会在北美、欧洲、日本和澳大利亚举办名为“CMH 之夜”的市场营销活动。该活动是邀请制的，CMH 的员工和向导会招待老客户和他们的朋友，并为其提供信息。这些活动非常成功，实现了较高的转化率。皮尔森认为，这些活动是值得投入的：“你很难通过即时预订确定转化率，因为它通常需要两年的时间才能看出效果。但我们觉得这一切都是值得的，它有利于在我们即将进军的市场中培育客户忠诚度，在这些地区很快就会出现新的预订订单。随着时间的推移，我们不断在营销活动中投入精力，活动越做越大，系统里的名字越来越多，营销漏斗里的人也越来越多。”

在世界的另一边，还有一家空降式滑雪公司也非常注重客户服务，那就是下文即将介绍的南湖空降式滑雪（SLHS），其昂贵的价格吸引了不少拥有较高期待的客户。

11.4 资料篇："奇异风格"的客户服务

空降式滑雪行业的客户服务至关重要。这一运动具有潜在的危险性，滑雪者需要专业的指导和保障，员工和客户之间需要建立密切的联系。南湖空降式滑雪已经在新西兰经营了30年时间，拥有8 500平方公里野外地形区，包括11座山脉，雪道数量超过600条。主要覆盖区域从南湖地区开始，经过玛卡罗拉、瓦纳卡、格伦诺基、皇后镇直到金士顿（Kingston）。

艾丽霞·吉布是南湖空降式滑雪的经理。公司提供滑雪一日游和七日游的行程安排。"我们为客户提供了多种选择方案，但我们的主打产品是滑雪一日游，"吉布说道，"全世界空降式滑雪一日游价格最便宜的地方就是这里了，SLHS提供3条、4条、6条和8条雪道的选择方案。我们还提供私人包机服务和七日游套餐。"

公司的主要客户是来自澳大利亚的男性滑雪者。"我们的目标市场是40岁左右的富有男性，或是没有家庭负担，但消费力高的年轻男性。"公司的宣传推广手段包括社交媒体、公关文章以及在目标杂志上刊登广告。"我们的口碑也不错，回头客数量很多。虽然我不太清楚具体的数字，但大约 30% 的客户是回头客。”

除了确保安全性，客户服务是头等大事。“我们是以客户服务为导向的，从客户出现在销售柜台前的那一刻起，直到他们结束一段绝妙的空降式滑雪体验为止。”准确而全面的信息非常重要。“这些信息帮助我们按能力水平将客户分为几个小组，每组都会配备专业的向导人员，确保他们能够得到最完美的体验。”为了方便客户，公司在皇后镇和瓦纳卡都设有办公室，前者是 24 小时营业的。

选择训练有素的向导非常关键，而他们的个人性格也是一个重要的考量因素。“我们通常会聘用最顶尖的向导，所以我们的安全保障工作做得非常棒，客户也非常满意。”其中有一位向导是日本人，为日本客户提供了不少便利，毕竟他们占公司总客户人数的 10%。

南湖的首席向导是塔恩·皮尔金顿，他获得了 IFMGA 资格认证——行业最高级别的资格认证。皮尔金顿负责多项后台操作，监督各类空降式滑雪向导项目。自 1986 年起，他开始从事冰雪安全相关的工作，在新西兰、美国和瑞士担任了 16 年的滑雪巡逻救援人员，在新西兰和加拿大的空降式滑雪行业任职也超过了 10 年的时间，他现在是一位全年山区向导。

七日游套餐由 1 名向导负责客户一整个星期的行程安排，每个空降式滑雪小组包括 1 名向导和 4 名队员，确保每一位客户都能够享受到个性化的服务。滑雪小组是按队员的能力划分的，既有中级组也有高级组。

根据客户的预算和滑雪能力的不同，SLHS提供多种七日游套餐内容，其中一个选择就是“无限制套餐”：客户在皇后镇的机场集合，而后他们会被带往奢华的住宿地点以及直升机集合地点。他们将会体验36条空降式雪道，如果在一周内未能完成既定目标，相应的款项会被退还给客户——这是一种有效的服务补救措施。遇到糟糕的天气状况时，公司会安排其他的向导活动。整个行程安排力求确保客户从到达机场的那一刻起，他们什么都不用管，只管享受就好；公司会处理好其他的一切事务，包括请一位大厨用本地人的方式准备当地美食。

住宿地点也非常有特色，客户可以选择住在瓦卡迪普湖上的一艘豪华游艇里。客户们可以乘船领略湖区的美景，既可以观赏皇后镇的壮丽景致，也可以在不同的地形区滑雪。

从行程一开始，客户就可以体验到私人化的服务。“每天早上，向导会电话通知每位队员今天是否适合飞行，”吉布说道，“然后他们会去住宿地点接队员们到直升机集合地点，到达之后，向导会向队员们分发安全装备，每4名队员配备1名向导。”安全培训后，向导会逐个询问队员的需求，并想办法将其纳入当天的滑雪行程安排中去。“每位客户都有自己的期待，并且他们的期待还很高——毕竟他们为这次行程支付了1 000新西兰元，”吉布承认，“向导们不仅要确保客户的人身安全，还要满足甚至超越他们的期待，在这一点上，不得不说他们做得非常出色。每天的行程结束后，向导们会做一个简短的总结，然后与队员一起喝上一杯啤酒。客户已经不再是客户，他们是我们的朋友。”

整个行程结束后，每位客户都会收到公司发送的一封邮件，感谢他们的到来，邮件内容中还会包含吸引他们再次来访的元素，客户可以通过 Tripadviosr 和 Facebook 等渠道进行评价，他们还可以浏览公司的时事通信。

（以上内容整理自艾丽霞·吉布和塔恩·皮尔金顿的专访，2015年3月）

11.5 管理服务承诺

服务体验较差的一个主要原因是企业承诺的服务和实际提供的服务不符。为了防止失信于消费者，企业必须要管理好面向消费者的全部沟通渠道，避免夸张的承诺导致过高的期待。企业承诺与实际提供的服务不符会造成消费者的不满，甚至将他们推向竞争对手的怀抱。迎尚国际高级培训主管吉姆·奈特表示：“企业最严重的错误就是过度承诺而又无法兑现。”

泽丝曼尔等人（2007）提出了管理服务承诺的四个有效策略（图 11.3）。

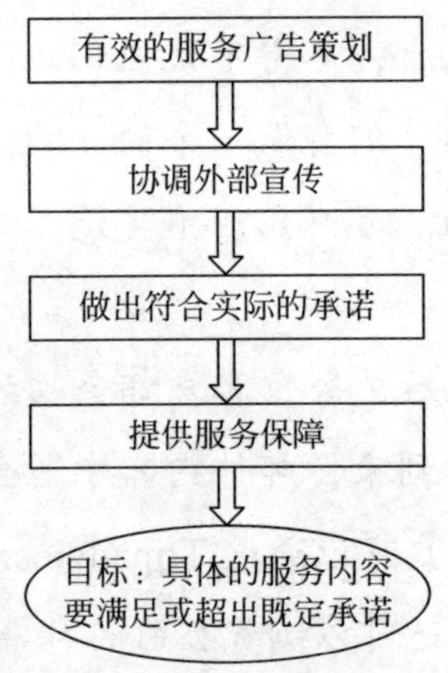

图 11.3　管理服务承诺的四个有效策略

（来源：Zeithaml et al.，2007）

第 6 章讨论了如何进行有效的广告策划，但管理品牌形象的另一个重要方面，也是非常具有挑战性的方面，就是统筹整合所有的市场营销传播手段以及企业和品牌信息，确保向目标受众传达连贯的、有说服力的信息。这些市场营销传播手段包括印刷广告、网站、销售推广、公关、直效营销和私人销售。威斯汀酒店与新百伦合作向客户提供出租健身器材的服务，它们通过多种形式对这一新的服务内容进行推广，包括印刷广告、广告板以及在酒店的钥匙卡和客房的镜子上做宣传，百比赫公司的纽约办公室是该项目的主要负责方。其他的宣传渠道还包括线上广告，在达美航空座椅背后的电视屏幕上投放的广告以及在迷人制播网——隶属于甘尼特报团——旗下办公楼的10 000个电梯间里投放的广告。旅游行业期刊*Meetings & Conventions*和《成功的会议》《华尔街日报》《纽约时报》《跑者世界》等也可以看到它们的广告。

越来越多的旅游服务行业市场营销人员利用互联网建立消费者期待。例如英国奢侈旅行公司斯考特邓恩（详见上文的聚焦），在官网许诺每一位客户都可以得到一份精心准备的礼品，这种一对一式的服务为公司赢得了70%以上的回头客生意，他们多是出于对品牌的忠诚度或是经由熟人介绍。“如果你真正了解公司文化的精髓，你就应该明白客户的重要性。”总裁安德鲁·邓恩说道。他希望能从最开始就吸引客户的注意力，然后通过了解他们生活的各个阶段，如结婚、生子以及之后的人生，来想办法留住这些客户。“没什么能难倒我们——这就是我们的特别之处，”邓恩解释道，“我们做事是持之以恒的，我们的产品定价不高，我们的服务物超所值，这样一来，你就主导了客户的期待，而当你超出预期的时候，他们无不交口称赞。除此之外，就是找正确的人一起共事。”

企业应根据实际情况做出承诺。客户服务的营销传播应准确反映消费者能够从服务中得到什么东西，以确保精准的服务和服务效率。消费者期待会受服务提供商各种显性和隐性的承诺影响，如果他们的期待落空，消费者会觉得失望，并很有可能会有所抱怨。因此，市场营销人员在做出任何承诺之前必须了解自身服务提供的真实状况。

根据实际情况做出承诺意味着企业需要建立有效的内部沟通机制。管理人员应将营销策略和目标准确、清晰地传达给员工，以便后者在工作中有效地实施这些策略，从而达到企业的目标。鉴于服务广告对人们做出了承诺，因而跨职能的频繁和有效的沟通——横向沟通——非常重要。如果内部沟通不畅，服务质量就无法得到保障，如果企业广告和其他承诺没有来自运营层面的支持，联系人很有可能无法提供与宣传相匹配的服务。

沟通机制包括公司会议、培训课程、时事通信、电子邮件、年报或录像带。费尔蒙特酒店和度假村集团每两个月都会向旗下酒店发送一份时事通信，公司内部也会传阅，有助于员工了解公司的最新规定。西南航空设立了"文化委员会"，负责企业文化的宣传。委员会成员向员工们介绍西南航空所特有的关怀型文化："无论在任何地点，任何时间，我们都会提供帮助。"西南航空还有一个博客名为"西南关怀"，用于解决员工的问题，发布公司变动信息以及提高员工的职业素养。

越来越多的企业会向消费者提供服务保障，承诺如果服务没有达到既定的标准，消费者可以获得一种或多种形式的赔偿，包括可便捷获取的替代品、退款或信用额度。有效的服务保障可以作为企业服务补偿策略的一个有力补充。提供服务保障的一个重要原因是提升市场营销实力，有研究表明，在广告中提及有关服务保障的内容极大地刺激了消费者的购买意图。此外，服务保障在激励员工和刺激消费者再次购买层面有着积极和长远的影响。有建议称，企业应更好地利用从服务保障中获取的信息和经验。从消费者的角度来说，服务保障的主要功能在于降低了购买行为的风险性。

许多客户会对降雪量是否充沛产生担忧，为此，现在大部分滑雪场都会提供多种形式的降雪量保障。犹他州的 Solitude 滑雪度假村旅馆和公寓都提供“雪量保障”，如果山区因为降雪量不足导致开放度不足 50%，客户在到达度假村前 48 小时内会收到全额的订金退款。出于对自身积雪层质量的自信，法国的瓦托伦斯滑雪度假村提供限定雪道保障，承诺如果滑雪者在任何一家其他欧洲滑雪场发现更多相连的雪道，瓦托伦斯则会向其提供一天免费的滑雪时间。2014—2015 年滑雪季期间，弗吉尼亚州的雪鞋滑雪度假村承诺会比其他东南部滑雪山提供更多可供滑雪的区域，如果它们没能做到的话，就会像瓦托伦斯那样，向滑雪者提供一天免费的滑雪时间。在澳大利亚，布勒山滑雪度假村的雪量保障采取费用返还的形式，包括预付的住宿、缆车票、雪具出租和滑雪课程的费用。如果降雪量不足，导致在客户到达前两天，可开放运营的缆车线路不足 4 条，度假村将会全额退还客户的预付款。

11.6 服务补偿

滑雪行业机构的服务送达有时候会失败。尽管企业几乎不可能避免服务失败的情况发生，但它们还是可以学习如何对其进行快速处理。这种快速处理通常被称为服务补偿，它指的是企业对服务送达失败的补救过程。一项针对酒店客户的研究显示，他们的满意度和对酒店的印象更多地基于当发生意外状况时，酒店的应对机制是否得当（Johnston，2004）。大多数情况下，客户认为，如果酒店事先没能制定有效应对突发状况的机制，那么错误和问题就会随之而来。

尽管旅游业在推动经济发展层面有着重要作用，同时也是客户投诉的一个主要渠道来源，明确探讨消费者投诉行为和服务补偿的研究却不多。即便有，也都是近些年的研究，并且还都是在起步阶段。里维斯和麦卡恩（2004）针对英国酒店行业的服务失败和补偿进行了研究，发现如果酒店能够较好地解决客户的问题，提升其满意度，那么，比起满意度较差的客户，他们更有可能重复入住。梁、金姆和哈姆（2002）对因服务失败导致的危机事件影响和酒店的补救措施进行了研究，发现只有当危机被完美解决时，客户才会选择重复入住，部分的解决或对服务失败无动于衷都会造成客户的迟疑，不再入住同一家酒店。奥尼尔和马蒂拉（2004）针对613位酒店住客进行了调查，结果显示，当客户认为某家酒店极少会出现服务失败的情况，却具有完备的补救机制时，他们的整体满意度就会提高，也更加有可能再次选择入住。亚瓦斯等人（2004）也提及了服务补偿对客户满意度和重复入住意图的影响。

霍夫曼、凯利和罗塔斯凯（1995）针对餐饮行业的服务失败情况和普遍的补偿策略进行了研究，梁和金姆（2002）则重点分析了快餐行业的补偿策略，这些研究的结果表明，在进行服务失败补救时，若能对消费者预期进行应有的关注，有助于培育消费者的忠诚度。此外，森德拉姆、朱洛夫斯基和韦伯斯特（1997）研究了四种不同程度的餐厅服务补偿措施的影响，认为具体服务失败的情形对客户产生的影响大小，决定了他们对餐厅相应补偿机制的满意程度。

1. 服务补偿悖论

一些研究人员指出，那些不满意的消费者在得到高质量的服务补偿后，其满意度反而会进一步提升，并且比那些从最开始就表示出满意态度的消费者更有可能重复购买（Hart, Heskett & Sasser, 1990; McCollough & Bharadwaj, 1992）。这种情形被称为服务补偿悖论（图 11.4）。关于服务补偿悖论是否实际存在众说纷纭，不过，消费者一旦对不合格的服务进行投诉，也意味着企业得到了改善形象和服务质量的机会，因为企业可以积极做出补救，解决投诉问题（Albrecht & Zemke, 1985; Grönroos, 1990; Heskett, Sasser & Hart, 1990）。

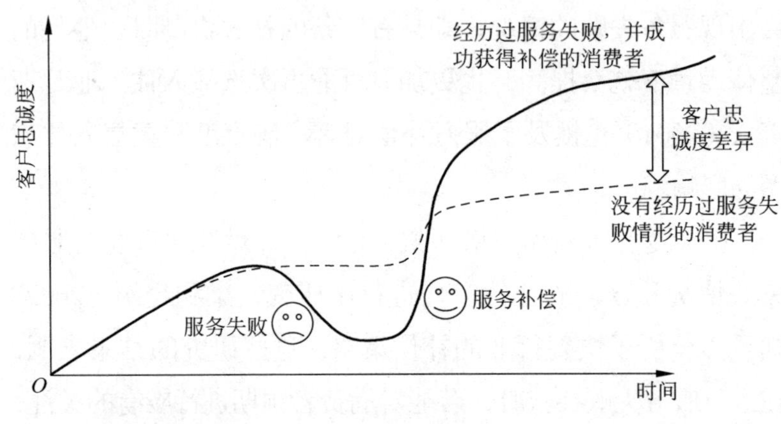

图 11.4 服务补偿悖论

（来源：Schindlholzer，2008）

麦克洛、贝里和亚达夫（2000）对飞机乘客做了服务补偿悖论测试，发现一旦出现服务失败，即便得到了补偿，乘客的满意度也会降低，他们更期待零误差的服务。哈德逊和莫雷诺吉尔（2006）则得出了不同的结论，他们发现西班牙酒店住客在获得服务补偿后，对服务质量的无形特征（如确信度、信任度、可靠性、响应能力和情感共鸣）有了更进一步的感知，而在那些没有进行过投诉的住客身上则没有类似的体现。某种程度上，它证明了服务补偿悖论的存在。这意味着，解决酒店住客无形层面的服务问题有助于提高服务质量和客户的满意度。苏萨和沃斯（2009）研究了电子商务行业的服务补偿，同样发现了服务补偿悖论的存在，但仅针对一小部分“尊贵客户”：他们享受到的服务补偿都是一流的。最终的研究结论表明，通过服务补偿令客户满意尽管不能作为一种普遍的适用策略，但对于优质客户来说还是有一定效果的。

考虑到关于服务补偿悖论是否存在尚无定论，从长远来看，“第一次就做好”依旧是最佳和最安全的策略。

2. 服务补偿流程

如果消费者对服务送达的某些方面表达出不满，旅游业和旅游服务业机构应有系统的计划重新赢得他们的信任。对此，德马克和沙夫（1989）提出了包含5个步骤的应对机制。

1）道歉

服务补偿开始于一句道歉。四季酒店的伊萨多·夏普表示：“无论发生什么状况，你都要先致以诚挚的歉意。”（Sharp，2009，p.232）一旦组织机构承认有时会出现服务失败的情形，它就需要给员工灌输一种必要的应对方式：当客户觉得失望的时候，你要先致以真诚的歉意。这一简单的举动有助于维系客户对组织机构的印象，并为接下来通过补偿措施重拾客户信任的过程扫清了道路（Fisk，Grove & John，2000）。针对餐厅的一项研究显示，包含同消费者进行私人互动的服务补偿策略的效用要比单纯的金钱赔偿大得多（Silber et al.，2009）。只要员工对客户报以尊重和礼貌，消费者满意度就会大大提高（Swanson & Hsu，2009）。

2）紧急恢复

下一步就是消除客户不满的来源。紧急意味着动作要快，恢复即努力解决问题。如果组织机构不能快速解决客户的不满，或者无法证明自己正在采取行动，客户就会认为他们的问题不够重要，继而丧失对组织结构的忠诚度。客户投诉之后，如果问题得到快速解决，那么他们很有可能会重复购买，而那些投诉问题没有被妥善解决的客户则不会。事实上，TARP（1986）的研究显示，如果投诉问题得到快速解决，82% 的消费者会重复购买。如果投诉问题虽然得到解决，但效率欠佳的话，仅有 52% 的消费者会重复购买。因此，紧迫性是问题的关键，员工应得到必要授权，从而在问题发生的第一时间出手解决。

加拿大路易斯湖前公关负责人桑迪·贝斯特为员工解决服务问题建立了全新的“无边界服务”系统。授权员工解决问题，并对其进行赔偿：“如果洗手间没有厕纸，工作人员解决了这个问题，但客户依旧不满意，这时候他们可以请他/她吃一顿午餐。我们会培训员工这样做。”他发现员工对这种形式的授权非常满意。这笔额外的开销并没有浪费，因为服务补偿会带来积极的公关效果。在即时通信时代，信息会通过社交网络的触角实现广泛的传播，贝斯特认为，尽快解决问题所需要的成本可能还相对较低，一旦问题被搁置，等客户回到家中，它或许会升级成为非常严重的事故。尽管最初是针对富人设计的，不过贝斯特表示，目前来看“无边界服务”系统运行良好。“我们每周都会对其进行监测，作为管理层的一种学习工具，”他补充道，“如果底层出了问题，管理层会塌得更快，也摔得更惨，因为它们是从上面掉下来的。”

3）情感共鸣

情感共鸣指的是试图理解消费者为何会对组织机构产生失望的情绪。如果服务人员能够站在消费者的立场考虑问题，他们或许就能做到与消费者感同身受，理解他们的失望之处。服务补偿机制中一个很重要的组成部分就是员工的情感共鸣和响应能力，而非经济补偿（Liden & Skalen，2003）。情感共鸣能够使消费者意识到组织结构事实上是很介意服务失败的。塔克斯和布朗（1998）认为，消费者的投诉行为实际上是在追求三种类型的公正：结果公正、过程公正和公平互动。结果公正涉及消费者所得到的投诉反馈；过程公正涵盖投诉过程中的政策、规章和时效性问题；公平互动则强调在投诉过程中消费者是否受到公平的对待。

4）象征性补偿

下一步是对组织结构的服务失败做出实际的补偿，如房间升级、提供免费的甜品或未来的飞机票。这一步骤被称为象征性补偿，因为这一动作并不是为了要取代失败的服务，而是向消费者传达出一种态度，即组织机构会对给消费者带来的不便负责，也愿意为服务失败付出代价。针对这一点来说，服务机构需要了解消费者接受度的阈值。关于如何计算赔偿金额，洛夫洛克和维尔茨（2007）认为，管理人员需要考虑公司的定位、服务失败的严重程度和受影响的消费者身份。不过总体的赔偿原则应该表现出“恰到好处的慷慨”。实际上，蒂姆（2008）认为，企业不应仅仅满足于象征性补偿，在满腹牢骚的消费者眼中，它们往往需要更进一步。

5）后续跟进

通过跟进象征性补偿的接受情况，组织结构可以衡量消费者的不满情绪是否得到了有效缓解。根据服务种类和补偿情况的不同，后续跟进可以有多种方式，它有利于组织机构对其补偿方案进行评估，找出可以改进的地方。针对酒店行业服务补偿的一项研究显示，许多酒店并不会做后续跟进，这样一来，它们就错失了一个能够取悦客户的有效途径，也无法得知其补偿策略是否有效（Lewis & McCann，2004）。最后这一步骤在整个服务互动过程中起到关键的作用，决定了消费者整体的满意程度，因而服务提供商应确保该阶段圆满收尾。

3. 有效补偿机制的影响

研究表明，有效解决客户的问题有利于提高消费者满意度、服务质量和营业收入（Heskett et al.，1990；Berry & Parasuraman，1993；Kelley，Hoffman & Davis，1993；Tax，Brown& Chandrashenkaran，1998；Tax & Brown，1998）。有效的补偿机制有助于维护消费者的忠诚度，无论此前发生过何种形式的服务失败。一项研究显示，得到良好服务补偿的消费者中有超过 70% 的人维持了对品牌的忠诚度（Kelley，Hoffman & Davis，1993）。而这些消费者给企业带来的利润也要比新人高，因为他们购买的次数多，并且频率也高，同时他们所需的经营成本又相对较低。根据英国航空公司的计算，针对服务补偿机制的每 1 美元投入，会得到 2 美元的投资回报。实际上，它们发现这些“重新赢得”的客户在此之后的消费能力反而有所提升。

有效的服务补偿机制有利于良好口碑的建立，或者至少可以减轻那些糟糕的补偿做法带来的不利影响。一项研究显示，经历了服务失败的消费者通常会告诉 9～10 个人他们失败的服务体验，而对服务表示满意的消费者则仅同 4～5 个人分享他们的满意经历（Collier，1995）。

美国公司 TARP（1979）一项研究结果显示，在企业对企业的交往中，每 26 名不满意的客户里面，仅有一人会向管理层提出正式投诉。取而代之的是，平均每个不满意的客户会告诉另外 10 个人他们的经历，而这 10 个人中每个人又会再告诉另外 5 个人。这样一来，平均会有 1 300 个人听说过至少其中一个不满意的客户的经历。图 11.5 显示了这种“客户投诉的冰山”。此外，重复的服务失败也会激怒员工，忽视建立有效的服务补偿机制会打消员工的积极性。

服务补偿机制有利于提高整体服务送达的质量。消费者对服务体验的反馈有利于组织机构不断改进其服务流程。另外，组织机构还应追踪造成消费者不满的源头，通过谨慎地收集和储存有关服务失败的信息，搭建丰富的服务质量信息数据库，通过对这些数据的分析，可以找出其服务送达体系中经常出现问题的部分。

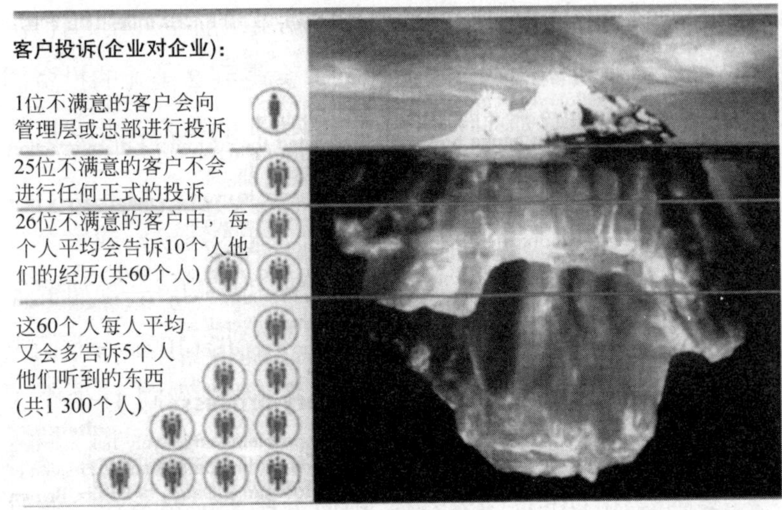

图 11.5　客户投诉的冰山

（来源：TARP，1979）

11.7　案例分析：斯廷博特·斯普林斯，以消费者为中心的服务

全镇人都接受客户服务技巧的培训绝对不常见，但这正是科罗拉多州斯廷博特·斯普林斯在2014年决定要做的事。这一创新方案是由管理顾问艾德·埃普利协同斯廷博特·斯普林斯度假村协会和斯廷博特滑雪和度假村公司（SSRC）一起提出的。主要的规划者和执行人是协会执行董事吉姆·克拉克以及SSRC销售和市场营销高级副总裁罗伯·佩尔曼。

斯廷博特滑雪度假村以其西式的、适合家庭度假的氛围而闻名，重视服务是其一贯的做法。“新的课题是我们要如何去提供服务，”佩尔曼说道，“斯廷博特的‘卓越服务’项目实际上是一种销售转化的衍生品，源自2010年斯廷博特预约中心客户服务中心的运营实践。最初，我们想尝试提高来斯廷博特度假的销售转化率。那段时间，我们以一种咨询的方式——而非传统的产品销售模式——同客户进行沟通，我们取得了非常不错的成果。这种与客户建立联系的模式很快被其他部门所效仿，卓越服务项目就此诞生。”

彼时，埃普利还是ProspeX的所有者，这是一家位于俄亥俄州的公司，他认为，关键是要超出客户的预期。由于卓越服务项目的落实，度假村的客户服务水平连续两年都是行业的佼佼者，与之相比，根据斯廷博特·斯普林斯镇2013年的一项游客调查数据显示，会向朋友和同事推荐斯廷博特·斯普林斯镇的人数大幅度减少，比2010年的数据下降了7%。斯廷博特·斯普林斯这才意识到，它必须要采取行动了。

几年前，SSRC与ProspeX一起，致力于提高外部销售咨询的转化率。“经过努力，SSRC的外部客户净推荐值在行业中占据了领先地位，”埃普利回忆道，“通过客户服务中心进行的预订转化率增长了20%。”

对全镇和滑雪场进行培训的想法是由斯廷博特协会首

席执行官和 SSRC 首席运营官克里斯·戴蒙德提出的，他同时也是协会董事会的成员。“来斯廷博特的客人会得到独特的体验，无论是在山区还是在附近的镇子上，他们认为这一点非常重要。”埃普利解释道。

随后，他根据镇上的实际情况设计了一个试验性培训项目。最初在一个月的时间内，分 4 次进行每次时长为 4 个小时的培训课程，主要教授客户服务文化领域的最新内容，并介绍了许多迪士尼关于“更进一步”的案例。课程内容涉及许多技巧，如“联系堆叠”，找出目的地与客户的共性，并利用这种共性建立更加密切的关系，提升客户对目的地的信心和忠诚度。

2014 年夏天，协会与政府、酒店、餐饮和零售部门领导合作，邀请各行业顶级客户服务提供商对社区的其他人进行培训。埃普利对一个试点小组成员进行了培训，他们回去后会把这些最新的信息和策略传达给自己的员工。“我们培训社区的关键领导者，他们将成为实施卓越服务项目的专家，”他解释道，“他们会在行业内部展开培训，向自己的员工介绍卓越服务的理念。”

埃普利表示，每个企业的所有者或执行管理层最先需要了解的是，独特的客户服务体验非常重要，它既源于外部项目或培训，同样也源自企业自身的文化。“其次，我们鼓励员工直接与客户进行互动，这是最简单也是最快捷的建立与客户之间的联系的方式，”他解释道，“而这一教学过程通常也有利于建立员工的自信，鼓励他们立即开展行动。最后，对于那些想要改变企业文化，开展卓越服务的公司来说，我们会教管理层人员正确的管理和引导方式，让员工尽快适应这种转变，并开展正确的行动。”

在SSRC，埃普利和佩尔曼提出了以下几点指导方针。

（1）明确你为什么要这么做。

（2）明确关注你想要（或需要）达成的目标。我们怎么知道我们成功了？

（3）公司内部无论任何阶层，有热情的员工才会有所成就。“街头信誉”非常重要。

（4）持之以恒——很有可能多年之后才会看到成果。通常来讲，在每个管理层级你要干满一年。

（5）要有属于自己的坚持，这样你才不会迷失自己。对于斯廷博特来说，我们的坚持就是我们的企业文化和卓越服务。

（6）决心——当遭遇挑战时，利用你的决策能力重申提供卓越服务的承诺。不要低估它。

在斯廷博特·斯普林斯，并不是所有人都买账，但埃普利认为，随着更大范围的宣传和推广，将会出现“贝尔曲线”现象：“确实有些企业认为自己不需要帮助。与之相反的是，有的企业则在迫切地寻求帮助。推行了卓越服务理念的企业发现它们已经开始从中获益。当被问及时，员工表示这对他们的帮助很大，与客户之间的互动变得更加有趣。”

培训成果会通过小镇的净推荐值进行定量评估，并没有人期待会出现任何即时性的增长，毕竟全镇仅有15%～20%的企业在2015年年初推行了卓越服务。“2月，斯廷博特·斯普林斯的净推荐值也没有表现出太大的变动，我们已经预料到了这一点。”埃普利承认。在滑雪场，卓越服务理念被传达给每一位员工，并取得了不错的成果。“在SSRC，真正的改变开始于第二年和第三年，”埃普利说道，“还没到圣诞节和新年，SSRC已经取得了迄今为止最高的净推荐值。”圣诞节和新年是整个雪季最为繁忙的时间，这段时间的客户服务得分通常会有所下降。2015年3月，度假村的净推荐值达到了91%，为此，度假村随机选出90名员工并向其发放了奖品。

定量评估结果逐渐在全镇范围内显现，一家连锁餐厅的所有者反馈，客户满意度有所提高，并希望他的管理团队能够接受更进一步的培训。一家分契式公寓的所有者也见证了预订量的大幅度增长。“另外一个有力指标是，客户对斯廷博特·斯普林斯的自发评价数量有所提高。”埃普利确认道。

全世界的滑雪场无不注重提高客户服务的质量。一项商业调查结果显示，60%的受访对象表示要在2016年将客户服务打造成为一种竞争优势。“与你的竞争对手相比，提供更好的客户服务体验并不是什么难事，”埃普利说道，“但如何建立一种企业文化来支持这一切，并奖励员工的这种行为，则需要付出很大的努力。至少SSRC在这方面已经探索了4年多的时间。另外，我还发现，各个领域的客户，包括零售和B2B等，他们的需求和期待值比以往任何时候都要高。现在的情况很有可能是，提供独特的服务体验已经不再是一个竞争优势，而是在市场竞争中生存下去的必要条件。”

［以上内容整理自艾德·埃普利和罗伯·佩尔曼的专访，2015年3月；Mount（2014）；Franz（2014）］

参考文献

第12章
冬季体育旅游业的未来

聚焦：蒂娜·梅兹，令斯洛文尼亚让世界瞩目

蒂娜·梅兹令斯洛文尼亚的滑雪产业在全球范围大放异彩，她本人也是斯洛文尼亚历史上最成功的女性运动员。不是所有冰雪运动员都能够参加高山滑雪的全部5个分项，并不断在国际赛事上取得成绩的，梅兹就是其中一个，她参加回转、大回转、超级大回转、滑降和全能的比赛。

在斯洛文尼亚本国，梅兹是一个超级巨星：先后5次荣获斯洛文尼亚最佳运动员称号，同时还是一位出色的时尚模特和流行歌手——她在YouTube上的音乐视频在斯洛文尼亚本国的播放次数是最多的。梅兹出生于1983年，在斯洛文尼亚北部的克拉纳娜－科罗斯凯姆长大，那里距离斯洛文尼亚顶级的滑雪场克拉尼斯卡戈拉开车仅有不到2小时的距离，每年3月，这里都会举办男子世界杯回转比赛。

来克拉尼斯卡戈拉滑雪度假村的游客包括斯洛文尼亚人、德国人、克罗地亚人、意大利人和英国人。滑雪场旅游委员会主任米勒加姆·泽贯夫表示，2013—2014年滑雪

季，度假村过夜住宿总量为177 398晚，本国游客和外国游客的过夜住宿总量分别为81 429晚和95 969晚。国际游客中，数量最多的是克罗地亚人（21 117），然后是意大利人（17 416）、英国人（13 997）和德国人（3 634）。

过去20年间，英国滑雪服务运营商英厄姆不断将滑雪者送往注重家庭旅游的克拉尼斯卡戈拉滑雪场。但英国游客的人数每年都起伏不定，最多的时候大概有3 000人，而2014—2015年滑雪季仅有大约300名英国滑雪者。这同斯洛文尼亚本国的滑雪旅游趋势相符，2008—2009年本国滑雪游客数量达到了207 790人，但在2013—2014年滑雪季则下降到128 296人。从中不难看出自经济危机后，欧洲经济整体的恢复速度较为缓慢。

与瑞士和法国的滑雪假期相比，克拉尼斯卡戈拉的消费较低。2014—2015年滑雪季期间，如果通过英厄姆预订2月的住宿——在4星级酒店住一个星期的价格——每人仅为579美元（包括机票、度假村接送服务、住宿、早餐和晚餐），1月底的折扣价格为429美元。

过去20年间，度假村在酒店、新公寓和运动设施方面的投入非常大，泽贯夫表示："所有的缆车设备基本上都是新的，过去10年间的投入超过2 000万欧元。翻新酒店的投入大约在5 000万欧元。"酒店床位数量从2006年的1 384个增长到2013年的1 905个，公寓床位从2006年的

1 384 个增长到 2013 年的 3 054 个。

这一高性价比的滑雪度假村位于意大利和奥地利的边界，背靠壮丽的尤利安阿尔卑斯山脉，可供滑雪的坡道长 30 公里，尤其受新手和中级滑雪者的欢迎。同时，作为欧洲内陆森林覆盖面积最大的国家，斯洛文尼亚的风景也十分迷人。英厄姆斯洛文尼亚产品经理朱伯·萨米加表示，克拉尼斯卡戈拉滑雪场拥有多种类型的雪道，包括位于 Podkoren 非常具有挑战性的世界杯赛道，同时它也是最受斯洛文尼亚家庭游客欢迎的滑雪场。雪炮的人工造雪量超过了 50 万立方米，覆盖了 85% 的滑雪区。

克拉尼斯卡戈拉的卖点包括家庭设施、新鲜感、高性价比、丰富的雪后欢聚活动、传统的旅馆提供奥地利和意大利混合菜式以及本地人的热情好客。“滑雪者想要体验一些不同的东西，克拉尼斯卡戈拉每年都会举办世界杯回转和大回转比赛。”萨米加补充道。克拉尼斯卡戈拉镇坐落在风景如画的杰格尔杰沙维斯卡山谷内，无论冬夏，湖光山色都吸引了不少国内和国际的游客。

除了滑雪山，冬季活动和游乐设施还包括冰雪公园、越野滑雪雪道、攀冰、夜间滑雪、雪橇、雪鞋健行和滑野雪，为小朋友们也提供了丰富的活动。酒店提供三人间和四人间，基本可以实现滑雪进出。度假村还提供多种适合家庭参与的活动，包括 12 月在冰雪王国举办的基督降生仪式，还有每年3月举办的维特兰克杯赛事（世界杯系列赛事的一部分）和普罗尼卡跳台滑雪世界杯决赛。

2005年，滑雪运动员蒂娜·梅兹在世界杯高山滑雪全部五项赛事上取得了出色的成绩——而后在索契冬奥会上又赢得了两枚金牌，斯洛文尼亚的滑雪产业在本国声名鹊起。梅兹先后荣获斯洛文尼亚2005、2010、2011、2013和2014年度最佳女性运动员称号，是真正的国民女英雄。“暂且不论国际影响，单从国内层面来说，她堪称是斯洛文尼亚的滑雪大使，她在英国参加了许多由斯洛文尼亚精神举办的赛事活动，”萨米加说道，“斯洛文尼亚旅游局也一直在努力，我经常会来这里，所以看到了很多积极的改变，卢布尔雅那机场现在已经被德国人买下了，离克罗地亚机场还有一定距离，游客数量应该会有所提升。”

（以上内容整理自朱伯·萨米加的专访，2015年1月）

12.1 滑雪产业的未来

开篇的聚焦谈及了斯洛文尼亚刚刚起步的滑雪产业，而东欧也是全球仅有的几个滑雪产业尚在发展的地区之一。受2014年索契冬奥会的影响，人们对冬季体育运动产生了浓厚的兴趣，包括保加利亚、俄罗斯、波兰和斯洛文尼亚在内的国家纷纷开始利用这一机会。中国也不落其后，黑龙江省计划在 2015—2024 年新建 250 个滑雪中心。此外，在那些看上去不太可能的地方，也修建起了滑雪场。2014 年，在年轻的领导人金正恩的推动下，朝鲜的马斯里永滑雪场正式对外营业。该滑雪场的建立仅是金正恩委员长整体旅游规划内容的一部分，他对朝鲜国有企业做出批示，要在 2016 年内，实现吸引境外游客数量从每年 20 万人增长到 100 万人（《经济学人》，2014）。马斯里永滑雪场占地面积 1 400 公顷，海拔 768 米，总投入为 3 500 万美元。滑雪场表示，其日均吸引游客数量的目标是 5 000 人，这可是个不小的挑战，因为整个朝鲜会滑雪的人大概也就只有几千人而已。

在北美，滑雪产业已经发展得相当成熟，呈现出兼并和差异化发展的态势。但如果我们回顾过去几十年间的发展脉络，会发现北美滑雪产业的发展其实是经历了一些重大变革的。表 12.1 列举了 1994 年和 2014 年美国滑雪产业状况的对此，从中我们不难看出，在 20 年间，尽管滑雪者的整体数量并没有太大变化，但滑雪者的类型却有了很大的不同。滑降滑雪者人数减少，而单板滑雪者人数却增加了不止一倍。更多的女性滑雪者出现在滑雪坡上，而滑雪者的平均年龄也要比 20 年前大。值得注意的是，与 20 年前相比，参加滑雪课程的人数大幅度缩减，这意味着滑雪新人越来越少。在英国，有人称，滑雪学校的教学质量不尽如人意，打消了不少新人体验滑雪运动的积极性。

表 12.1　1994 年和 2014 年美国滑雪产业状况的对比

	单板滑雪 1994	单板滑雪 2014	滑降滑雪 1994	滑降滑雪 2014
滑雪者人数（滑雪次数超过 2 次）	2 061 000	5 991 000	10 620 000	8 337 000
性别组合（男 / 女）	82/18	67/33	59/41	61/39
滑雪频率				
核心 =9 天以上	695 000	2 132 000	4 248 000	2 396 000
普通：2～9 天	1 366 000	3 859 000	6 372 000	5 942 000
年龄分布				
18 岁以下 / %	52	30	25	25
18～34 岁 / %	39	51	49	36
35～54 岁 / %	4	18	24	33
55 岁以上 / %	3	1	3	6
种族分布				
白人 / %	NA	67.1	NA	67.3
亚裔 / 太平洋岛国居民 / %	NA	10.4	NA	11.6
拉美裔 / %	8	9.1	7.8	7.8
黑人 / %	0	10.2	0.2	9.6
值得注意的方面	1994		2014	
滑雪者的关注点	开销、缺乏时间、没有人陪同、害怕受伤、不知道该如何开始滑雪		开销、缺乏时间、没有人陪同、气候变化、害怕受伤、不知道该如何开始滑雪	
商业	美联储连续 6 次提高利率，抑制通货膨胀；北岭市的地震给经济带来严重打击；航空和国防工业削减开支 / 成本；住宅和商用房地产业开始走下坡路		零售行业首要关注的问题是网络安全；中国的中产阶级崛起，越南和孟加拉国的人力成本较低；利用智能手机进行搜索和购买产品；苹果公司开始推广其手机钱包支付技术	

续表

	单板滑雪 1994	单板滑雪 2014	滑降滑雪 1994	滑降滑雪 2014
滑雪 / 骑车区域数量	516		478	
接待滑雪者 / 自行车手数量	56 540 000		56 700 000	
初学者课程数量	7 684		6 189	
不同级别滑雪课程数量	26 237		20 629	
滑雪场（地区）开放天数	118		125	
接待单板滑雪者人数百分比 / %	10.8		29.5	

（来源：SIA，2014b，p.5）

不过，有专家称，比起鼓励新人滑雪，滑雪场的重点还是应该放在那些有过滑雪经验的人身上，无论是鼓励他们增加滑雪的次数还是让那些一度放弃滑雪的人重新把这项运动捡起来（SIA，2014a）。在美国，有 1 050 万人自称是滑雪爱好者，但出于家庭责任、没有人陪同或其他原因而不得不放弃这项运动。

从表 12.1 中可以看出，尽管少数族裔的滑雪者人数有所增长，但与种族人口的整体分布相比，还差得很多；冰雪运动的参与率更加受收入和受教育程度的影响。为了能够吸引更多不同类型的冰雪运动参与者，我们还需要付出更多的努力。SIA（2014b，p.2）一份报告指出，“未来冰雪运动想要有所发展，必须打破常规。”例如进军无障碍旅游市场。全球无障碍旅游市场的规模在 600 万～900 万人（ITB，2012），这意味着大约有 10% 的游客在寻求无障碍旅行。随着人口老龄化趋势的加剧，这一比例还会有所增加，大部分人开始意识到，这已经不再是一个利基市场。仅在美国，成年障碍人士每年在旅行上的花费高达 136 亿美元。

旅游业应在潜在消费者群体数量和实际的旅游者数量之间的差距缩小之前，为残疾人游客提高方方面面的旅行条件。在德国，过去有 37% 的残疾游客由于缺乏无障碍设施而选择不去旅行，而如果这些设施能够得到保障，有 48% 的人表示会增加旅行的频率，60% 的人愿意为享受高级的无障碍设施支付更高的旅行成本（ITB，2012）。一些滑雪场，如加拿大的太阳峰（详见下文的资料篇），已经在为迎合这一新兴市场做准备。

滑雪行业的另一个细分市场是 LGBT 旅游（女同性恋者、男同性恋者、双性恋者与跨性别者），它的影响也在逐步上升。仅在美国，LGBT 游客的年均经济影响已经超过 1 000 亿美元（CMI，2014）。29% 的 LGBT 滑雪者属于频繁的休闲旅行人士，每年以休闲为目的的旅行次数在 5 次以上，出于休闲目的的酒店过夜时间超过 10 天。加拿大的惠斯勒十分注重这一市场群体，每年都会举办惠斯勒同性恋滑雪嘉年华，它是北美最大的同性恋周之一。嘉年华为期 8 天，包含滑雪、派对、戏剧之夜和各类社交活动。科罗拉多州的阿斯彭和特柳赖德，佛蒙特州的斯托，以及犹他州的帕克城也会举办专门的同性恋者滑雪活动。法国阿尔卑斯地区每年会举办欧洲同性恋滑雪周和欧洲冰雪骄傲活动，而奥地利的索尔登每年则会举办同性恋滑雪进行时活动。

此外，从表 12.1 中我们还可以看到，过去 20 年间，美国滑雪场的数量从 516 家下降到了 478 家。滑雪产业专家比尔·延森认为，这一数量还会继续缩减。他将滑雪场分为五种类型：高级、强势、平均水准、勉强生存和黄昏（Glendenning, 2015）。10 家高级滑雪场和 35 家强势滑雪场占据了 40% 的滑雪市场，而 125 家平均水准的滑雪场年收入维持在一个较为平稳的状态，既没有增长，也没有下降，其他 150 家勉强生存的滑雪场正如字面的意思，勉强维持经营。而最后的 150 多家黄昏滑雪场在他看来，基本面临着倒闭的风险。延森认为，当下滑雪场想要获得成功，必须要保证服务招待设施齐全，能够为冬季体育文化注入新的活力，度假村之间要注重联盟和合作，以及继续加大对造雪设备和其他基础设施的资金投入。

本书已经多次强调，滑雪场想要在竞争中生存必须走差异化的发展道路。温德姆假日一份针对滑雪趋势的报告显示，享受滑雪假期的游客们，每 5 个人中就有 1 个人并不会真正去滑雪。他们会选择其他的娱乐活动，包括吃饭、购物或参加其他独特的山区项目，如狗拉雪橇（Wyndham Vacation, 2015）。本书第 10 章已经提及，滑雪场已经不能再忽视气候变化的影响，当它们开始损失滑雪旅游业务、收入和相关的工作岗位时，差异化的发展战略势在必行——如果它们还没有这么做的话（Dawson & Scott，2013）。2014—2015 年冬季，美国降雪量下降了 28%，滑雪场接待滑雪者人数下降了 5%，仅为 5 360 万人。

12.2 资料篇：从害怕到无畏，自适应滑雪

哪怕是对身体健全的人来说，滑雪都是一项危险的运动，而如果残疾人想要参与其中，其困难度和挑战性可想而知。一部分原因是由于残奥会的发展，越来越多的滑雪场鼓励身患残疾的儿童和成年人参与到冬季体育运动中来。

残疾人高山滑雪运动员和自行车手梅尔·潘波患有先天性脑瘫痪，造成右半身的功能性障碍。“上学的时候，我发现我是不同的，面对体育项目的时候尤其吃力，我缺乏那种灵敏性和力量，”潘波说道，“我讨厌团队运动，因为我觉得自己会拖后腿。”潘波出生于英国，在法国第一次接触到滑雪，那时候她 7 岁，由于刚开始就狠狠摔了一跤，让她对这项运动敬而远之。“因为扭伤了膝盖，我开始恐惧滑雪这项运动，我再也不想尝试了。”她回忆道。

两年之后，她和家人一起搬去了加拿大，她的第二次滑雪经历是在不列颠哥伦比亚省的华盛顿山，父母鼓励她再尝试一次，并向滑雪场的工作人员解释了她的情况，希望能够请到最优秀的私人教练。“戴维·布朗就

是那个人，如果没有遇到他，我也不会再滑雪了。”潘波滑雪时仅用一根滑雪杖，她的身体状况影响了平衡性、深度知觉和转向，她同时还要在雪鞋里穿戴矫正器械，用以代替足弓施力和内旋。尽管由于一只脚跛行和脚后跟着力不当，会生水泡和造成血液循环不畅，潘波依旧表示，滑雪能够让她忘记自己身体的残疾：“它们就好像不存在似的，感觉棒极了。”

布朗定期为潘波进行滑雪指导，她不仅学习了滑雪的技巧，还重拾了自信，她发现自己不但可以滑雪，甚至还可以滑得非常快。家人非常重视潘波的天赋，并于2011—2012年冬季举家搬至华盛顿山，并送她进入终身滑雪学院学习。“上午学习文化课程，下午则会去滑雪。它是世界上最酷的学校。”潘波说道。2012年1月，潘波组建了自适应冰雪体育队，并在2月首次参加了省级自适应比赛，仅仅接受了7天的训练之后，又参加了3月在柏树山举办的省级自适应滑雪锦标赛。“我的第一场比赛是障碍回转，我非常兴奋，”她说道，“我的号码是70号，第二个出发，幸运的是我完成了全部的障碍路线，肾上腺素飙升，最后，我获得了金牌！”

潘波的梦想是参加2018年的残奥会，为此，在经典的滑降首秀之后，她一直在刻苦磨炼速度和技巧。下一个滑雪季，她参加了不列颠哥伦比亚省高山滑雪锦标赛，在

2013年西加拿大残疾人高山滑雪锦标赛中斩获了2枚金牌，同时被提名为温哥华岛年度自适应冬季体育运动员。2013年，潘波开始接触自行车比赛，2014年组建了步行者自行车队，并参加了夏季举办的公路自行车赛。2014—2015年的冬季，她已经成为加拿大冬季赛事中不列颠哥伦比亚省"最具观看价值"的5位运动员之一，并在大回转项目中为不列颠哥伦比亚省队斩获金牌，在回转项目中取得银牌。此外，她还在西部锦标赛中斩获了4枚金牌，并与加拿大国家队一起，受邀参加在班夫森夏恩滑雪度假村举办的技巧测评训练营。

为了进一步帮助她实现参加2018年残奥会的愿望，潘波和家人现在基本上整个冬天都待在不列颠哥伦比亚省的太阳峰滑雪度假村。度假村是由保罗·马修主持设计的，出入滑雪坡很方便，对残疾运动员来说非常友好。2014—2015年冬季，潘波和父母就住在炉石度假木屋的一套公寓里，距离滑雪基地非常近，每天往返很方便。公寓的户外热水浴缸和健身房对潘波的训练也非常有帮助。滑雪坡沿着度假村呈弧形分布，太阳峰全部的住宿区都可以实现滑雪进出，中央大道是一条非常宽阔的、被积雪覆盖的大街，游客和本地居民可以滑雪到达全部的缆车和服务点。

太阳峰自适应运动（ASSP）办公室就位于中央大道，为本地居民和游客提供价格实惠的各类滑雪课程。ASSP

主要由志愿者管理，依靠募捐维持经营。ASSP主席派特·米奇姆表示，举办滑雪比赛的成本太过高昂，需要残疾运动员们自行寻找资助。“在赛事发展方面，如果学员的滑雪技巧已经达到项目的最高水准，并且他们还想更进一步的话，我们希望能够为他们提供一些训练的机会，”米奇姆表示，“就当作是为巡回赛事做准备，不过，一旦学员有能力参加比赛，我们就无法再为他们提供资金和其他方面的支持了。”

潘波的母亲蕾切尔·邱博希金斯也加入了自适应训练项目，并担任ASSP的志愿者。“ASSP在教练培训方面投入很高，所有教练都持有CADS、CSIA和CASI资格证书，保证了项目的质量，而项目本身也在不断改进，”她说道，“ASSP鼓励滑雪教练不断提升自身技术。他们也一直在为ASSP筹措资金，提高其知名度和影响力。为了进一步发展，ASSP决定招募更多的教练，吸引更多的学员加入到项目中来，同时培训残疾人士成为教练员。”ASSP提供坐式滑雪、3板滑雪、4板滑雪和自适应单板滑雪项目以及为视力损伤的人设计的滑雪项目；针对自闭症和智力障碍人士，ASSP还提供雪车和其他活动设施。

潘波在太阳峰的训练计划非常严格，每周有6天的时间要在雪上训练，她的教练员是来自太阳峰高山滑雪俱乐部的比尔·鲁比利。除了丰富的自适应运动设施之外，潘波一家选择太阳峰的理由还包括其良好的山体社区环境和家庭氛围。度假村的滑雪学校和游泳池也是加分点。“波拉克咖啡的家庭烘焙服务非常棒。”关于未来的规划，潘波打算在2015—2016年滑雪季回太阳峰继续接受训练，争取加入省队和国家队。

（以上内容整理自梅尔·潘波和蕾切尔·邱博希金斯的专访，地点位于太阳峰滑雪度假村，2015年3月）

12.3 影响冬季体育旅游的10个消费趋势

本章最后一部分将进一步探讨消费者行为，总结出10种影响未来冬季体育旅游的消费趋势。

1. 学习和充实

今天，旅游业的一个主流趋势是游客想要在旅行过程中学到一些东西。一项调查显示，半数北美旅行者希望参观艺术、建筑或历史类景点，1/3的旅行者希望学习一门新的技术或知识。他们想要通过旅游增长见闻、加深理解，并同目的地居民和地点建立一种私人的联系（详见本章末尾的案例分析）。学习和充实旅游指的是整个假期安排能够为游客提供真实的、亲身实践的，或互动的学习体验，旅行的主题种类繁多，包括冒险、农业、人类学、考古、艺术、文化、烹饪、教育、林业、园艺、语言、海洋文化、矿业、自然、科学、精神、体育、葡萄酒、野生动物——应有尽有。

为了应对这一消费趋势，滑雪行业提供了一系列将冬季体育与学习结合在一起的项目。例如欧洲的学习曲线研究所，为来自全世界的学员提供滑雪语言训练营项目，学员们可以通过滑雪结识新朋友，并在此过程中熟练掌握一门外语。训练营的举办地点在法国阿尔卑斯地区的莱斯杜克，期间学员们会体验纯粹的法语或西班牙语语言环境，每天滑雪课程的授课语言就是他们正在学习的语言。训练营的宗旨是"学习、安全和享乐"，它们同等重要。

2. 责任消费

过去几十年间，在西方，随着消费者更加注重生活品质和责任消费的趋势逐渐影响到旅游业，负责任的旅行成为主流。旅游业组织机构开始意识到，宣传其责任立场有助于提高公司的利润和管理效率，提升公众形象，维护员工关系。

国际休闲游客也越来越倾向于考虑目的地的环境健康质量、多样性和自然资源和文化资源的完整性。研究表明，游客在选择目的地的过程中非常注重环境问题。2012 年的一项旅游调查显示，环保游正蓄势待发，71% 的受访游客表示在未来 12 个月内会选择更环保的旅行目的地，而 2011 年仅有 65% 的游客会这么做（TripAdvisor，2012）。

滑雪产业作为一个整体，也开始意识到需要采取环保政策和措施。一些独立的旅游业协会，如班夫 – 路易斯湖旅游局、安大略冰雪度假村协会（Rutty et al.，2014）以及加拿大和美国的独立滑雪场，通过自愿设立温室气体（GHG）减排目标，在应对气候变化方面做出了表率。北美其他的滑雪场签署了环保滑雪坡宪章（2000 年被美国滑雪行业所采纳），该宪章就滑雪区的可持续发展和进一步加强环境保护提出了总体框架。

3. 健康意识

消费者越来越注重健康，在美国，注重健康和健身的细分市场类型被称为 LOHAS 市场，LOHAS 是健康与环保生活方式的英文首字母缩写，这一市场领域的商品和服务价值预计在 2 900 亿美元左右，包含健康、环境、社会公正、个人发展和环保生活方式等方面内容（French & Rogers，2010）。研究发现，1/4 的成年美国人都属于这一群体，那就是近 4 100 万人。这样一个注重健康的社会的形成主要是受婴儿潮一代的影响。比起上一代人，他们的身体更加健康，经济状况良好，受教育程度高，更加渴望新鲜感，想要逃离，追求真实的体验。不过，年轻一代同样也较为重视健康和保健。千禧年一代尽管很少会节食，但他们每天摄取的卡路里相对较低。他们将钱花在健身房会员、跑步机和能量棒上，吃全麦面包、坚果和种子以及藜麦（福布斯咨询集团，2012）。这一代人同时也更加依赖自我追踪技术（埃里克松消费者实验室，2013）。

为应对这一趋势，目的地涌现了大量健身和保健中心。

山体度假村将健康和保健服务同冬季体育旅游结合起来。本书第 11 章曾提及，鹿谷度假村蒙太奇酒店著名的 SPA 项目“SURRENDER”，它为每一位客户打造个性化的养生疗法，这些信息在所有蒙太奇酒店之间都是共享的。此外，蒙太奇酒店还迎合客户对健康食品的需求。餐饮团队会提前了解客人们在饮食方面是否有特殊需求，在客人点餐之前有所准备，而客人也会因此觉得他们是被重视的，厨房在准备食物的时候也会考虑到他们的偏好。“我们会根据客人的需求准备每一顿饭。”霍华德说道。

为了紧跟潮流，过去几十年间，滑雪场在旗下餐厅和咖啡厅的餐饮供给方面都做出了改进，提供素食、严格素食和无谷蛋白以及无乳制品的就餐选择，采用本地的新鲜食材。北美度假村逐渐开始减少传统的快餐供给，转而像欧洲度假村那样，提供高级料理。

4. 定制化服务

越来越多的消费者开始寻求能够解决自身需求的定制服务，参与到产品创新的过程中（BDC，2013）。在旅游行业，对个性化和私人化旅游的需求大幅度增长，无论是旅游零售商还是批发商都需要改变其经营模式以应对这一趋势。除了预订机票和酒店，旅游零售商和旅行用品商现在还会安排品酒会，参观匠人工坊，以及在行程计划之外的私人观光游览项目，如参观英国王室珠宝馆和梵蒂冈教堂。目的地为了吸引冬季体育旅游游客，也采取了一系列措施。盐湖城美国大酒店客户体验主管安妮·费兹杰拉德表示：“我们会给员工授权，确保每位住客都能够享受到卓越的个性化住宿体验。如果我们的员工了解到一些信息有助于提升住客的体验，我们就会付诸行动。例如，如果我们得知一对夫妻打算来庆祝结婚纪念日，我们会提前准备好蛋糕和祝福卡片，祝他们纪念日快乐；来度蜜月的夫妻则会收到覆盖着巧克力酱的草莓以及祝福卡片。我们会留意住客的生日，带小朋友的住客也会得到特别的关照，我们会给孩子们准备气球或其他小玩具。”

美国大酒店还设有专门的“酒店大使”，他们的工作是准确辨认出每一位回头住客。“我们的运营系统会记录所有住客的喜好，然后由大使来处理酒店所有的预订信息，针对每位住客的需求做准备。”费兹杰拉德说道。住客的要求包括对房间或景观的特殊偏好或是对客房床单类型的偏好等。“所有这些努力让美国大酒店成为住客们的第二个家，有效地留住了我们的客户。”

5. 便捷和速度

对便捷和速度的追求极大地影响了旅游产业的各个细分市场。餐饮方面，免下车的销售模式正在兴起；交通方面，自助值机终端越来越普遍；而住宿方面，商务旅行者寻求可以短暂停留的便捷酒店房间。针对最后一个方面，英国希斯罗机场和盖特威克机场在日本“胶囊旅馆”的基础上，引入了新的酒店概念，新概念旅馆房间的形态更像是位于传统的酒店客房和头等舱座椅之间：每个房间都配有可翻转的双人床、带淋浴的浴房、纯屏电视机和可折叠书桌。

还有人指出，未来的旅行会趋向以本地为中心，即人们会选择到离家比较近的地方去旅行——国内或者同一个大洲，往外走的会比较少。欧盟委员会的一项调查显示，欧盟居民在休假期间会选择待在国内，2013 年，57% 的欧盟居民选择在本国旅行。如果他们必须要出国的话，大部分人会选择往南走。2013 年，15% 的欧盟居民选择在西班牙度假，其他受欢迎的度假目的地包括法国（11%）和意大利（10%）（Karaian & Yanofsky，2014）。

对便捷和速度的追求也影响了滑雪场的服务内容。这方面一个很好的例子来自滑雪管家，它提供滑雪装备的便捷出租服务，租金基本与大部分滑雪场的雪具出租店持平或更加便宜，同时省去了客户的后顾之忧。2004 年，滑雪管家在犹他州帕克城成立，如今的服务范围囊括了科罗拉多州、加州、犹他州、怀俄明州和加拿大不列颠哥伦比亚省的 30 多家北美度假村。滑雪管家成功和发展的关键就在于客户服务，总裁兼创始人布莱恩·凯里说道：“滑雪管家是建立在客户服务的基础上的，如今，客户服务也成就了我们。我们将租借雪具时可能产生的麻烦与困难全部剥离掉，我们雇用优秀的团队成员，提供高水准的滑雪装备，价格也在客户能够接受的范围内——这是一个全新的模式。与大多数滑雪装备租借店不同，我们力求打造一种星巴克式的服务体验。在任何地方，客户都可以享受到统一标准的优质服务，我们提供的都是全新的罗西尼奥尔装备。客户还可以在网上保存个人信息，这样一来，下一次预订就会节省不少时间。所有这些便利是你在其他滑雪用品商店无法体验到的。”

6. 精神洗礼

人们开始在旅行过程中寻求一种精神层面的洗礼，这就催生了宗教游的蓬勃发展。就连僧侣也从中看到了机会。修道院和寺庙是绝佳的冥想地点，对世俗产生厌倦的职业男女们可以在此进行祷告和反思。这些宗教场所通常都坐落于景色优美的地区，受旅游业的影响，它们现在也会对外开放，提供 1～3 天不等的住宿时间。在韩国，大约有 36 家佛教寺院可以为那些想要逃离日常生活的人提供一个短暂的休憩之所。将宗教与旅游结合起来的做法在其他国家也开始流行起来，特别是日本的和歌山地区，吸引了大量京都和奈良的一日游游客。游客也可以选择在和歌山过夜，从平价酒店到奢侈住宿应有尽有。从古老的林间山道上，游客可以领略太平洋的风光。白天，他们会学习神道教和佛教理论，到了晚上，僧侣会提供素斋，游客还可以享用日本清酒和啤酒。

冬季体育旅游度假村同样在想办法应对这一消费趋势。犹他州的太阳舞滑雪度假村设有多种精神修习课程，包括“思维冥想”。度假村对其的描述是“它会告诉你如何探寻思维的本质，通过充满同情心和智慧的心灵愉悦与开放之路，达到永恒的幸福。课程为 30 分钟，旨在舒展你的身体，沉静你的思想，让身体、思想和精神和谐相处。”早安瑜伽课程结合了初级和高级的哈达瑜伽、流瑜伽和阿斯汤瑜伽的有益元素，“让你感觉力量充沛、头脑清醒。”太阳舞还提供“自然之路”项目，“一位知识渊博、体贴的专家会陪伴您一同前行，通过原住民的传统方式帮助您寻求内心的平和、身体的平衡和对自我的认知，除此之外，他 / 她还会向您介绍蒂姆帕诺格斯山的各种传说故事。”为了吸引游客参与，太阳舞在官网承诺“这是一次身体和精神的提升之旅，伴随着鸟儿的鸣叫，雪鞋踩在雪面上发出嘎吱嘎吱的声响，早晨清新的空气，一切都是那么平静而美妙。”

7. 服务质量

本书第 11 章曾提及，服务质量对于实现服务产品的差异化和建立竞争优势至关重要。企业若想要获得成功，必须要以消费者为中心，提供超出其预期的产品或服务。研究显示，全球范围的消费者都倾向于为高品质服务支付更多的金钱，而对于那些注重客户服务的服务提供商，则保持着较高的忠诚度。为了提供一流的客户服务，冬季体育旅游提供商需要建立强有力的服务型文化，通过政策、程序、奖励系统和实际行动支持客户服务实践。本书中列举了不少这样的企业案例，它们不但建立了服务型文化，同时也满足了消费者对于优质客户服务内容的需求。这些案例包括：路易斯湖滑雪度假村、范尔度假村集团、斯廷博特·斯普林斯、鹿谷滑雪度假村蒙太奇酒店、加拿大山区假日和斯考特邓恩旅游。它们都清楚地知晓，提供超出消费者预期的产品和服务所能够带来的经济影响。

8. 参与和联系

本书第 8 章曾提及，互联网颠覆了消费者和滑雪场的互动方式。假期结束之后，游客和滑雪场之间存续着一种开放性的联系，前者通过社交网络分享他们的度假体验，第 8 章范尔集团 EpicMix 的案例分析就是这种联系的一个绝佳例证。此外，游客还迫切需要与外界保持联络，为了满足这一需求，奥地利的阿尔本多夫和索尔登专门安装了无线网络接入口，网络覆盖整个滑雪区域。阿尔本多夫的官网宣传“滑雪区设有 300 多个无线热点，你在任何一个地方都可以上网。”法国的瓦托伦斯通过艾诺威公司的无线终端提供免费的无线网络服务。“我们希望能够凭借优质的服务，提高游客在度假村的住宿体验。为了满足他们的需求，我们甚至在缆车内也提供无线网络服务。”SETAM 滑雪缆车公司销售和市场营销经理艾瑞克·博内尔说道。

新型的移动生活方式（Roberti，2011）革命性地改变了私人交流和商业沟通的时间、地点和方式。比起一般的美国游客，滑雪者拥有移动设备的人数更多，而这一高持有率可以说改变了整个滑雪旅游的生命周期：滑雪旅游者更喜欢通过手机和平板电脑进行信息搜寻和消费购物，分享他们的滑雪旅行经历。因而，滑雪和旅游产业也必须要做足准备，通过移动媒体直面这些高消费的旅行者，并对他们做出影响。

9. 差旅和休闲旅游的界限越来越模糊

差旅和休闲旅游之间的界限变得越来越模糊。一项艾派迪的调查显示，56% 的千禧年一代会将他们的商务旅行扩展为休闲旅行（Newcombe，2014）。移动设备对传统商务旅行和休闲旅行的界定有着深刻影响。一项研究显示，43% 的国际旅行者会随身携带专业移动设备——即便是在度假或周末出游期间（Ali et al.，2013）。这为航空公司、酒店和目的地提供了新的机会，但前提是它们要在服务配置上保证足够的灵活性。会议组织方也要充分意识到这种变化，确保它们在安排会议日程时纳入一定的休闲元素。例如，由专业调查机构 Qualtrics 组织的会议于 2015 年 2 月在盐湖城召开，本书的其中一位作者也受邀参加，会议日程安排的其中一项内容就是在帕克城滑雪，时间为一天。

滑雪场也意识到这一趋势，并积极做出反应，吸引商务游人士。奥地利阿尔伯格山脚下的艾迪威斯酒店就将自身定位为理想的会议和商务旅行目的地。其宣传材料中承诺，在阿尔伯格召开的研讨会和商务游“会给所有参与人员留下难忘的体验。通过阿尔伯格商务游，提升员工积极性、忠诚度和团队精神，大家一同滑雪、聚餐，在酒吧和娱乐室放松、庆祝”。此外，滑雪目的地为了满足商务旅行者的技术需求，还会配备专业的设备。旅游批发商也迎合了旅行者将公务和滑雪结合起来的意愿：总部位于澳大利亚的旅行计划滑雪假期将专业人士的会议地点选在了世界顶级的滑雪度假村。这些年来，旅行计划在各大滑雪度假村举办了多种形式的特别定制会议，包括阿斯彭、芬尼、惠斯勒黑梳山、太阳峰和斯廷博特，“在学习之余，最大限度地保证你的滑雪时间。”

10. 体验

当前商业内容的一个核心创意点就是体验。各行各业，从保健、航空到汽车，都在围绕提供有价值的客户体验而制定其发展战略（Schmitt，2003）。“体验经济”这个概念是由派因和吉尔摩在1999年提出的，用以指代那些出售体验的商业行为。他们认为体验是第四个经济诱因，与促进经济发展的传统商品和服务完全不同。用一个夸张些的比喻来说，“服务”是创造体验的平台，而“商品”则是策划和安排一系列难忘活动的道具。派因和吉尔摩列举了像华特迪士尼这样的大公司是如何欢迎和吸引游客，并为其提供无穷无尽的互动体验的。

在一个更加成熟的消费者环境中，只有那些持续提供令人印象深刻的客户体验的企业才能够创造卓越价值和竞争优势（Voss，2003）。好的体验能够令消费者满意，刺激重复消费，增加营业收入，提高品牌认同感，通过口耳相传达到免费的市场营销效果，此外，还可以同消费者建立一种情感纽带。为消费者打造独特体验所带来的收益已经开始凸显，特别是在旅游行业中证明了自身的商业价值。2002 年，世界旅游组织发布报告称，传统的活跃假期模式已经开始转变为将假期当作一种体验（Klancnik，2002）。美国捷运公司的一项调查显示，消费者“最难忘的经历”是与度假相关的（Buhasz & Bisby，2005）。人们对于真实旅游的需求在增长，旅行不仅要激发感官、刺激思维，还要包括独特的内容安排，与游客在情感上、身体上、精神上或智力上建立一种私人联系。另一种相关的趋势叫作“体验缓存”，消费者不断积累、储存和展示他们的体验，供私人使用，或让亲朋好友，甚至整个世界一同分享。

滑雪行业同样也在迎合这一部分需求，它天然地追求吸引新客户和回头客，满足利基市场和主流市场对体验型旅游的需求。这些企业作为体验型旅游的提供商，通常会精心设计和安排一系列活动，强调私人体验和真实体验，创造难以忘怀的回忆和充满魅力的旅游体验，提升消费者的忠诚度。本书之前曾提及的犹他州帕克城华盛顿校舍酒店就是一个很好的例子。除了冬季体育项目，这间坐落于时髦小镇的新建奢侈精品酒店还提供一项特殊的冬季活动内容：在霍姆斯特德拥有 1 万年历史的火山口内部开启的瑜伽之旅。在 90 多摄氏度的自然理疗池中，悬浮着冲浪板，老师会在码头上展示各个瑜伽动作，学员跟随着老师在冲浪板上进行移动和身体的弯曲。此外，为了满足客户“体验缓存”的需求，酒店还会为客户专门制作一段影片，素材取自整段旅行中的各种抓拍照片。摄影师通过抓拍照片制作当天的精彩镜头集锦，行程结束后，客户会收到酒店寄送的正片和相册。

本书最后的案例分析将再次回到加拿大的路易斯湖，这一非常具有前瞻性眼光的家族所有者在滑雪场的运营中迎合了上述全部 10 种主流的冬季体育旅游消费趋势。

12.4 案例分析：洛克家的女士们

还有什么能比在路易斯湖长大，并有资格继承一家世界一流的滑雪场更让人羡慕的呢？打个比方，就好像是一位雪道公主，在你的后花园里拥有一整片粉雪游乐场。这就是路易斯湖的女士们——洛克家族的第二代，洛克和金伯利·洛克——未来将要继承的遗产，当父母查理和路易斯开始放权的时候，她们就在学着如何接手这一家族产业了。

“金姆和我的‘官方职位’是公司的联合副总裁，”罗宾·洛克说道，“我们的名片上印的是‘战略合作事务副总裁’。听上去，感觉这个头衔设计得非常随意，似乎只是为了在正式场合里使用而已，如在面对银行人员的时候。我们更像是'一家独立的女性商业咨询工作室'，至少我们希望自己变成那样。”

诚然，对于洛克一家来说，经营一间滑雪场并不仅仅意味着终极滑雪梦想的实现，更多的是，它代表着巨大的责任，需要进行全年的工作安排和绘制长远的发展蓝图，并不断进行创新，时刻与客户保持同步，从而在竞争中立于不败之地。“我们会利用自身所拥有的，那些滑雪行业以外的经验来协助工作。同时，我们也是很好的工作拍档，我们会学习查理的做事方法——无论他在路易斯湖滑雪场（LLSR）还是其他公司工作的时候。”父亲的商业帝国涉及牧场经营、石油、房地产和金融领域。

自2010年起，罗宾·洛克成为LLSR的全职员工，她和金伯利·洛克开始尝试各种类型的工作，“从上到下和从下到上”都有。工作内容包括制订年度商业计划、对资本支出进行决策以及通过前台工作的实习了解每个部门的运作情况。她们会实际参与住宿、餐饮、浴室翻新、提出设计概念和雇用承包商等具体事务的操作。此外，在最繁忙的圣诞节期间，洛克一家会把那些令人眼花缭乱的装饰品一一挂好，然后协助工作人员出售缆车票、准备汉堡或者招待客户，毕竟高峰期的人流实在络绎不绝。

除了观摩和学习日常的工作之外，洛克家的女士们还要密切关注冬季体育行业不断变化的发展趋势，特别是滑雪者的平均年龄。“全球滑雪产业，特别是加拿大的滑雪产业，已经发展得相当成熟，因而我们都非常关注——尤其是从最近开始——滑雪者的人口统计数据，”罗宾·洛克说道，“滑雪人口的年龄增长带来了不少挑战，包括外部动态的发展竞争格局，但好在我们已经做出了反应。LLSR 的老年特价票仅售 20 美元，它的销售量非常惊人，完全超出你的预期。”路易斯湖还会推广相应的怀旧主题：在度假木屋周围挂出带有说明文字的老照片，举办各类怀旧活动，老年人俱乐部也正在发展当中，在怀旧主题星期四期间，雪场还会在社交网站上发布带有怀旧意味的经典老照片和视频。

为了应对滑雪者老龄化的趋势，运营商们不断丰富其产品，提供滑雪之外的多种活动，以保障可持续的全年运营模式。“投资的目的是让滑雪区不仅受到滑雪者的欢迎，同时也得到非滑雪者的青睐。可以肯定的是，前来度假的家庭游客对活动的丰富性提出了更高的要求。而 LLSR 也已经在尽最大的努力来满足这些要求，由于建在加拿大国家公园内部，它的发展多少会受到一些法规的限制。”

从整体来看，滑雪行业更趋向于鼓励新人的参与，洛克表示：“其中一个我们关注的市场就是‘新加拿大人’，这部分群体属于‘短期可以实现的目标’。新兴市场也提供了非常好的接入机会，通过与地区、省和联邦机构合作，我们也在努力吸引这一市场群体。最后，我们可以很自豪地说，我们的滑雪场非常适合家庭来度假，我们为小朋友提供了绝佳的活动、服务和环境，这些成果与大家的努力是分不开的——我们的确有一部分非常年轻的市场群体，尤其是在过去一两年的时间里，我们希望这些年轻人能够成为LLSR的终身拥护者。”

如今，对更先进的室内产品的需求也在增加，客户对木屋的质量有了更高的要求，如配备更现代化的浴室，希望能够品尝到更加精美和健康的料理，等等。“过去两年间，我们翻新了滑雪场最老旧的两栋度假木屋——怀特·霍恩和威士忌·杰克，”洛克说道，“在未来5年里，我们每年都有这方面的预算，这一阶段是雪场‘长远规划’的起步阶段。为了紧跟潮流和满足客户的期待，我们必须要切实地改变路易斯湖的度假体验。”

滑雪者希望从家里到滑雪山的过程更加快捷、简单和便利，为此，路易斯湖与本地社区、弓山谷地区和本省通力合作，协调旅行、交通和住宿方面的问题，将消除滑雪者的种种不便作为第一要务。路易斯湖的另一个优点是其宽阔的地势，没有困扰滑雪者的平道和需要跋涉的上山坡道。“滑雪区的整体设计注重便捷、速度和轻松到达，”洛克解释道，“滑雪基地的位置非常便利，拥有人性化的设计，所有设施都集中在一个中央区域，易于辨识和进入。从本地酒店进入雪场也很方便，酒店大堂直接连通缆车站，平均只需花费10分钟左右。从停车场到山顶的时间也大大少于其他竞争对手。度假木屋到缆车站的距离是不少滑雪场遭遇的一个瓶颈，但路易斯湖完美地解决了它，主缆车线路的低海拔站点距离度假木屋仅数步之遥。”

此外，路易斯湖采用先进的科技，推广直通缆车卡，可进行购买和租借服务的高级IT系统，并提供无线网络、手机充电站和电脑终端设备——所有这些在社交媒体时代都是不可或缺的。洛克认为，自从社交媒体开始兴起，消费者就成了重要的市场营销人员。路易斯湖一直注重提升客户体验，为的就是鼓励良好的口碑宣传：“不满意的客户会将其负面经历在一秒钟内告知成百上千人，反过来，他们也可以通过网络实时分享我们的优质产品和在路易斯湖的愉快体验，它的传播速度同样非常快。我们所提供的产品和服务内容变得比以往任何时候都更加关键。”

洛克一家都认为，市场营销和社交媒体是滑雪行业面临的最大挑战：“市场营销人员的工作难度大大提升，在如今的动态数字世界，消费者购买习惯和期待总是在不断变化，而他们的要求也更高了；随着线上预订的普及，我们需要对搜索引擎进行优化（SEO），内容营销和社交媒体进行整合。”成功的关键基于实时响应，这让市场营销和销售变得越来越有挑战性。

好在策略还有很多。尽管草根营销和游击营销模式在持续发力，传统的公关和媒体关系依旧不可忽视，洛克表示："现在还不是完全抛弃传统广告的时候，不断演化的网络世界的地位与社交媒体同等重要，而后者自身也在不断发展变化中，社交媒体是我们直面和倾听（以及互动）现有消费者和潜在消费者的重要渠道。"路易斯湖算是比较早的一批利用社交媒体的滑雪场了，2014—2015 年滑雪季期间，它是率先使用色拉布的几家滑雪场之一。路易斯湖还雇用了一位社交媒体领袖，确保滑雪场紧跟最新的流行趋势，利用有价值的社交网络平台。它们还开发了先进的技术手段追踪所取得的进步和主流网络平台的信息，因为滑雪者会在这些平台上进行互动，继而影响其购买决定。

如今，学习新的东西成为度假很重要的一部分内容。由于承诺过在教育方面有所作为，路易斯湖设立了一系列教育项目，向来班夫国家公园的游客传达关于环保和遗产旅游的关键信息。LLSR 还投资并支持走向国际项目——一个侧重文化、自然和保护的国际交换项目，课程包括雪崩预警、野外教育和野雪滑雪。冬季，路易斯湖会开展滑雪之友冬季遗产游（免费）和雪鞋健行游，在游览过程中，游客可以听到关于地区、动物、地理和历史方面的小故事。夏天则会组织带讲解的徒步游和少年巡查员活动，还会设立专门的讲解中心。

针对责任消费和可持续发展问题，比起其他大多数滑雪场，路易斯湖推行了一系列更为严格的措施。“班夫国家公园被联合国教科文组织列为世界遗产，能够在这里经营滑雪场既是一种特殊许可，同时也意味着我们要肩负起更为艰巨的环境责任，”洛克说道，“路易斯湖是加拿大落基山脉地区第一个设立环境管理部门的滑雪场，负责监督环保运营和环保项目，包括先进的节水技术、废弃物管理和节能项目。”其他的环保举措包括绿色雪道养护、造雪过程的环保升级、度假木屋内的水资源和能源保护、节能供电和供暖、回收利用、社区清洁和设立公司社会责任项目。未来的计划包括改善公共运输、减少缆椅系统的碳排放、实现高效节能造雪以及降低整个滑雪场的能源消耗。

路易斯湖未来发展的另一个重要思路是强调健康意识：“下一步来说，我们已经意识到滑雪者越来越注重健康问题，为了迎合这一趋势，我们和合作伙伴已经有所行动，如即将上线的滑雪和瑜伽疗养中心；此外，我们还讨论了许多其他构想，如在斯科基木屋建立瑜伽健康和保健中心。”洛克解释道。路易斯湖滑雪度假村设有员工健身房，提高员工的健康意识；在特定的时间会提供折扣票，鼓励本地人参与滑雪运动；出资设立体育奖学金、支持本地冰球场的建造；不断升级山区餐饮服务，提供健康的严格素食和无谷蛋白食物。

LLSR 将多样化发展摆在第一位，在主要的度假木屋内设立了新的销售前台，在本地商场里还开设了大型的奥特莱斯店。主打“体验路易斯湖”，提供的服务包括各项活动的介绍和预订，如雪地摩托车、冰川徒步、乘坐直升机的雪鞋健行、空降式滑雪、雪地履带车滑雪、狗拉雪橇、雪圈、带向导的雪鞋健行和雪橇游，均可接受个性定制。

（以上内容整理自罗宾·洛克的专访，2015 年 1 月）

参考文献